本书的出版得到

国家重点文物保护专项补助经费资助

醴陵钟鼓塘元代窑址

湖 南 省 文 物 考 古 研 究 院
科技考古与文物保护利用湖南省重点实验室　编著
醴　陵　窑　管　理　所
醴　陵　市　博　物　馆

文物出版社

图书在版编目（CIP）数据

醴陵钟鼓塘元代窑址 / 湖南省文物考古研究院等编
著. -- 北京：文物出版社, 2024.6

ISBN 978-7-5010-8435-7

Ⅰ.①醴… Ⅱ.①湖… Ⅲ.①民窑—瓷窑遗址—研究
—醴陵 Ⅳ.①K878.54

中国国家版本馆CIP数据核字（2024）第102205号

醴 陵 钟 鼓 塘 元 代 窑 址

编　　著：湖南省文物考古研究院

科技考古与文物保护利用湖南省重点实验室

醴陵窑管理所

醴陵市博物馆

封面设计：秦　彧
责任编辑：秦　彧
器物摄影：张　冰　杨　盯
责任印制：王　芳

出版发行：文物出版社
社　　址：北京市东城区东直门内北小街 2 号楼
邮　　编：100007
网　　址：http://www.wenwu.com
经　　销：新华书店
印　　刷：北京荣宝艺品印刷有限公司
开　　本：889mm×1194mm　1/16
印　　张：17.5
版　　次：2024 年 6 月第 1 版
印　　次：2024 年 6 月第 1 次印刷
书　　号：ISBN 978-7-5010-8435-7
定　　价：450.00 元

Liling Zhonggutang Yuan Dynasty Kiln Site

Hunan Provincial Institute of Cultural Relics and Archaeology

Hunan Provincial Key Laboratory of Archaeometry and Conservation Science

Liling Kiln Management Office

Liling City Museum

Cultural Relics Press

内容简介

　　醴陵窑遗址是分布于湖南省醴陵市沩山镇、枫林镇、左权镇等区域的大型窑场，沩山窑区正是醴陵窑的核心区，在这一区域分布有宋元及清代、民国时期的窑址，以后者居多。为了弄清沩山区域宋元时期的窑业面貌，2015年湖南省文物考古研究所（2022年改为湖南省文物考古研究院）联合醴陵窑管理所对沩山钟鼓塘元代窑址（Y15）进行了主动性考古发掘。

　　Y15为长斜坡龙窑，仅存后段，方向55°，窑床后段凿于自然山体之上，窑壁利用不规则的砖块与岩石砌筑而成，窑底用粉砂上铺就。

　　Y15出土遗物包括瓷器和窑具。瓷器分为芒口瓷和涩圈瓷，器形以碗、盏、盘、碟、高足杯、灯盏为主，另有少量执壶和罐等。产品胎体洁白，胎质细腻。釉色以青白釉为主，多单次施釉，少有开片，积釉现象不明显。青釉产品多施两层釉，釉层变厚，多有流釉。双色釉数量较少。纹饰方面，芒口青白瓷多素面无纹饰，部分涩圈青白瓷或青瓷有纹饰，纹饰种类有菊瓣纹、刻划花等。装烧方式分为支圈覆烧和涩圈仰烧两类，以后者为主。涩圈叠烧的产品，一般放置于垫饼或垫柱上，只有极少数产品置于漏斗状匣钵内装烧。

　　醴陵与江西萍乡接壤，源自萍乡的渌江两岸是湘赣文化廊道之一，醴陵窑的青白瓷与萍乡南坑窑、景德镇窑等江西青白瓷窑场的窑业面貌十分相似。这座窑址的发掘揭示出醴陵窑从青白瓷向仿龙泉青瓷转变的过程，为研究龙泉窑对湖南窑业技术的影响提供了新材料。

Abstract

The Liling Kiln site is a large kiln site distributed in areas such as Weishan Town, Fenglin Town, and Zuoquan Town in Liling City, Hunan Province. The Weishan kiln area is the core area of the Liling kiln. In this area, there are kiln sites from the Song, Yuan, Qing, and Republic of China periods, with the latter being the majority. In order to clarify the appearance of the kiln industry in the Song and Yuan periods in the Weishan area, in 2015, the Hunan Provincial Institute of Cultural Relics and Archaeology cooperated with Liling Kiln Management Office to carry out a proactive excavation of the Yuan Dynasty kiln site at Zhonggutang in Weishan (Y15).

Y15 is a long sloping dragon kiln, with only the rear section remaining, oriented at 55 ° . The rear section of the kiln bed is chiseled on the natural mountain body, and the kiln wall is built with irregular bricks and rocks, while the kiln bottom is paved with silty sand soil.

Excavated artifacts from Y15 include porcelain and kiln furniture. The porcelain can be divided into *Qingbai* (bluish-white-glazed porcelain) and Celadon wares, most being bowls, cups, plates, dishes, stemmed cups, oil lamps and a small number of ewers and jars, etc. The body of the product is white and fine. Dominating among the porcelain, *Qingbai* wares are glazed only one time, with few *Kaipian* (crackle glaze), and the glaze is not obvious solidified. Being double glazed, most of the celadons have thick glaze layers and the flow of glaze is often seen on the surface. Besides Qingbai and celadon, there are fewer two-tone glazed products.

Two kinds of firing methods can be observed. One is inverted firing with mantle rings, producing wares with unglaze mouth, that is *Mangkou*. Another is piling-up firing with an unglazed ring at the internal bottom. Being the majority, the wares fired by the latter method are usually fired on clay pad cake or stake, and only a very small number of products are placed in funnel-shaped boxes for firing. In terms of decoration, Qingbai wares with unglazed mouth are mostly with no decoration, while other Qingbai wares with internal unglazed rings as well as celadons are usually decorated. The patterns include chrysanthemum petal and other engraved flowers.

Liling borders Pingxiang of Jiangxi Province. The banks of the Lujiang River, originating from Pingxiang, are one of the cultural corridors between Hunan and Jiangxi. Due to the cultural geography, the appearance of Qingbai wares from Liling Kiln is very similar to that of Nankeng kiln, Jingdezhen kiln and other kiln sites in Jiangxi. The excavation of this kiln site reveals the process of the transformation of Liling kiln from Qingbai wares of Jiangxi to imitating Longquan celadons of Zhejiang, providing new materials for the study of the influence of Longquan kiln on the technology of Hunan kiln industry.

目　录

插图目录

彩版目录

第一章　概述

一　地理位置与资源分布

醴陵市位于湖南省东部,东临江西萍乡,南界攸县,北连浏阳,西接湘潭。市内东南北部山脉绵延,唯中西两部多旷野。醴陵市内山脉主要是广东大庾岭及江西武功山余脉。自攸县入醴的南部诸山属大庾岭山脉,沿萍浏界入醴的东北诸山属武功山脉。

醴陵地势东高西低,市内河流之大者为渌江,以其水清渌而名。渌江源出江西萍乡东北,东西向横贯醴陵,向西流入湘江,民国时期县内所产烟煤、瓷器、鞭炮、米谷等多由此运输。

醴陵窑遗址分布于沩山镇、枫林镇、左权镇、孙家湾镇及醴陵城区等乡镇,其核心区沩山窑区位于醴陵市沩山镇沩山村、望仙桥村、新安村,窑址群地处湘江支流——渌江河北部。

醴陵瓷业的兴起和繁荣是与其丰富的瓷土资源分不开的。傅角今《湖南地理志》中说长沙和醴陵是湖南最为重要的黏土产地,醴陵的黏土"分布于东、西、北三乡,延长达数十里,产量甚丰,唯泥质不及景德镇之细腻"[1]。《湖南省醴陵瓷泥矿矿志(1988.7)》中说分布于醴陵王仙、大林、东堡公社一带的瓷土俗称"东乡瓷泥",系花岗岩风化体,可塑性好,能单土成瓷。主要矿区有马颈坳:包括马颈坳、大土坡、仙牛塘、虎形山、老庵坳、坳上、泗村;大林:包括杨树冲、洞口、张家老屋、窑坡、竹坡、黄家坡、烂泥坡、曾家坡、碗棚坡、象湾;沩山:包括王家排、甑皮岭、地山坡(梯山坡)、大坳上、青山岭、灯笼坡、牛形、天匹、齐坡、麻坡、西山塘、香炉坡、蔡家冲。马颈坳矿区为露天开采,大林、沩山矿区为隧道采掘。与湖南其他制瓷产区一样,醴陵制瓷所需原料皆取自当地,由人工掘坑采取,转售与各窑户。唯少数之配合颜料,则采购舶来品。制瓷原料分为磁泥、碗泥、匣泥等,名称虽多,然其成分则无甚区别[2]。加工方式均是利用水碓将瓷土舂碎为细粉,入水池(深湖)用水簸法,使粗者沉细者浮,浮者为泥浆,再把泥浆放入晒氹,然后装进布袋上榨干水分为泥干。

醴陵制瓷烧窑的燃料多就地取材,主要是各种松柴,烧瓷对于森林的消耗是惊人的,尤其是晚清至民国时期,沩山"户户烧窑",沩山周围的森林植被已完全不能满足烧瓷的需要,致使"烧瓷之松柴多来自他邑"。据《湖南实业志》的统计,1934年左右,醴陵烧瓷年需量约五十万担,多来自醴陵本地、浏阳、萍乡等[3]。

---

[1]　(民国)傅角今编著,雷树德校点:《湖南地理志》,湖南教育出版社,2008年,第213页。

[2]　(民国)朱羲农、朱保训编纂:《湖南实业志》,湖南人民出版社,2008年,第976页。

[3]　(民国)朱羲农、朱保训编纂:《湖南实业志》,湖南人民出版社,2008年,第977页。

二　历史沿革

（一）醴陵历史

醴陵在夏商时期为百越之地，楚人入湘后，春秋晚期至战国时期皆属楚。秦并天下置三十六郡，分黔中郡为长沙郡，置湘、罗、湘南、益阳、阴山、零陵、衡山、耒阳、桂阳九县。然张家山汉简《二年律令·秩律》[1] 载："……醴陵、屠陵、销、竟陵、安陆、州陵、沙羡"，张家山汉墓的年代为汉文帝时期，学界认为《二年律令》中的二年应为吕后二年，是从汉高祖五年（公元前 202 年）到吕后二年（公元前 186 年）施行的律令，由此可知，醴陵之名在汉初就已出现，很可能是沿用了秦。

醴陵西汉属长沙国，高后四年（公元前 184 年）用长沙相刘越封醴陵侯约六百户。文帝四年（公元前 176 年）有罪国除。东汉析临湘置醴陵县，属长沙郡。三国长沙郡初属蜀汉后属吴，黄武四年（225 年）封顾雍为醴陵侯，赤乌六年（243 年）雍卒，谥号肃侯，子济嗣，无子绝，永安元年（258 年）以次子顾裕袭封[2]。晋太康元年（280 年）破吴以长沙郡属荆州，置十四县，醴陵仍为县，乃以湘南隶衡阳郡。永嘉初置湘州，安帝封桓尉为醴陵侯，永嘉五年（311 年），醴陵令杜弢据长沙反，自称湘州刺史，元帝命王敦、陶侃等讨之。梁武帝以江淹附从功封醴陵侯，四年卒，子蒍袭封。陈光大元年（567 年）封淳于量为醴陵侯公。

隋长沙郡置湘州，平陈置潭州总管府，大业三年（607 年）改临湘为长沙县，醴陵省入长沙。唐初以长沙为潭州，高祖武德四年（621 年）析长沙复置醴陵隶潭州，太宗贞观元年（627 年）分天下为十道，至玄宗开元二十一年（733 年）置十五采访使，长沙隶江南西道，天宝七年（748 年）改为长沙郡，肃宗乾元元年（758 年）复置潭州。

五代十国时期，马殷在湖南建立楚国，醴陵仍隶属潭州。

宋至道三年（997 年）以潭州属荆南路，领醴陵。

元置潭州路，领醴陵，元贞元年（1295 年）升为州，天历二年（1329 年）以潜邸所幸盖潭州为天临路，仍领醴陵。

明初仍为州，洪武二年（1369 年）改路为潭州，改醴陵为县，五年（1372 年）改为长沙府，领醴陵。

清顺治四年（1647 年）隶湖南布政使司，领县十二，醴陵属之。

（二）醴陵窑发展史

醴陵位于湖南东部，罗霄山脉北段西沿，湘江支流渌水穿境而过，东临江西萍乡，为湘东门户。醴陵东北两乡的沩山、老鸦山等地盛产瓷土，据民国《醴陵县志》记载，"东堡乡小沩山，地产白泥，溪流迅激，两岸多水碓以捣泥粉，声音交接，日夜不停，故瓷厂寝盛，今上下皆陶户，五方杂处。"[3]1940年调查时，沩山有土瓷厂 10 处，甑皮岭有土瓷厂 5 处，钟棚堂有土瓷厂 16 处。1942 年的调查显示，城区姜湾一带（即湖南瓷业公司所在地）有细瓷厂 91 处，沩山有细瓷厂 2 处，仙源桥有细瓷厂 3 处。

---

[1]　张家山二四七号汉墓竹简整理小组：《张家山汉墓竹简〔二四七号墓〕（释文修订本）》，文物出版社，2006年，第69～80页。

[2]　《三国志》卷五十二《吴书》七。

[3]　（民国）陈鲲修、刘谦纂：《醴陵县志》，湖南人民出版社，2009年。

近年的考古调查和发掘，进一步刷新和丰富了醴陵窑的窑业面貌。2018年株洲市博物馆和醴陵窑管理所在孙家湾镇发现了2处五代时期的青瓷窑址，证明早在五代时期，醴陵地区就已经开始了瓷业生产，只是这一时期并没有形成大规模的窑场，青瓷产品的面貌和装烧工艺来自于衡州窑，而且这种青瓷生产持续的时间不长，窑址停烧之后的北宋时期就没有瓷业生产的迹象了。

南宋晚期醴陵、耒阳、益阳、浏阳等湘东和湘北地区几乎同时出现了烧制青白瓷的窑场，从而改变了宋元时期湖南的窑业格局，青瓷、青白瓷、彩瓷并存。醴陵窑的产品直接继承了江西景德镇的窑业技术，以碗、盘、盏、碟等日用瓷为主，也生产少量的砚滴、象棋等文娱产品。入元以后，醴陵窑又顺应市场变化，由清秀之风一改粗犷豪放，窑具变得粗大厚重，产品风格多以仿龙泉为主。

元末至明代，醴陵地区的瓷业生产有一段空白期，一直到了明末清初才再次兴起。文斐著《醴陵瓷业考》记载，清雍正七年（1729年），广东兴宁人廖仲威在醴陵沩山发现瓷泥，"向沩山寺僧智慧赁山采泥开矿，创设瓷厂，并约其同乡技工陶、曾、马、廖、樊等二十余人，共同组织，招工传习，遂为醴陵瓷业之嚆矢"。文物部门对沩山进行的考古调查中发现了明代青花窑址，似乎表明在清初廖仲威来到沩山时，此地已开始小范围烧造青花瓷器，廖氏或许正是基于这一线索，才进一步发现此地蕴藏着丰富的瓷泥资源，遂产生了创设瓷厂的想法。此后，醴陵沩山开始大规模烧制青花土瓷，成为醴陵地区的瓷业中心，且"渐次推广于赤竹岭、老鸦山、王仙观口、大小林桥、瓦子山、漆家坳、严家冲、五十窑前、寨下境、青泥湾、茶子山、唐山口等处，最盛时为光绪十八九年"[1]。1927年之后，醴陵瓷业陷入一蹶不振的局面，窑厂数量从兴盛时的三百余家缩减至一百三十家。窑场的产品统由陆路运至县境之姜湾镇瓷器商贩所设之庄号脱售，再由贩商运销本省境内之各重要城镇及河南、湖北、贵州、安徽、汉口等地[2]。

清光绪三十一年（1905年），熊希龄等在醴陵县北姜湾一带创办湖南官立瓷业学堂，翌年创办湖南瓷业公司，多聘用沩山瓷业技艺高超的工匠，同时从景德镇和日本聘请瓷业技师，改良醴陵瓷业。自此，醴陵开始烧制细瓷，并创烧出了釉下五彩瓷，这既与以往的青花土瓷迥然不同，也与景德镇窑产品有很大差异，其产品先后在清宣统元年（1909年）"武汉劝业奖进会"、清宣统二年（1910年）"南洋劝业会"、清宣统三年（1911年）"意大利都朗博览会"、1915年"巴拿马太平洋万国博览会"上获得金奖，自此醴陵窑声名鹊起，国内外商贩来此贩运者络绎不绝。长沙台田、江西萍乡纷纷聘请醴陵瓷业技师，传授釉下五彩的制作技艺。由于沩山土瓷和瓷业公司细瓷面对不同的市场需求，二者得以携手并进。1934年前后对醴陵瓷业的调查结果显示，醴陵土瓷年产值为79万元，占湖南土瓷产值总量的83%，醴陵细瓷年产值为51.8万元，占湖南细瓷产值总量的96%，瓷器给醴陵带来了巨大经济效益，成为醴陵及湖南实业的重要组成部分[3]。

1957年，醴陵东乡部分瓷厂的阶级窑相继改为煤窑。1958年，国家投资800万元对醴陵瓷业进行技术改造，"粉碎靠水碓，烘干靠太阳，成型靠手工，烧窑靠松柴"的传统瓷业生产工艺在经历了千年的发展以后逐渐退出了历史舞台。醴陵沩山原有的水源、瓷土等资源优势在新的科技和便利的交通条件下已大大缩减，沩山周围的瓷厂纷纷迁移或停烧，大批瓷业工人走出沩山进入市区的

[1] （民国）陈鲲修、刘谦纂：《醴陵县志》，湖南人民出版社，2009年。
[2] （民国）朱羲农、朱保训编纂：《湖南实业志》，湖南人民出版社，2009年。
[3] （民国）朱羲农、朱保训编纂：《湖南实业志》，湖南人民出版社，2009年。

瓷厂，逐渐形成了现代醴陵窑中心在城区的格局。1964 年，醴陵瓷器先后被指定为国宴餐具和国家礼品瓷。而后，醴陵窑开始生产国家领导人的专用餐具、天安门城楼用瓷、中南海和钓鱼台国宾馆用瓷。醴陵窑因此被誉为中国当代"红色官窑"，醴陵窑在短暂的沉寂之后再次焕发了青春。

（三）沩山历史

位于醴陵市东堡乡（今沩山镇）的沩山，距离市区约 15 千米，海拔高度在 200 ～ 400 米，周围峰峦叠嶂，是醴陵两处主要瓷土产地之一（图 1-1）[1]。沩山之名最早见于唐代道士司马承祯的《天地宫府图》[2]，书中列举了道教的十大洞天、三十六小洞天和七十二福地，位列第十三小洞天的就是位于今天醴陵的"沩山好生玄上洞天"。洞天福地是道教创立的人间仙境体系中最具代表性的仙境，它几乎都分布在中国境内的名山之中，比如衡山、王屋山等等，但又不同于普通的自然山水，每一处洞天福地都是上仙真人的治所[3]，唐代的沩山正是一处众山环绕，林木荟萃的人间仙境。醴陵地方志记载，唐大缘禅师于此建沩山寺。

一直到了元代，这里才开始有了瓷业生产活动，历年的调查显示，在沩山分布有 4 处元代的窑址，但堆积都不多，烧造的时间不长，元代短暂的瓷业生产，并未给沩山的生态造成很大的改变。因而明代罗汝芳和丁淑访沩山寺时所看到的是"洞府旧仍存别院，醉窝深凿伴云端"，"四山青翠俨城郭，身倚层云望八埏"[4]的景象。文献记载，广东兴宁人廖仲威来到沩山发现此地瓷泥矿丰富，清雍正七年，向沩山寺僧人智慧租赁山林采泥，开创瓷厂，并约其同乡的陶、马、曾、廖等十余个拥有制瓷技艺的工匠前来传授制瓷技艺，从而揭开了沩山此后大兴瓷业的序幕。近年来的考古调查也进一步印证了这一点，沩山的青花瓷窑众多，多数都可上溯至清代早中期。沩山瓷业在清代的兴盛，也为古洞天注入了新的活力，沩山的土窑，每一次新开窑，窑厂老板都会设好神坛，请来古洞天最有名的法师念经祈福，以保佑新窑烧瓷顺利。

至此，醴陵沩山开始大规模烧制青花土瓷，成为醴陵瓷业的区域中心，清光绪末年至民国初年，醴陵土瓷制法先后传至衡阳、衡山、长沙[5]，沩山不仅是清代醴陵瓷业的中心，同时也是晚清民国时期湖南土瓷业的发源地。

不过，窑业生产虽带动了地方经济的发展，但对于周围生态环境的改变也是惊人的，沩山亦是如此，尤其是晚清至民国时期，醴陵沩山户户烧窑，周围的森林植被多被消耗。清代陈遫园慕名来访沩山寺时，看到的是与明代完全不同的景象，"树杪窑烟市，溪头瓦砾横。洞天原古刹，可惜被陶倾"，沩山密集的窑业活动产生了大量堆积如山的废品，以至于连溪头和古洞天周围都堆满了烧窑产生的次品。

---

[1] 另一处盛产瓷泥的地点在醴陵东北的王仙。

[2] （宋）张君房纂辑，蒋力生等校注：《云笈七签》，华夏出版社，1996年，第154页，书中潭州澧陵县当为潭州醴陵县。

[3] 李晟：《道教信仰中的地上仙境体系》，《宗教学研究》2012年第2期。

[4] （清）徐淦修，江普光纂：《醴陵县志》，成文出版社。

[5] （民国）朱羲农、朱保训纂修：《湖南实业志》，《湖湘文库》378、379，湖南人民出版社，2008年，第964页。

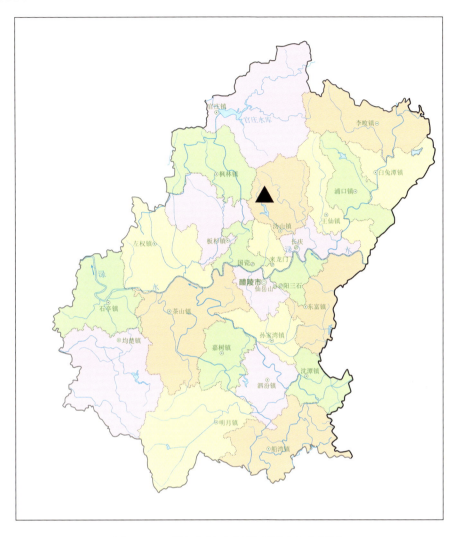

图 1-1　醴陵市沩山村地理位置示意图

三　历年考古工作

（一）考古调查

2003 年底至 2004 年初，株洲市和醴陵市的文物部门对醴陵沩山地区开展了文物调查，发现了大量瓷窑址、瓷泥矿井、瓷片堆积及制瓷作坊等遗迹。

2009 年 6 ～ 10 月，株洲市文物局和醴陵市文物局组成联合考古调查队，对醴陵窑遗址群进行了一次大规模考古调查，全面摸清了醴陵窑址群的基本情况，并对典型窑址进行了考古勘探，刊布了详细的考古调查勘探报告[1]。

2014 年 10 月至 2015 年 1 月，湖南省文物考古研究所和醴陵窑管理所联合对醴陵窑的核心区沩

---

[1]　李永峰：《醴陵沩山窑遗址考古调查取得重要收获》，《湖南省博物馆馆刊》（第七辑），岳麓书社，2011 年。

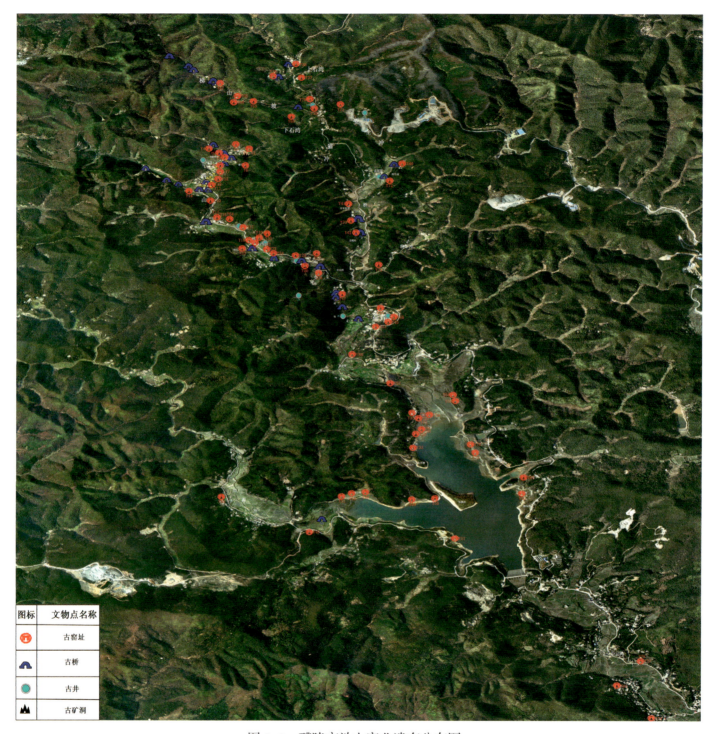

图 1-2　醴陵市沩山窑业遗存分布图

山窑区进行了详细的考古调查，利用 1∶2000 大比例地形图和正射影像图等资料，将所发现的窑址及相关遗迹落在地形图之上，为后续保护规划的编写及考古发掘奠定了基础[1]（图 1-2）。

2021 年 11 月至 2022 年 3 月，株洲市博物馆、醴陵市博物馆与醴陵窑管理所联合组建了醴陵窑

[1]　杨宁波、王献水：《2014年醴陵窑考古调查及收获》，《东方博物》2015年第3期。

考古调查队，对醴陵市左权镇永兴村汉代陶窑遗址进行了调查，在楠竹山、荷塘、王坪、桐子冲一带发现汉代陶窑遗址 12 处、码头 1 座，各遗址点地表散落大量汉晋时期硬陶片，部分残存窑炉及红烧土痕迹。此外，在左权镇玉皇阁村发现宋元窑址 3 处、清代青花窑址 3 处。

（二）考古发掘

2010 年 8 月至 2011 年 1 月，为配合浏醴高速公路建设，湖南省文物考古研究所、株洲市博物馆、醴陵市文物局对位于醴陵市枫林市乡（今枫林镇）唐家坳村的唐家坳窑址进行了抢救性发掘，揭露宋元时期龙窑多座和清代青花瓷窑 2 座，出土的宋元时期青白瓷质量上乘，元代仿龙泉青瓷亦极具特色，此次发掘首次将醴陵窑的烧造年代上溯至宋代[1]（图 1-3 ~ 7）。

2015 年，湖南省文物考古研究所与醴陵窑管理所联合对位于沩山钟鼓塘的元代窑址[2]和枫树坡窑址进行了主动性发掘。钟鼓塘窑址出土的瓷器种类有碗、盏、盘、碟、高足杯、执壶等，以碗为大宗，其次是盏、高足杯、折沿盘，执壶、钵等较为少见。釉色以青白釉居多，青釉次之，另有一定数量的酱釉和少量双色釉。枫树坡窑址为一处清至民国时期的青花瓷窑址。发现了窑炉、作坊等遗迹，出土了大量青花产品及制瓷工具、窑具。

2018 年 4 ~ 7 月，株洲市博物馆、醴陵窑管理所在醴陵市孙家湾镇毛家岭发现并发掘了一处五代时期的窑址。该窑址地势北高南低，南临醴陵渌江支流铁河。窑炉为龙窑，主要烧造青瓷，器类包括碗、执壶、罐、钵、盏、缸、坛、杯、网坠等，以碗为主，多施青釉、青黄釉，产品具有五代时期特征（图 1-8、9）。窑址东侧为废弃堆积，发现大量筒形匣钵，从采集标本可以看出，该窑址大量使用匣钵装烧，匣钵内碗、盘层累叠烧，以带支钉垫圈间隔，匣钵与匣钵之间以垫饼间隔，烧造年代为五代时期，废弃年代可能晚到北宋早期[3]。这是株洲地区首次发现五代时期瓷窑遗址，又一次改写了醴陵烧造瓷器的历史。

2022 ~ 2023 年，湖南省文物考古研究院、醴陵窑管理所、中国人民大学历史学院、湖南大学岳麓书院等单位联合发掘了沩山王大德生窑（Y17）。窑址离古洞天 460 余米，离元代窑址 Y15 约 200 米[4]。此次发掘揭露出 1 座阶级窑、房屋基址及相关的淘洗、配釉作坊遗迹。Y17 为阶级窑，分为 6 个窑室。晚清房屋居址 F1 分为 5 个供生活起居的房间和周围的厕所、排水沟遗迹。淘洗池 C3 和配釉池 C2 均为由数个相连的池子构成的遗迹单元。发掘区出土的瓷器以清代晚期至民国时期的青花瓷为主，器形主要有碗、盏、汤匙、油灯等，另有几件釉下五彩瓷。窑具有垫饼。制瓷工具有汤匙与碗印模、荡箍、轴顶帽等（图 1-10、11）。

---

[1]　湖南省文物考古研究院等：《湖南醴陵唐家坳窑址李家坳区发掘简报》，《湖南考古辑刊》第 16 集，科学出版社，2022 年。湖南省文物考古研究院、株洲博物馆、醴陵窑管理所：《枫林瓷印——醴陵窑唐家坳窑址出土瓷器精粹》，文物出版社，2022 年。

[2]　湖南省文物考古研究所、醴陵窑管理所：《洞天瓷韵——醴陵窑钟鼓塘元代窑址出土瓷器精粹》，文物出版社，2019 年。中国人民大学历史学院、湖南省文物考古研究所、醴陵窑管理所：《湖南醴陵沩山钟鼓塘元代窑址发掘简报》，《文物》2021 年第 5 期。

[3]　株洲市博物馆、醴陵窑管理所：《湖南醴陵毛家岭五代窑址发掘简报》，《中国国家博物馆馆刊》2020 年第 12 期。

[4]　此处指的是直线距离。

图 1-3　醴陵市枫林镇唐家坳窑址（航拍）

图 1-4　醴陵市枫林镇唐家坳窑址 Y1 ~ Y5

图 1-5　醴陵市枫林镇唐家坳窑址石桥区 Y7

图1-6 醴陵市枫林镇唐家坳窑址出土瓷器

1.李家坳区出土青白瓷印花盘T11H3：92 2.石桥区出土青白瓷盏T126⑤：126 3.石桥区出土青白瓷印花盘T126⑤：20 4.石桥区出土青白瓷瓶T115③：2 5.石桥区出土青白瓷牧童砚滴Y4：10 6.石桥区出土青白瓷鬲式炉Y4：5

图1-7 醴陵市枫林镇唐家坳窑址出土瓷器

1.石桥区出土酱釉执壶T114②：1 2.石桥区出土酱釉炉T121②：3 3.马冲区出土青瓷盘T4扩②：39 4.马冲区出土青瓷高足杯T3扩②：17

图 1-8　醴陵市毛家岭五代窑址

图 1-9　醴陵市毛家岭五代窑址出土瓷器

图 1-10　醴陵市沩山王大德生窑 Y17（航拍）

图 1-11　醴陵市沩山王大德生窑出土青花瓷
1.青花碗C2-4①：2　2.青花碗C2-5①：2

第二章　遗迹

2014年，湖南省文物考古研究所对沩山古代窑址群进行了系统的调查，摸清了这一区域古代窑址的规模、分布范围等（图2-1）。

图2-1　醴陵市沩山钟鼓塘地貌（航拍）

　　2015 年初，为配合醴陵创建国家考古遗址公园，同时也为了解决沩山区域醴陵窑宋元时期窑业的年代和技术特征等学术问题，经国家文物局批准（考执字〔2015〕第 317 号），湖南省文物考古研究所与醴陵窑管理所联合对沩山钟鼓塘元代窑址（Y15）进行了主动性考古发掘。

　　Y15 发掘前地表长满了油茶树、竹子等树木（图 2-2、3）。发掘前设立临时基点，根据前期的调查结果，用 RTK 在窑址和窑渣堆积的中心位置布设 5 米 × 5 米探方 11 个，发掘面积 275 平方米（图 2-4、5）。

图 2-2　钟鼓塘 Y15 发掘前地貌

图 2-3　钟鼓塘 Y15 发掘前地貌

图2-4　钟鼓塘Y15发掘位置图

图2-5　钟鼓塘Y15发掘布方

一　地层堆积

本次发掘共布设 11 个探方，堆积最厚的是探方 TN06E02、TN06E03、TN07E02，而探方 TN09E03、TN09E04 仅有第①层，甚至发掘前部分区域已露出基岩。

以下分别对各个探方的地层堆积情况加以介绍。

1.TN06E02 地层堆积

探方 TN06E02 地层分 3 层（图 2-6、7）。

第①层：浅灰褐色间黑褐色土，厚 0.10～0.15 米。土质疏松，分布全方，探方中部最厚，南部略薄。本层遍布树根、竹根，含土量约 8%。出土较完整遗物近 500 余件[1]，可辨器形有碗、盏、盘、碟、杯、罐、灯盏等，以碗为主，占 69%，盏次之，占 9%。釉色有青白釉、青釉及少量酱釉（图 2-8、1），青白釉占 77%。器物以素面为主，少量外壁刻莲瓣纹。

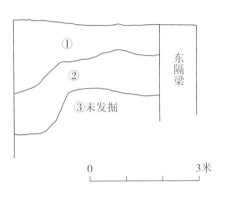

图 2-6　TN06E02 北壁剖面图

图 2-7　TN06E02 东壁剖面

---

[1]　出土器物数量主要以器物的底部为统计单位，器物口沿或者腹片没有计入总数。以下与此相同。

1

2

3

图 2-8　TN06E02 地层出土瓷器

1.酱釉灯盏TN06E03①：2出土情况　2.轴顶帽TN06E02②：2出土
情况　3.青白瓷涩圈碗TN06E02②：2出土情况

　　第②层：黄褐色砂土层，厚 0.15 ～ 1.25 米。土质疏松，除东北角外均有分布，探方南部最厚，北部略薄。本层包含大量碎砖和碎石块，约占 45%，含土量 40%。出土器物约 800 件，可辨器形有碗、盏、盘、碟、罐、杯、高足杯、钵、炉、执壶、瓦等。釉色以青白釉为主，占 60% 左右，酱釉瓷占 10%。窑具有垫柱、垫钵、垫圈、垫饼、支圈、火照等，火照上有刻"十""乙"等文字（图 2-8，2、3）。遗迹 Q1 即开口于该层下。

　　第③层：黄褐色砂土层，厚 0.25 ～ 1.05 米。土质疏松，分布全方，南部最厚。本层包含大量瓷片及窑具。为保护 Q1，③层及以下未发掘。

　　2.TN06E03 地层堆积

　　探方 TN06E03 地层分 3 层（图 2-9、10）。

　　第①层：浅灰褐色土层，厚 0.10 ～ 1.15 米。土质疏松，分布全方，探方中部最厚，南部略薄。本层遍布树根，含土量约 80%。出土遗物约 1000 件，可辨器形有碗、盏、盘、碟、炉、杯、罐、执壶、灯盏等，以碗、盏为主，碗占 60%，盏占 11.7%。釉色有青白釉、酱釉、青花，青白釉占 74%。器物以素面为主，少量饰莲瓣纹。窑具和制瓷工具有火照、垫钵、垫饼、支圈、荡箍等（图

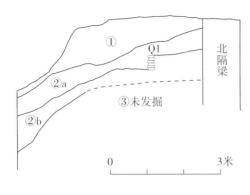

图 2-9　TN06E03 西壁剖面图

2-11）。

第②层：分 2 小层。

第② a 层：为黄褐色砂土层，厚 0.05 ～ 1.25 米。土质疏松，探方南部最厚，北部最薄，② a 层仅东北角无分布。本层含有大量碎砖和石块，约占 45%，含土量约 40%。

第② b 层：为黄褐色砂土夹垫钵层，厚 0.25 ～ 1.05 米。土质疏松，分布全方，南部最厚，该层上部为黄褐色砂土，砂土细腻，可见类似瓷泥

图 2-10　TN06E03 东壁剖面

的白色颗粒，下部为垫钵层，可见大量瓷片及窑具。② b 层下可见砖墙 Q1（图 2-11，2；图 2-12，1、2）。

第②层出土遗物 2500 余件，可辨器形有碗、盏、盘、碟、杯、罐、盒、执壶、钵、炉、器盖等，碗占 62%，绝大多数为涩圈叠烧，只有 5 件碗为芒口覆烧。釉色有青白釉、青釉、酱釉，青白釉占 72%，青釉占 10%，酱釉占 8%。窑具和制瓷工具有支圈、垫钵、垫柱、垫饼、火照、试泥棒、荡箍等。

第② b 层下为生土。

1   2

图 2-11   TN06E03 地层出土瓷器

1.青白瓷涩圈碗TN06E03①：4出土情况   2.青瓷涩圈碗TN06E03②：9出土情况

1   2

图 2-12   TN06E03 地层出土瓷器

1.青白瓷饼足盏TN06E03②：10出土情况   2.青白瓷饼足盏TN06E03②：22出土情况

3.TN07E02 地层堆积

探方 TN07E02 地层堆积可见 3 层（图 2-13）。

第①层：灰褐色土层，厚 0.25 ～ 0.45 米。粉砂土质，夹少量石块，结构疏松，分布全方。出土遗物约 1360 件，可辨器形有碗、盏、盘、碟、杯、执壶、擂钵、罐、器盖、器座、炉等，以碗为主，盘次之，碗占 76%，盘占 7%。釉色有青白釉、青釉、酱釉等，青白釉占 87%。窑具和制瓷工具有垫柱、垫钵、垫饼、支圈、荡箍等。

第②层：分 3 小层。

第② a 层：灰褐或灰黑色土层，厚 0.50 ～ 2.30 米。粉砂土质，结构疏松，分布全方。地层包含物有青白瓷碗、盆、盏等残片。

第② b 层：黄褐色土层，厚 0.40 ～ 1.00 米。泥砂土质，结构疏松，分布探方东北部及西北角。

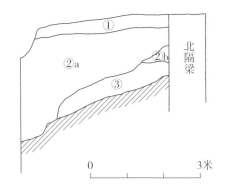

图 2-13　TN07E02 北壁剖面图

图 2-14　青瓷高足杯 TN07E02 ②：9 出土情况

本层遗物有碗、盏、灯等，另见有垫钵、支圈等窑具。

第②c 层：灰黑色土层，厚 0.50 ～ 1.60 米。砂石土质，结构致密，仅分布于探方东部北端。地层中有红烧土残块及零星瓷片，未发现较完整器物（图 2-14）。

第③层：呈青灰色，厚 0.20 ～ 0.60 米。细砂土质，结构疏松，分布于探方西北部。地层中未发现任何遗物。

第③层以下为生土。

4.TN07E03 地层堆积

探方 TN07E03 地层堆积分 3 层（图 2-15、16）。

第①层：灰褐色粉砂土层，厚 0.20 ～ 0.40 米。结构疏松，分布全方。出土遗物 220 余件，可辨器形有碗、盏、盘、杯、钵、执壶、瓶等，碗占 55%，盏占 6%，盘占 9%。窑具及制瓷工具有垫钵、支圈、火照等。

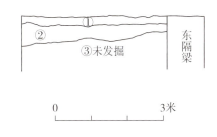

图 2-15　TN07E03 北壁剖面图

第②层：黄褐间灰黑色土层，厚 0.20 ～ 0.75 米。

1

2

图 2-16　TN07E03 北壁、东壁剖面

1.TN07E03北壁剖面　2.TN07E03东壁剖面

1

2

图 2-17　TN07E03 地层及出土瓷器

1.TN07E03②层下平面　2.TN07E03③层表面　3.青白瓷碗
TN07E03③：4出土情况

3

砂石土质，结构疏松。地层中包含有石块、红烧土、青白瓷碗、盘等残片及窑具等。出土遗物 690 余件，可辨器形有碗、盏、盘、碟、杯、炉、钵等，碗占 65%，盘占 9%。釉色以青白釉为主，占 71%，青瓷占 3.6%。窑具和制瓷工具有垫钵、垫饼、垫柱、支圈、火照、荡箍等（图 2-17，1）。

第③层：红褐色土层。泥砂土质，结构较疏松，分布全方。地层有石块、红烧土、青白瓷残片及窑具残片。出土遗物 48 件，可辨器形有碗、盏、盘、碟、杯。窑具和制瓷工具有垫钵、垫饼、垫圈、支圈等（图 2-17，2、3）。

为了保留遗迹，第③层只做了部分发掘，第③层下未发掘。

5.TN07E04 地层堆积

探方 TN07E04 地层分 3 层（图 2-18、19）。

第①层：灰褐色土层，厚 0.15～0.45 米。土质疏松，分布全方，探方南部最厚，厚约 0.45 米，中部厚约 0.15 米。本层遍布树根，含土量约占 50%。出土遗物近 700 件，可辨器形有碗、盏、碟、盘、杯、罐、双唇坛、器盖、盆、炉、灯盏等，碗占 63%，盏占 8%。釉色有青白釉、青釉、酱釉，青白釉占

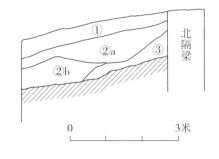

图 2-18　TN07E04 西壁剖面图

1

2

图 2-19　TN07E04 北壁、西壁剖面

1.TN07E04北壁剖面　2.TN07E04西壁剖面

72%，青釉 6%，酱釉占 8%。纹饰有莲瓣纹、草叶纹，基本装饰于器物内外壁。窑具和制瓷工具有垫钵、垫柱、垫饼、支圈、火照等。

　　第②层：分 2 小层。第②层西南部出现约 1.00 米的红砖堆积，为区别于②层其他位置及③层，编为第② b 层。

图 2-20　TN07E04 地层出土瓷器

1.酱釉灯盏TN07E04②：3出土情况　2.青瓷折沿盘TN07E04②：5
出土情况　3.青白瓷高足杯TN07E04②：8出土情况

第②a层：黄褐色砂土层，含有大量碎石块，约占40%，另有20%遗物。

第②b层：厚0.25～1.05米，南部最厚，厚约1.05米，中部厚约1.00米。出土遗物1480余件，可辨器形有碗、盏、碟、盘、杯、钵、器盖、罐、炉、执壶等，以碗为主，占60%。釉色以青白釉为主，占56%，青釉次之，占22%，少量酱釉，占8%。纹饰有莲瓣纹等（图2-20）。

第③层：青灰色黏土，厚0.20～0.95米。探方北部最厚，厚约0.95米，中部厚约0.80米。碎石含量极少，含土量增加，约占98%，土质细腻疏松。由于③层中未见文化包含物，本层仅揭露西半部分（图2-21）。

6.TN08E03 地层堆积

探方 TN08E03 地层分2层（图2-22、23）。

第①层：灰褐色土层，厚0.18～0.40米。粉砂土，结构疏松，分布全方。出土相对完整的遗物仅10件，器形有碗、盘、垫钵、瓦等。

第②层：黄褐色土层，厚0.25～0.95米。砂石土，结构疏松，分布全方。地层包含物有碎石块、瓷片、窑具等。出土遗物100件左右，可辨器形有碗、盏、盘、杯、炉、瓦等，碗占69%，盘占12%。釉色有青白釉、青釉、酱釉，青白釉占81%，青釉占3%，酱釉占3%。窑具有垫钵、支圈。H3开口于第②层下。

第②层下为生土。

图 2-21　TN07E04 ③层平面

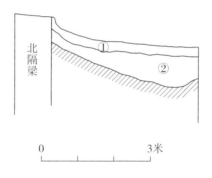

图 2-22　TN08E03 东壁剖面图

7.TN08E04 地层堆积

探方 TN08E04 地层分 2 层（图 2-24、25）。

第①层：灰褐色土层，厚 0.20～0.65 米。粉砂土质，分布全方。地层包含物有石块、瓷片、窑具等。出土遗物 150 余件，可辨器形有碗、盏、盘、杯、炉、罐等，碗占 57%，盘占 16%。窑具有垫钵、支圈、火照等。

第②层：灰褐夹黄褐色土层，厚 0.25～0.80 米。砂石土，结构疏松，分布全方。出土遗物 560 余件，可辨器形有碗、盏、盘、杯、高足杯、罐、炉、灯盏等，碗占 37%，盘占 5%。釉色有青白釉、酱釉、青花，青白釉占 85%。窑具有垫钵、垫柱、支圈、火照等。H1 开口于该层下。

第②层下为生土。

1

2

图 2-23　TN08E03 北壁、南壁剖面

1.TN08E03北壁剖面　2.TN08E03南壁剖面

1

2

图 2-24　TN08E04 北壁、西壁剖面
1.TN08E04北壁剖面　2.TN08E04西壁剖面

8.TN09E03 地层堆积

呈斜坡状,北部第①层之下就是基岩。

第①层:灰褐色土层,北部厚约0.10米,南部厚0.10～0.40米。结构疏松。地表原种有较多茶树、竹子、杉树,地层中树根较多,有较多石块,见有少许红烧土块。出土遗物不多,近30件,可辨器形有碗、盏、盘、杯、罐、执壶、烛台等。釉色以青白釉为主。窑具有垫钵、火照。

第①层下为基岩。

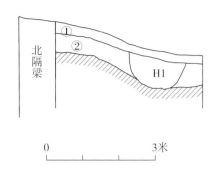

图2-25　TN08E04 东壁剖面图

9.TN09E04 地层堆积

本方为斜坡状,北高南低,南北垂直落差有1米左右。

第①层:灰褐色土层。土质疏松,地层包含物极少,出土垫钵及零散窑砖等。

第①层以下即为基岩。

二　遗迹

1.Y15

Y15开口于①层下(图2-26～32),开口处距现地表深0.20～0.50米,Y15为长斜坡龙窑,窑头及窑床中部因近现代取土破坏而不存,仅存后段,方向55°。东壁残长7.3、西壁残长4.85、宽1.65米,窑床后段凿于自然山体之上,窑壁利用不规则的砖块与岩石砌筑而成,窑底用粉砂土铺就。Y15窑内填土可分5层(图2-33)。

第①层:灰褐色土层,砂石土质,厚0.18米。填土中夹有红烧土块、垫钵、青白瓷残片。

第②层:黄褐色,细砂土,厚0.08～0.12米。填土中少见包含物。

第③层:粉黄色砂土质,结构疏松,厚0.08米。无包含物。

第④层:红褐色砂石土质,厚0.18～0.20米。未见包含物。

第⑤层:黄褐色土,砂石土质,厚0.16米。结构比较致密,无包含物。

第⑤层以下为基岩。

2.Q1

Q1位于探方TN06E03西侧(图2-34,1、2),开口于第②层下,呈东西走向,大体与窑炉垂直,以碎窑砖垒砌,揭露长约2.3、宽约0.16米,窑墙北侧有许多杂乱无规律的窑砖堆砌在一起,此部位的窑床已不存,无法判断这段遗迹的具体用途,推测是护窑墙或者窑门一侧的护墙。

3.H1

H1分布于TN08E04方内(图2-35、36),开口于第②层下。直径2.12～2.25、深2.00米。填土为灰黑色,填土中包含有较多碎石块、红烧砖块等。填土分为2层。

第①层:出土遗物800件,可辨器形有碗、盏、盘、碟、杯、炉、板瓦等,碗占86%,盘占7%。

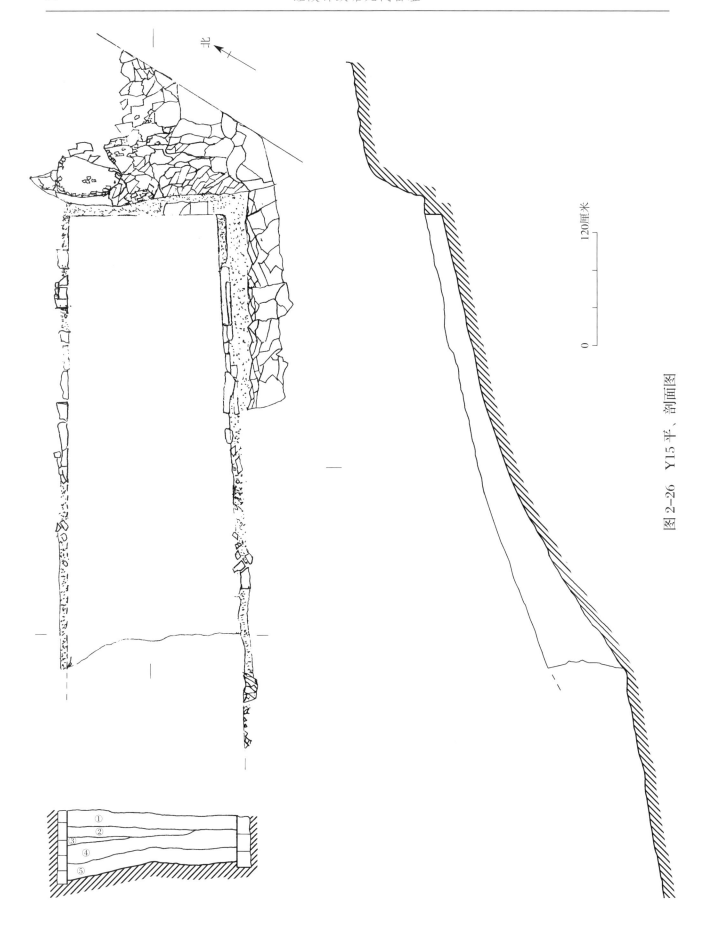

图 2-26　Y15 平、剖面图

图 2-27　Y15 全景
（由窑床向窑尾）

图 2-28　Y15 全景
（由西向东）

图 2-29　Y15 全景
（由东向西）

图 2-30　Y15 窑壁

图 2-31　Y15 窑尾排烟痕迹

图 2-32　Y15 窑尾排烟痕迹

图 2-33　Y15 窑内堆积

1

2

图 2-34　Q1 开口层位与侧视

1.Q1开口层位　2.Q1侧视

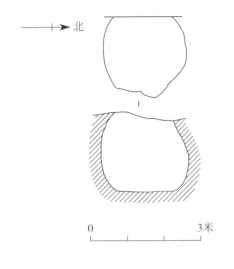

图 2-35　H1 平、剖面图　　　　　　　图 2-36　H1 出土青花杯 H1 ②：2

釉色有青白釉、青釉、酱釉、青花，青白釉占 90%，青釉占 2%，酱釉占 3%。窑具有垫钵、垫饼、支圈等。

　　第②层：出土遗物 520 余件，可辨器形有碗、盏、盘、碟、杯、器盖、钵、炉、瓦等，以碗为主，占 73%，盘次之，占 11%。釉色有青白釉、青釉、酱釉、青花，青白釉占 88%。窑具有垫钵、垫柱、支圈、火照等。

　　4.H2

　　H2 位于探方 TN07E03 西北角（图 2-37），部分被隔梁叠压，露出部分平面呈半月形。长 1.02、宽 0.48 米。H2 内填土呈红褐色，包含较多瓷片等遗物，可辨器形有碗、盏等。

图 2-37　H2

5.H3

H3分布于探方TN08E03内，开口于第②层下（图2-38，1）。平面呈椭圆形，长3.15、宽2.36米。填土为灰褐色土，填土中夹杂大量碎石块、窑砖。

第①层：出土遗物960余件，可辨器形有碗、盏、盘、碟、杯、钵、器盖、罐等，碗占68%，盘占11%。以青白釉为主，占85%。窑具和制瓷工具有垫钵、垫柱、垫饼、支圈、火照、荡箍（图2-38，2）。

第②层：出土遗物210余件，可辨器形有碗、盏、盘、碟、杯、钵、炉、执壶、瓦等，碗占62%，盘占9%。以青白釉为主，占75%。窑具和制瓷工具有垫钵、垫柱、支圈、火照。

H3为现代坑。

1

2

图2-38　H3及出土瓷器

1.TN08E03②层下H3　2.青瓷涩圈碗H3①：4出土情况

第三章　遗物

Y15 出土遗物包括瓷器、制瓷工具、窑具等。

一　瓷器

瓷器器形有碗、盏、高足杯、盘、碟、执壶等，以碗为大宗，其次是盏、高足杯、盘，执壶等较为少见。釉色以青白釉为主，青釉次之，另有一定数量的酱釉和双色釉器物。

（一）青白瓷

1. 青白瓷碗

71 件。以素面为主，根据器物口沿特征分六型。

A 型　48 件。敞口，尖圆唇，斜弧腹，圈足。根据器物口径大小分两亚型。

Aa 型　19 件。敞口大碗，口径在 17 厘米以上。数量不多。

标本 TN06E03 ②：856，胎色偏白，胎体坚致。青白釉，内底刮涩圈，有叠烧痕，外施釉至圈足，釉层均匀，莹润明亮，玻璃质感强，外壁局部有积釉。外壁口沿下有弦纹一道，其下刻莲瓣纹一周。口径 18.2、底径 7.2、高 6.4 厘米（彩版 3-1）。

彩版 3-1　Aa 型青白瓷碗 TN06E03 ②：856

标本 TN07E02②：92，矮圈足。白胎，胎体坚致。青白釉，局部泛灰，内底刮涩圈，涩圈处有叠烧痕，内壁有一处褐色铁斑，外施釉近圈足，釉层光洁莹润，玻璃质感强。外壁口沿下有弦纹一道，其下刻莲瓣纹一周。口径 18.6、底径 6.6、高 6.2 厘米（图 3-1，1；彩版 3-2）。

标本 TN07E04②：76，圈足，足墙宽厚，外足墙近直，内足墙斜削，挖足浅。青白釉偏灰，内底刮涩圈，外施釉近圈足，釉层薄，釉面略含杂斑，有开片。胎体多有开裂，略变形。口径 24～26、底径 8.8、高 8.6 厘米（彩版 3-3）。

标本 TN06E03②：231，仅存器底，弧腹，圈足，足心微凹，圈足修胎较粗糙。因火候不够胎色偏白，胎体厚重。青白釉，内满釉，外施釉至圈足，细碎开片，外壁局部积釉。内底刻划花，外壁刻莲瓣纹一周。底径 7.2、残高 3.4 厘米（图 3-1，2；彩版 3-4）。

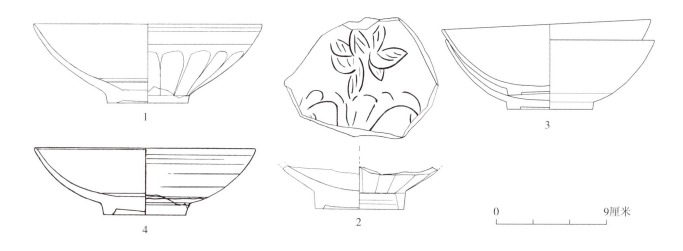

图 3-1　Aa 型青白瓷碗
1.TN07E02②：92　2.TN06E03②：231　3.TN08E04②：3　4.TN06E03②：796

彩版 3-2　Aa 型青白瓷碗 TN07E02②：92

彩版 3-3　Aa 型青白瓷碗 TN07E04 ② : 76

彩版 3-4　Aa 型青白瓷碗 TN06E03 ② : 231

标本 TN08E04 ② : 3，2 件碗粘连，形制尺寸一致。敞口，圆唇，弧腹，宽圈足。胎质细腻，胎体坚致。青白釉，内外底近心形露胎。口径 17、底径 6.9、通高 6.8 厘米（图 3-1，3；彩版 3-5）。

标本 TN06E03 ② : 796，敞口，尖圆唇，弧腹，圈足，挖足较浅，外底心略外凸。灰白胎，胎质粗。青白釉，釉层均匀，玻璃质感强，有稀疏开片，内底涩圈，外施釉不及底，可见厚薄两层釉。口径 18、底径 6.8、高 5.2 厘米（图 3-1，4）。

标本 H3 ① : 88，口残，弧腹，圈足，外墙近直，内墙斜削，足墙宽厚。外壁近底足处可见跳刀痕。青白胎，胎质细腻，胎体厚而坚实。青白釉，内底涩圈一周，涩圈上有垫烧痕迹，局部有缩釉，釉色明亮有光泽。底径 8.4、残高 5.8 厘米（图 3-2，1；彩版 3-6）。

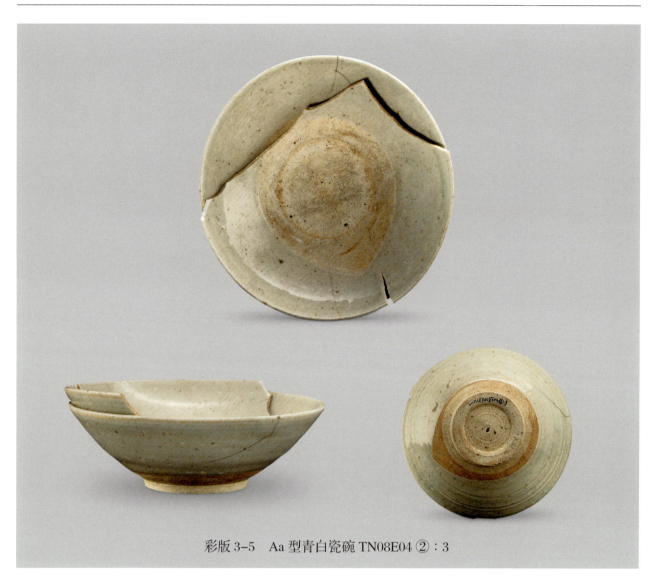

彩版 3-5　Aa 型青白瓷碗 TN08E04 ② : 3

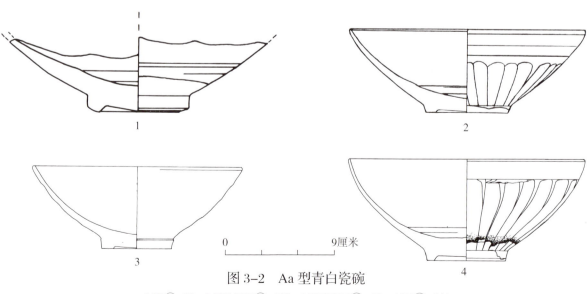

图 3-2　Aa 型青白瓷碗

1. H3① : 88　2. TN06E03② : 230　3. TN07E03② : 40　4. H3① : 214

彩版 3-6　Aa 型青白瓷碗 H3 ① : 88

　　标本 TN06E03 ② : 230，敞口，尖圆唇，弧腹，圈足。白胎，胎质细腻、胎体坚致。粉青釉，釉层明亮恬静，内底涩圈，外施釉不及底，内壁可见积釉，外壁局部见气孔和缩釉点。外壁上腹处一道弦纹，下刻莲瓣纹一周。口径 19.2、底径 6.5、高 6.5 厘米（图 3-2，2）。

　　标本 TN07E03 ② : 40，敞口，圆唇，弧腹，圈足。胎质细腻，胎体坚致。外腹壁可见旋坯旋削痕。青白釉，内满釉，外施釉不及底足，釉色均匀。口径 17.4、底径 5.8、高 6.5 厘米（图 3-2，3；彩版 3-7）。

彩版 3-7　Aa 型青白瓷碗 TN07E03 ② : 40

彩版 3-8　Aa 型青白瓷碗 H3 ①：214

标本 H3 ①：214，敞口，尖圆唇，深弧腹，圈足。青灰胎，胎质细腻，胎体坚致。青釉，内底涩圈，外施釉近足根，施双层釉，底层釉色青白，无积釉，上层釉色青绿，有流釉和积釉，玻璃质感强，局部有线状开片。上腹一道凹弦纹，其下刻一周莲瓣纹。口径 19.2、底径 6.4、高 8 厘米（图 3-2，4；彩版 3-8）。

标本 TN07E04 ②：177，敞口，尖圆唇，斜弧腹，圈足。生烧，胎色黄褐色。青釉，内底涩圈，外施釉不及底，二次施釉，底层釉呈青黄色，上层釉呈青绿色，釉层不均，局部因缩釉而露胎，积釉处呈深青绿色，有开片。口径 19.4、底径 7.5、高 6.9 厘米（图 3-3，1）。

标本 TN07E04 ②：34，敞口，尖圆唇，斜弧腹，圈足。白胎，胎质细腻，胎体坚致。青白釉，内底涩圈，外施釉不及底。外壁刻宽凹弦纹一道，其下刻莲瓣纹一周，口径 18.8、底径 6.4、高 6.9 厘米（图 3-3，2；彩版 3-9）。

标本 TN07E04 ②：181，敞口，圆唇，弧腹，圈足，圈足内侧斜削。灰白胎，胎体坚致。青白釉，内底涩圈，外施釉不及底，釉层薄而均匀，有细碎开片。内底粘有垫隔的石英砂，外壁可见旋削痕和跳刀痕。口径 21.6、底径 7.3、高 7.8 厘米（图 3-3，3）。

标本 H3 ①：266，敞口，尖圆唇，弧腹，圈足，外足墙近直，内足墙斜削。青白胎，胎质细腻，胎体坚硬，底部因生烧胎色偏黄。青白釉，内底刮釉，圆形露胎，外施釉不及底，有线状开片，釉层均匀，釉色明亮。口径 23.2、底径 9.6、高 8.3 厘米（彩版 3-10）。

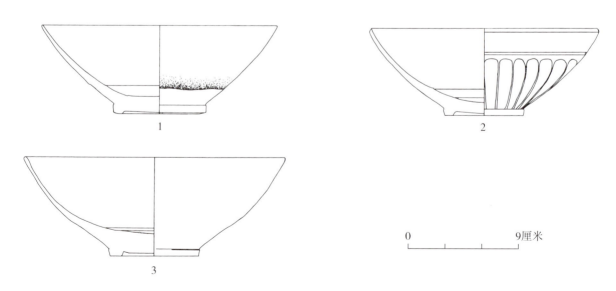

图 3-3　Aa 型青白瓷碗
1.TN07E04②：177　2.TN07E04②：34　3.TN07E04②：181

标本 TN06E03 ②：163，敞口，圆唇，斜弧腹，矮圈足，足墙内侧斜削。白胎，胎质细腻坚致。青白釉，釉层匀净，内底涩圈规整。外施釉不及底，釉层不均匀，有积釉。露胎处可见跳刀痕。口径 17、底径 6.4、高 6 厘米（图 3-4，1）。

标本 TN06E03 ②：222，敞口，圆唇，弧腹，圈足。青灰胎。青白釉，内底涩圈规整，外施釉不及底，二次施釉，釉层均匀，外口沿处轻微积釉，局部略开片，外壁有较多缩釉点。露胎处可见明显的跳刀痕。口径 19、底径 6.9、高 6.4 厘米（图 3-4，2）。

标本 TN06E03 ②：25，敞口，尖圆唇，深弧腹，圈足，外足墙近直，内足墙斜削，足心略凸起。

彩版 3-9　Aa 型青白瓷碗 TN07E04 ②：34

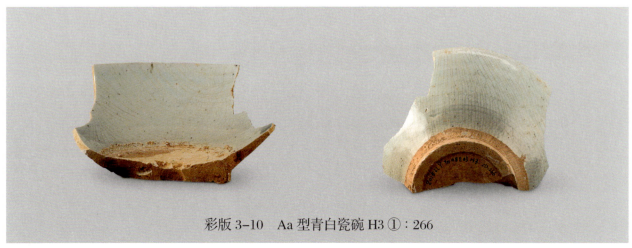

彩版 3-10　Aa 型青白瓷碗 H3 ①：266

青白胎，胎质细腻，胎体坚致。内底涩圈，外施釉近足根，釉色莹润有光泽，玻璃质感强，有线状开片，内外近底处略有积釉，积釉处深青色。外壁口沿下一道弦纹，其下刻莲瓣纹一周。口径18.6、底径6.5、高8.2厘米（图3-4，3；彩版3-11）。

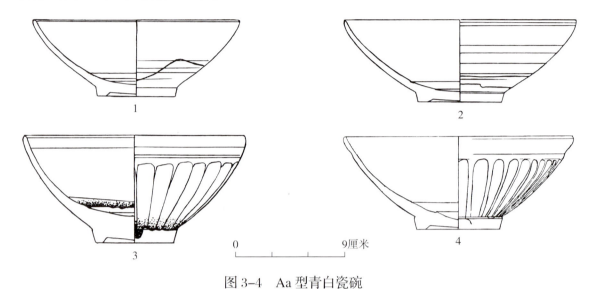

图 3-4　Aa 型青白瓷碗

1.TN06E03②：163　2.TN06E03②：222　3.TN06E03②：25　4.TN06E03②：621

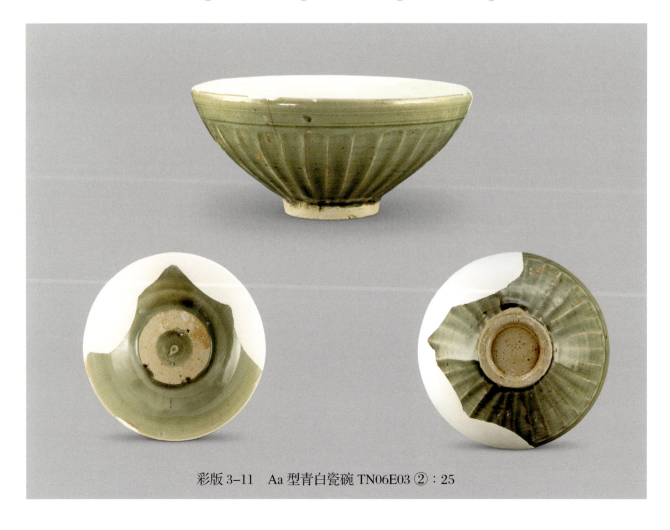

彩版 3-11　Aa 型青白瓷碗 TN06E03②：25

标本 TN06E03②：621，敞口，圆唇，弧腹，圈足，外足墙斜直，内墙斜削，足心略凸起。青白釉，内底涩圈，外施釉近足根，釉层均匀，釉色莹润，有光泽，从外壁近底处可以看出施两层釉。口径 18.8、底径 6.8、高 7.4 厘米（图 3-4，4；彩版 3-12）。

Ab 型　29 件。敞口碗，口径在 12～17 厘米。

标本 TN07E03②：92，敞口，尖圆唇，弧腹，圈足。生烧，白胎偏黄。青白釉，内底圆形露胎，外壁施釉不及底，釉层薄而均匀，有黑色斑点，有细碎开片。口径 16.6、底径 7.6、高 5.6 厘米（图 3-5，1；彩版 3-13）。

标本 TN07E03②：130，敞口，弧腹，圈足。生烧，胎色偏黄。青白釉，内底近圆形露胎，外施釉不及底，釉层薄，有细碎开片。口径 16.8、底径 7、高 5.5 厘米（图 3-5，2）。

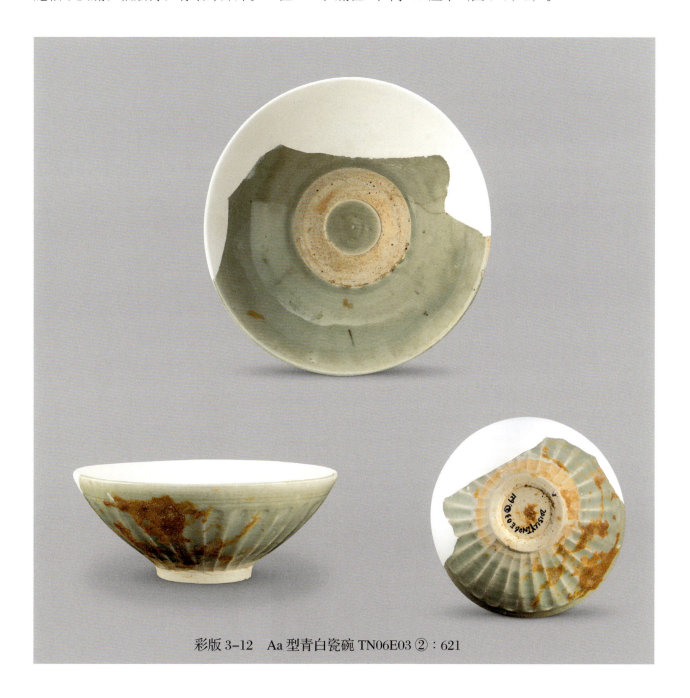

彩版 3-12　Aa 型青白瓷碗 TN06E03②：621

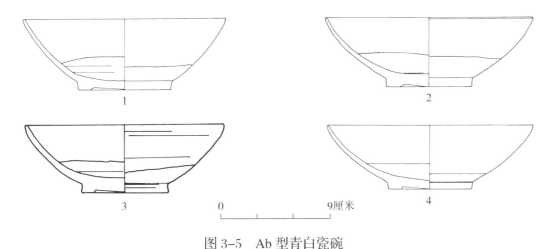

图 3-5 Ab 型青白瓷碗
1.TN07E03②：92   2.TN07E03②：130   3.TN07E03②：82   4.TN07E03②：78

彩版 3-13   Ab 型青白瓷碗 TN07E03 ②：92   彩版 3-14   Ab 型青白瓷碗 TN07E03 ②：82

标本 TN07E03 ②：82，敞口，圆唇，浅弧腹，圈足。青白胎，胎质细腻，胎体坚致。青白釉，内底圆形露胎，外壁施釉不及底，釉层均匀，无流釉与积釉。口径 16.4、底径 7.2、高 5.3 厘米（图 3-5，3；彩版 3-14）。

标本 TN07E03 ②：78，敞口，尖圆唇，弧腹，圈足。灰白胎，胎质细腻。青白釉，内底圆形露胎，外施釉不及底，釉层薄而均匀，无流釉与积釉。口径 16.8、底径 6.8、高 5 厘米（图 3-5，4）。

标本 TN07E03 ②：159，敞口，尖圆唇，弧腹，圈足。灰白胎，胎质细腻。青白釉，内底圆形露胎，外施釉不及底，釉层均匀，有开片。口径 16、底径 6.6、高 5.3 厘米（图 3-6，1；彩版 3-15）。

标本 TN07E03 ②：158，敞口，尖圆唇，弧腹，圈足。略生烧，灰白胎偏黄。青白釉，内底近圆形露胎，外施釉不及底，釉层均匀，无流釉与积釉，有开片。口径 17、底径 7、高 5.3 厘米（图 3-6，2；彩版 3-16）。

标本 TN07E03 ②：129，敞口，尖圆唇，弧腹，圈足。生烧，灰黄胎。青白釉，釉面局部干涩无光泽，有细碎开片。口径 16.6、底径 6.7、高 5.6 厘米（图 3-6，3）。

标本 TN07E03 ②：128，敞口，圆唇，弧腹，圈足，足墙宽厚，挖足浅。灰黄胎，生烧。青白釉，内底圆形露胎，外壁施釉不及底，釉层均匀，有细碎开片，无流釉。口径 16.2、底径 7.2、高 6.2 厘米（图

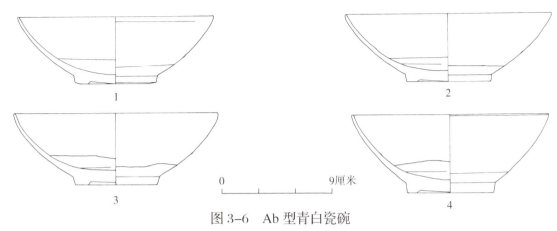

图 3-6　Ab 型青白瓷碗

1.TN07E03②：159　2.TN07E03②：158　3.TN07E03②：129　4.TN07E03②：128

3-6，4；彩版 3-17）。

标本 TN07E03②：134，敞口，圆唇，弧腹，圈足。生烧，灰黄胎。青白釉，内底近圆形露胎，外壁施釉不及底，釉层均匀，无积釉与流釉，釉色偏黄，暗淡无光泽。口径 16.4、底径 7.5、高 5.9 厘米（图 3-7，1；彩版 3-18）。

标本 TN07E03②：95，敞口，尖圆唇，弧腹，圈足。略生烧，青灰胎。青白釉，釉层均匀，局部有开片，无流釉与积釉。口径 16.4、底径 6、高 6 厘米（图 3-7，2；彩版 3-19）。

彩版 3-15　Ab 型青白瓷碗 TN07E03②：159　　　彩版 3-16　Ab 型青白瓷碗 TN07E03②：158

彩版 3-17　Ab 型青白瓷碗 TN07E03②：128　　　彩版 3-18　Ab 型青白瓷碗 TN07E03②：134

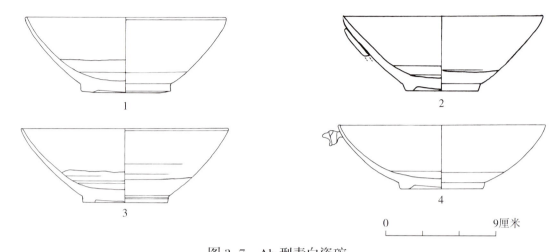

图 3-7　Ab 型青白瓷碗

1.TN07E03②：134　2.TN07E03②：95　3.TN07E03②：94　4.TN07E03②：64

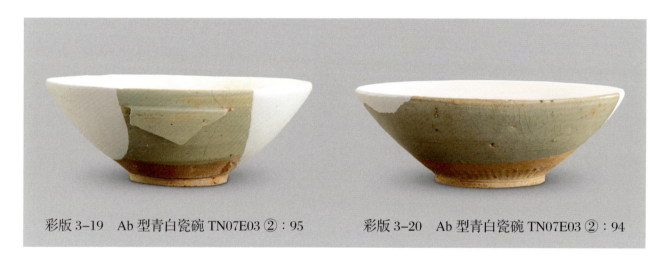

彩版 3-19　Ab 型青白瓷碗 TN07E03 ②：95　　　　彩版 3-20　Ab 型青白瓷碗 TN07E03 ②：94

　　标本 TN07E03 ②：94，敞口，尖圆唇，弧腹，圈足。生烧，灰白胎，略偏黄。青白釉，内底近圆形露胎，外施釉不及底，有细碎开片。口径 17、底径 7、高 5.8 厘米（图 3-7，3；彩版 3-20）。

　　标本 TN07E03 ②：64，敞口，圆唇，弧腹，圈足。白胎，胎质细腻，胎体坚致。青白釉，内外圆形露胎，釉色均匀。口径 17、底径 6.8、高 5 厘米（图 3-7，4；彩版 3-21）。

　　标本 TN07E03 ②：5，敞口，圆唇，弧腹，圈足。胎质细腻，胎体坚致。青白釉，内外皆圆形露胎。口径 16.4、底径 7.6、高 5.5 厘米（图 3-8，1；彩版 3-22）。

　　标本 TN07E03 ②：154，敞口，圆唇，弧腹，圈足。灰白胎，胎质细腻，胎体坚致。青白釉，内底涩圈，外近圆形露胎。口径 17.4、底径 6.6、高 6.7 厘米（图 3-8，2；彩版 3-23）。

彩版 3-21　Ab 型青白瓷碗 TN07E03 ②：64

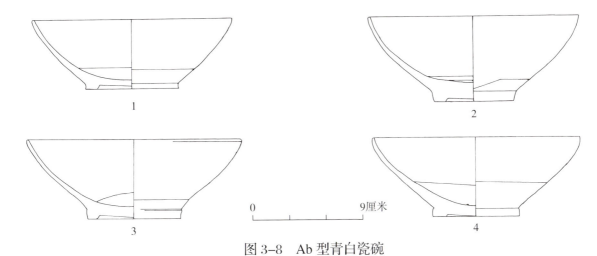

图 3-8　Ab 型青白瓷碗

1.TN07E03②：5　2.TN07E03②：154　3.TN07E03②：62　4.TN07E03②：77

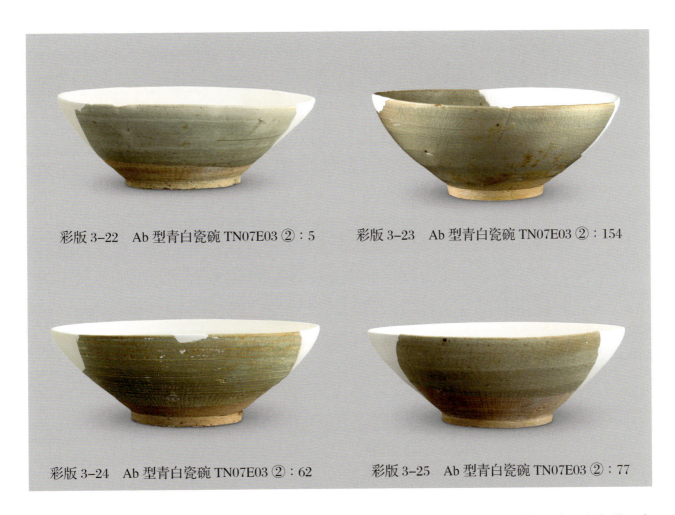

彩版 3-22　Ab 型青白瓷碗 TN07E03②：5　　　彩版 3-23　Ab 型青白瓷碗 TN07E03②：154

彩版 3-24　Ab 型青白瓷碗 TN07E03②：62　　　彩版 3-25　Ab 型青白瓷碗 TN07E03②：77

　　标本 TN07E03②：62，敞口，圆唇，弧腹，圈足。灰白胎，略含细砂，胎体坚致。青白釉，内底近圆形露胎，外施釉至腹中部。口径 17.6、底径 7.6、高 6.3 厘米（图 3-8，3；彩版 3-24）。

　　标本 TN07E03②：77，敞口，圆唇，弧腹，圈足。灰白胎，胎质细腻，胎体坚致。青白釉，内外皆圆形露胎。口径 17.2、底径 7.2、高 6.2 厘米（图 3-8，4；彩版 3-25）。

　　标本 TN07E04②：120，敞口，方唇，弧腹，矮圈足。胎色土黄，胎质坚硬。青白釉，内外满釉，口沿刮釉，釉层薄而均匀，无开片。外壁刻凹弦纹三道，外壁及底足可见旋削和跳刀痕。口径14.4、底径4.8、高4.4厘米（图3-9，1；彩版3-26）。

　　标本 TN07E04②：280，敞口，深弧腹，矮圈足。灰白胎，胎体坚致。青白釉，内底涩圈，外施釉不及底，釉层薄而均匀。外壁露胎处可见跳刀痕。口径15.8、底径6.2、高6.7厘米（图3-9，2；彩版3-27）。

　　标本 TN07E04②：15，敞口，尖圆唇，弧腹，圈足。青灰胎，胎质坚致。青灰釉，内底涩圈，外施釉不及底，釉层薄，玻璃质感强，细碎开片。外壁可见旋削和跳刀痕。口径16.4、底径6.4、高5.6厘米（图3-9，3；彩版3-28）。

　　标本 TN07E04②：258，敞口，尖圆唇，弧腹，圈足。生烧，胎色黄褐色。青白釉，内底圆形露胎，有缩釉，外施釉不及底，有线状开片。口径16、底径6、高6.2厘米（图3-9，4）。

　　标本 TN07E04②：350，敞口，尖圆唇，弧腹，圈足。灰白胎，胎体坚致。青白釉略偏灰，内

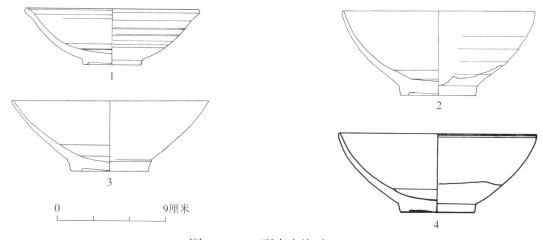

0　　　　　　9厘米

图3-9　Ab 型青白瓷碗

1.TN07E04②：120　2.TN07E04②：280　3.TN07E04②：15　4.TN07E04②：258

彩版3-26　Ab 型青白瓷碗 TN07E04②：120

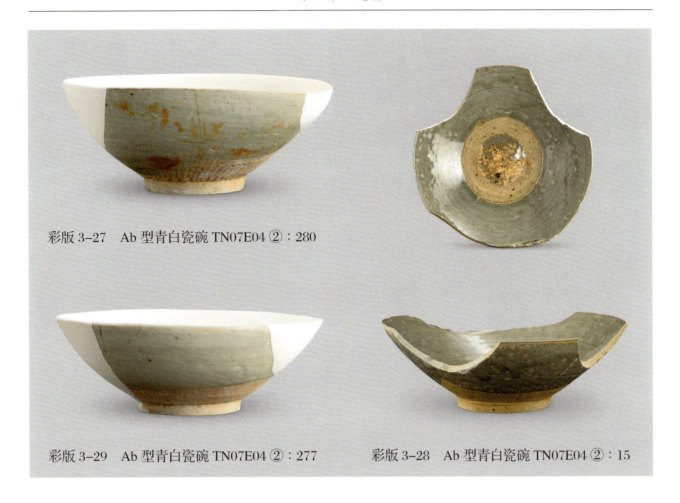

彩版 3-27 Ab 型青白瓷碗 TN07E04 ② : 280

彩版 3-29 Ab 型青白瓷碗 TN07E04 ② : 277

彩版 3-28 Ab 型青白瓷碗 TN07E04 ② : 15

底圆形露胎，外施釉至中腹部，釉层玻璃质感强，内底有少量落渣。口径 15.2、底径 6.3、高 5 厘米（图 3-10，1）。

标本 TN07E04 ② : 277，敞口，圆唇，弧腹，圈足，足墙宽厚，挖足浅平。灰白胎，胎体坚致。青白釉，内底圆形露胎，外施釉不及底，釉层薄。口径 16.4、底径 6.4、高 5.7 厘米（彩版 3-29）。

标本 TN07E04 ② : 44，敞口，圆唇，弧腹，圈足。青白釉，釉色青中泛白，内底涩圈，外施釉不及底。口径 18、底径 7、高 7 厘米（图 3-10，2）。

标本 TN07E02 ② : 7，敞口，圆唇，弧腹，圈足。灰白胎，胎质疏松。青白釉，内底露胎形状不规则，外施釉不及底，釉层均匀，表面细碎开片，露胎处可见拉坯形成的弦纹，内底有叠烧痕。口径 16.8、底径 6.8、高 5.8 厘米（图 3-10，3）。

标本 TN06E03 ② : 610，敞口，圆唇，弧腹，底残。灰白胎，胎体坚致。青白釉，外施釉不及底，釉层均匀，无开片。外壁有较多杂质和缩釉点。外壁近口处刻弦纹一道，其下刻莲瓣纹一周，刻痕较粗。口径 16、残高 6 厘米（图 3-10，4）。

标本 TN06E03 ② : 817，敞口，圆唇，弧腹，圈足，挖足较浅。灰白胎，胎体坚致。青白釉，釉色偏灰，玻璃质感强，釉层均匀，内底涩圈，刮釉齐整，外施釉近底。外壁可见跳刀痕，内壁有粘连痕迹。口径 16.4、底径 6.4、高 6.4 厘米（图 3-11，1）。

标本 TN06E03 ② : 593，敞口，圆唇，弧腹，圈足。灰白胎，胎质细腻。青白釉，内底露胎，

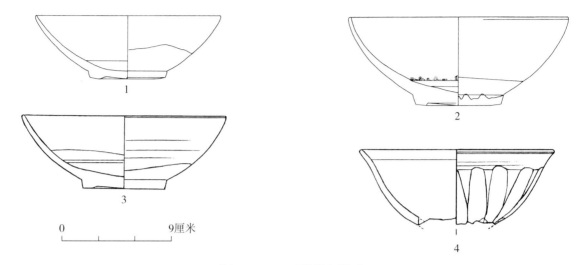

图 3-10　Ab 型青白瓷碗
1.TN07E04②：350　2.TN07E04②：44　3.TN07E02②：7　4.TN06E03②：610

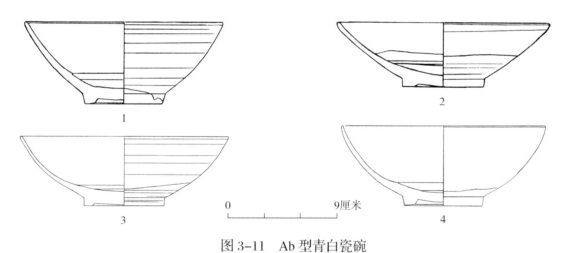

图 3-11　Ab 型青白瓷碗
1.TN06E03②：817　2.TN06E03②：593　3.TN06E03②：686　4.TN06E02②：72

且有圆形刮胎痕，外施釉不及底，积釉处呈青绿色，釉层玻璃质感强，略有开片。外壁露胎处可见跳刀痕。口径 17.2、底径 6.7、高 5 厘米（图 3-11，2）。

标本 TN06E03 ②：686，敞口，圆唇，斜弧腹，圈足。白胎，胎质细腻。青白釉，内底涩圈，外施釉不及底，釉层莹润。外壁露胎处可见跳刀痕，外底心有修胎痕迹。口径 17、底径 6.6、高 5.4 厘米（图 3-11，3）。

标本 TN06E02 ②：72，敞口，尖圆唇，斜弧腹，圈足。圈足内侧斜削。胎色白，胎质坚致。青白釉，釉层厚，施釉均匀，内底涩圈，外施釉不及底，外壁露胎处见跳刀痕。口径 16.6、底径 6.3、高 6.2 厘米（图 3-11，4；彩版 3-30）。

B 型　13 件。侈口，圆唇，弧腹，圈足。根据器物口径大小分两亚型。

Ba 型　4 件。侈口碗，口径在 17 厘米以上。

标本 TN07E02 ②：36，圆唇，弧腹，圈足。灰白胎，胎质细腻，胎体坚致。内壁有划花。青白

彩版 3-30　Ab 型青白瓷碗 TN06E02 ② : 72

釉偏灰，两次施釉，釉层薄而均匀，釉色明亮，玻璃质感强。内底涩圈，外施釉不及底，外壁有明显的修坯痕迹。口径 20.8、底径 7.6、高 6.2 厘米（图 3-12，1；彩版 3-31）。

标本 TN08E04 ① : 35，侈口，圆唇，弧腹。青灰胎，胎质细腻，胎体坚致。青白釉偏灰，外施釉不及底，内底涩圈，釉层薄而均匀，玻璃质感强，透明度高。外壁有明显的修坯和跳刀痕，口沿下粘连另一件同类器口沿。内壁刻划莲花和鸟纹。口径 17、残高 5.8 厘米（彩版 3-32）。

标本 TN07E03 ② : 61，侈口，圆唇，斜弧腹，圈足。白胎，胎质细腻，胎体坚致。青白釉，内外底近圆形露胎，釉色均匀。口径 17.3、底径 6.9、高 5.7 厘米（图 3-12，2；彩版 3-33）。

标本 TN07E02 ② : 37，侈口，圆唇，弧腹，圈足。青白胎，胎质细腻。青白釉，内底涩圈，外

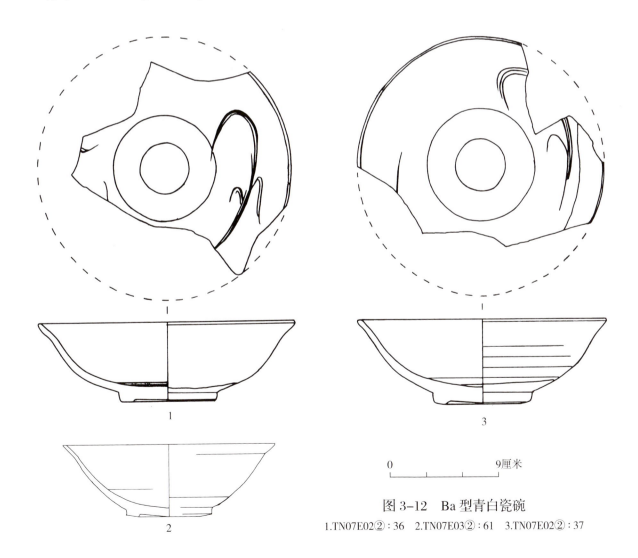

0　　　　　　　9厘米

图 3-12　Ba 型青白瓷碗

1.TN07E02②: 36　2.TN07E03②: 61　3.TN07E02②: 37

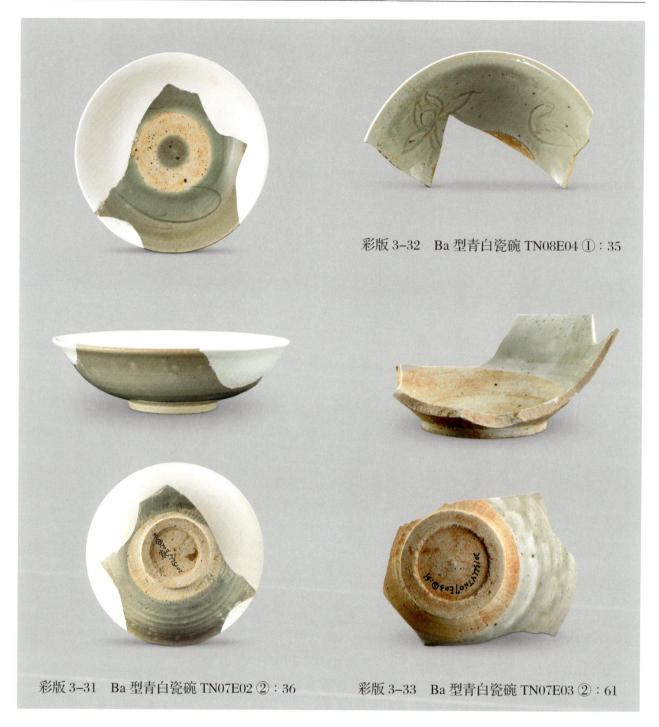

彩版 3-32　Ba 型青白瓷碗 TN08E04 ① : 35

彩版 3-31　Ba 型青白瓷碗 TN07E02 ② : 36　　　　　彩版 3-33　Ba 型青白瓷碗 TN07E03 ② : 61

施釉不及底，两次施釉，釉层均匀，局部有积釉和开片。内壁刻花卉纹。口径 20.4、底径 8.1、高 6.6 厘米（图 3-12，3）。

Bb 型　9 件。口径在 17 厘米以下。

标本 TN07E04 ② : 267，侈口，圆唇，深弧腹，圈足。青白胎，胎质细腻。青白釉，内底涩圈，外施釉不及底。口径 14、底径 5.8、高 6.5 厘米（图 3-13，1）。

标本 TN07E03 ② : 101，侈口，圆唇，深弧腹，圈足。生烧，胎体呈黄褐色。青白釉，内底近圆形露胎，外施釉不及底，釉色均匀，有细碎开片，无流釉与积釉。口径 15.2、底径 7.2、高 5.8 厘

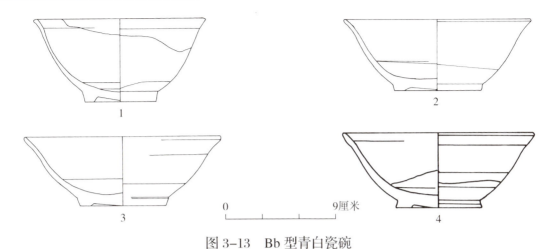

图 3-13 Bb 型青白瓷碗

1.TN07E04②：267 2.TN07E03②：101 3.TN07E03②：79 4.TN07E03①：22

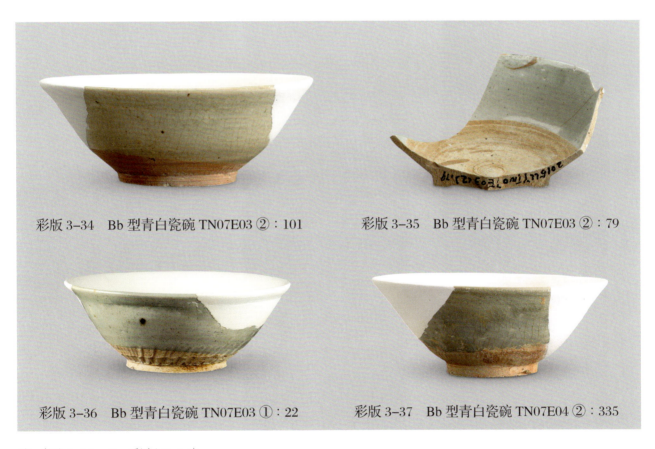

彩版 3-34 Bb 型青白瓷碗 TN07E03②：101

彩版 3-35 Bb 型青白瓷碗 TN07E03②：79

彩版 3-36 Bb 型青白瓷碗 TN07E03①：22

彩版 3-37 Bb 型青白瓷碗 TN07E04②：335

米（图 3-13，2；彩版 3-34）。

标本 TN07E03②：79，侈口，圆唇，斜弧腹，圈足。青白胎，胎质细腻，胎体坚致。青白釉，内外圆形露胎，釉层均匀，无开片，釉色明亮。内底有叠烧痕，外壁有跳刀痕。口径 16、底径 7、高 5.4 厘米（图 3-13，3；彩版 3-35）。

标本 TN07E03①：22，侈口，圆唇，斜弧腹，圈足，足墙略外撇。灰白胎。青白釉，内底露胎不规则，外施釉不及底，釉层薄而均匀，无开片。外壁近底处可见跳刀痕，内底涩圈见叠烧痕。口径 15.6、底径 7.2、高 6 厘米（图 3-13，4；彩版 3-36）。

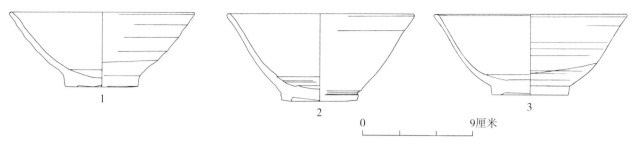

图 3-14　Bb 型青白瓷碗

1.TN07E04②：335　2.TN07E02②：213　3.TN06E03②：855

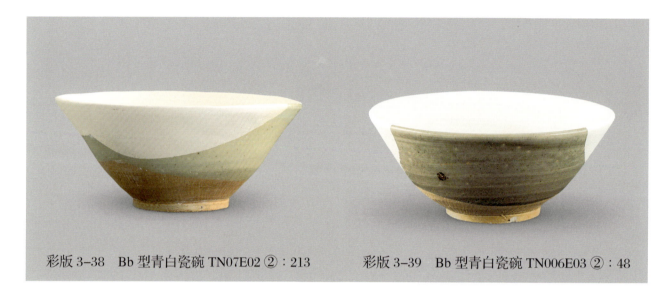

彩版 3-38　Bb 型青白瓷碗 TN07E02②：213　　　　彩版 3-39　Bb 型青白瓷碗 TN006E03②：48

　　标本 TN07E04②：335，敞口，圆唇，弧腹，圈足。灰胎，胎体坚致。青白釉，内底圆形露胎，外施釉不及底，釉层均匀，玻璃质感强，开片，外壁露胎处可见跳刀痕，内底露胎处有叠烧痕。口径 15.2、底径 6、高 5.9 厘米（图 3-14，1；彩版 3-37）。

　　标本 TN07E02②：213，侈口，圆唇，斜弧腹，圈足。灰白胎。青白釉，内底涩圈，外施釉至下腹部。口径 15.4、底径 6.2、高 6.8 厘米（图 3-14，2；彩版 3-38）。

　　标本 TN06E03②：855，侈口，圆唇，斜弧腹，圈足。灰白胎，胎质细腻。胎体坚致。青白釉，釉层均匀，内底涩圈，外施釉不及底，外壁局部修胎不规整，露胎处可见跳刀痕。口径 15.6、底径 6.2、高 6.3 厘米（图 3-14，3）。

　　标本 TN06E03②：341，侈口，圆唇，斜弧腹，圈足。灰胎，胎质细腻。青白釉偏灰，斑驳不均，局部轻微开片，内底涩圈，外施釉不及底，外壁和外底可见修坯旋削痕和跳刀痕。口径 15.2、底径 6.2、高 5.9 厘米（图 3-15，1）。

　　标本 TN06E03②：48，侈口，斜弧腹，圈足。灰胎，胎体坚致。青白釉偏灰，内底圆形露胎，外施釉不及底，釉层薄而均匀，无开片，外壁见修胎留下的旋削痕，露胎处可见跳刀痕，内底心有螺纹。口径 16、底径 6.2、高 6.4 厘米（图 3-15，2；彩版 3-39、40）。

　　C 型　6 件。微敛口碗，根据口径大小分两亚型。

　　Ca 型　5 件。口径在 17 厘米以上。

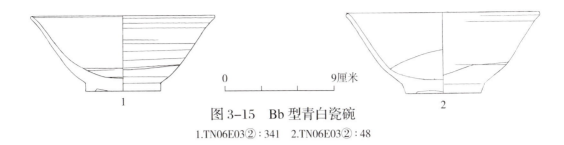

图 3-15 Bb 型青白瓷碗

1.TN06E03②：341 2.TN06E03②：48

彩版 3-40 Bb 型青白瓷碗 TN06E03 ②：48

标本 H3 ①：128，微敛口，圆唇，弧腹，圈足。外腹刻莲瓣纹一周。灰白胎，胎质细腻，略含砂，胎体坚致。青白釉，内满釉，外施釉近足部，外腹刻莲瓣纹一周。口径 17.8、底径 6.0、高 7.4 厘米（图 3-16，1；彩版 3-41）。

标本 TN07E02 ②：15，微敛口，圆唇，弧腹，圈足。灰白胎。青白釉，内外底均近圆形露胎，釉色泛黄。口径 17、底径 6.9、高 5.6 厘米（图 3-16，2；彩版 3-42）。

标本 TN06E03 ②：223，尖圆唇，深弧腹，圈足。灰白胎，胎质细腻，胎体坚硬。青白釉偏灰，内满釉，外施釉至足根，玻璃质感强，有流釉，积釉处呈青绿色，无开片。口径 18、底径 5.3、高 8.6

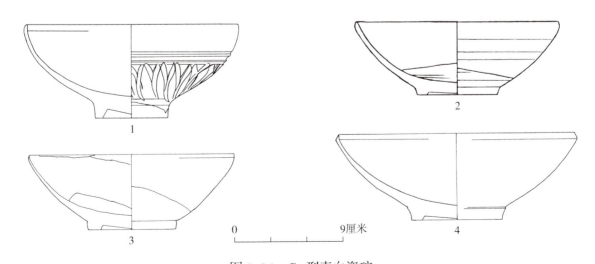

图 3-16 Ca 型青白瓷碗

1.H3①：128 2.TN07E02②：15 3.TN07E02②：13 4.TN07E03②：63

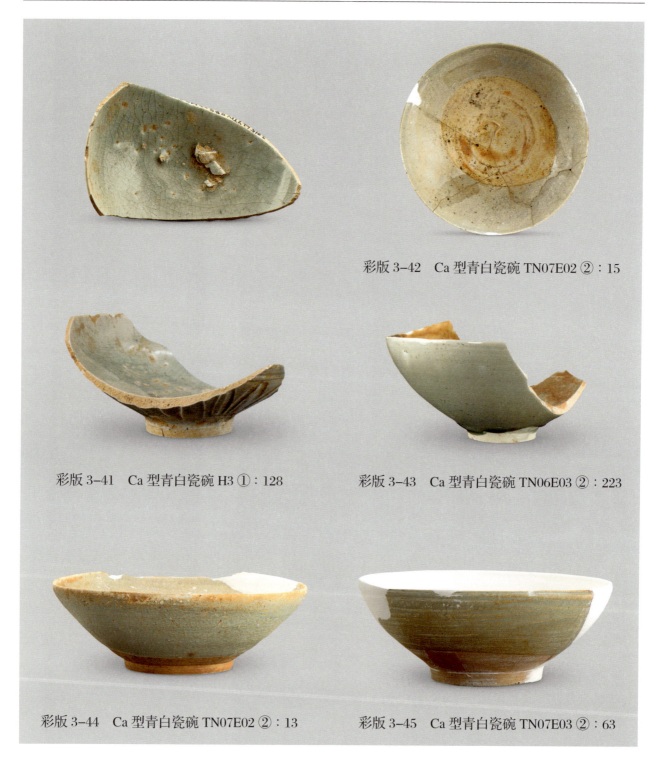

彩版 3-42　Ca 型青白瓷碗 TN07E02 ② : 15

彩版 3-41　Ca 型青白瓷碗 H3 ① : 128

彩版 3-43　Ca 型青白瓷碗 TN06E03 ② : 223

彩版 3-44　Ca 型青白瓷碗 TN07E02 ② : 13

彩版 3-45　Ca 型青白瓷碗 TN07E03 ② : 63

厘米（彩版 3-43）。

　　标本 TN07E02 ② : 13，敛口，尖圆唇，弧腹，圈足。灰白胎泛黄色或红色，胎质细腻，胎体坚致。青白釉，内外下腹部近圆形露胎。口径 17、底径 7.2、高 5.85 厘米（图 3-16，3；彩版 3-44）。

　　标本 TN07E03 ② : 63，微敛口，尖圆唇，弧腹，圈足。灰白胎，胎质细腻，胎体坚致。青白釉，内外近圆形露胎。口径 20、底径 7.8、高 6.8 厘米（图 3-16，4；彩版 3-45）。

Cb 型　1件。口径在 12～17 厘米。

标本 TN06E03②:396，圆唇，深弧腹，圈足。略生烧。青灰胎偏黄，胎质细腻。青白釉偏黄，内底满釉，外施釉至足根，釉层薄而均匀，有开片。内底有落渣，外壁局部有缩釉。口径 16.4、底径 5.6、高 8.3 厘米（图 3-17；彩版 3-46）。

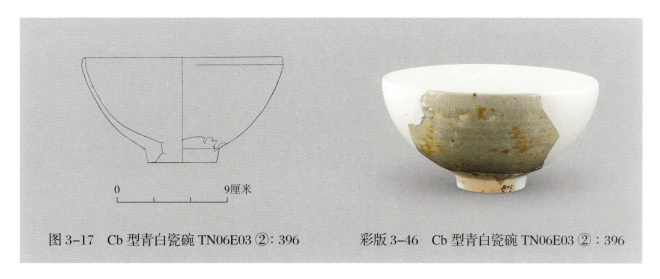

图 3-17　Cb 型青白瓷碗 TN06E03②:396　　　　彩版 3-46　Cb 型青白瓷碗 TN06E03②:396

D 型　1件。直口，方唇，芒口，弧腹，圈足。

标本 TN07E03②:8，足残。灰白胎，胎质细腻。青白釉，釉层薄，施釉均匀。外壁上腹有两道刻槽，下腹刻莲瓣纹。口径 13.2、残高 6 厘米（图 3-18，1）。

E 型　1件。侈口，方唇，芒口。

标本 H3①:102，2件粘连在一起，胎釉特征相同，灰白胎，胎体坚硬。上面一件仅存器底，斜弧腹，内满釉。下面一件侈口，方唇，深弧腹，圈足，足心略外凸，芒口，外满釉，足端刮釉，内满釉。口径 19.3、底径 6.1、高 8.6 厘米（彩版 3-47）。

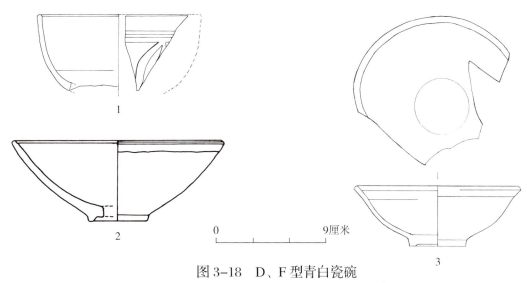

图 3-18　D、F 型青白瓷碗

1.D型TN07E03②:8　2.F型TN06E03②:801　3.F型TN06E02②:104

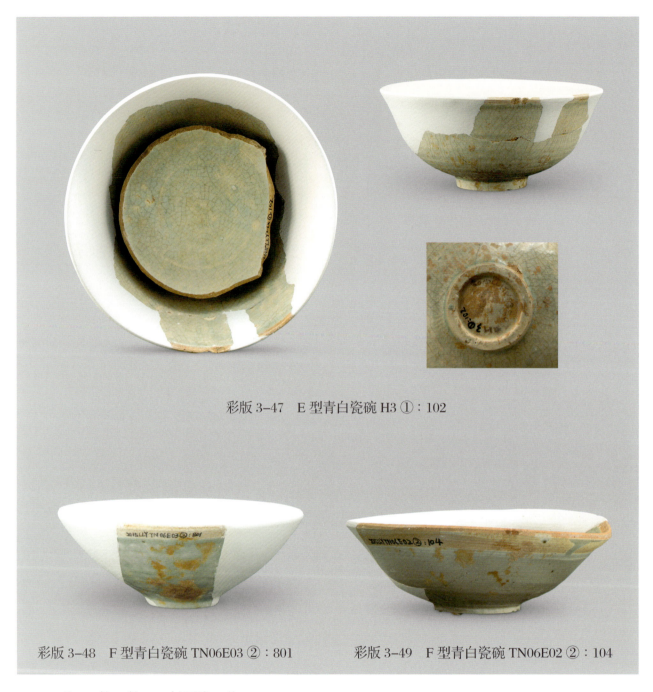

彩版 3-47　E 型青白瓷碗 H3 ① : 102

彩版 3-48　F 型青白瓷碗 TN06E03 ② : 801　　　　彩版 3-49　F 型青白瓷碗 TN06E02 ② : 104

F 型　2 件。敞口，斜弧腹，芒口。

标本 TN06E03 ② : 801，敞口，圆唇，斜弧腹，圈足。灰白胎，胎质细腻，胎体轻薄。青白釉，内满釉，外施釉至圈足，足端裹釉，芒口，内壁釉层偏灰白，略积釉。口径 17、底径 4.8、高 6.4 厘米（图 3-18，2；彩版 3-48）。

标本 TN06E02 ② : 104，敞口，圆唇，斜弧腹，圈足。白胎，胎体坚致。青白釉，芒口，内外满釉，釉层薄而均匀。口径 13.1、底径 4.6、高 4.8 厘米[1]（图 3-18，3；彩版 3-49）。

---

[1]　原简报中将该器物分为 Bb 型青白瓷碗，今根据装烧方法的不同，将该器物改为 F 型。详见中国人民大学历史学院、湖南省文物考古研究所、醴陵窑管理所：《湖南醴陵沩山钟鼓塘元代窑址发掘简报》，《文物》2021 年第 5 期。

2. 青白瓷盏

28件。根据器物足部特征分两型。

A型 10件。饼足盏。

标本TN06E03②：670，4件叠烧，最上面一件仅存口沿，下面3件为莲瓣纹碗，形制相近，敞口，尖圆唇，斜弧腹，饼足。均为灰白胎，略微泛黄，胎质细腻。青白釉，内底圆形露胎，外施釉不及底，两次施釉，局部粗疏有开片。外壁刻莲瓣纹一周。第3件相对完整，口径11.9、底径4、高4.5、通高6厘米（图3-19，1；彩版3-50）。

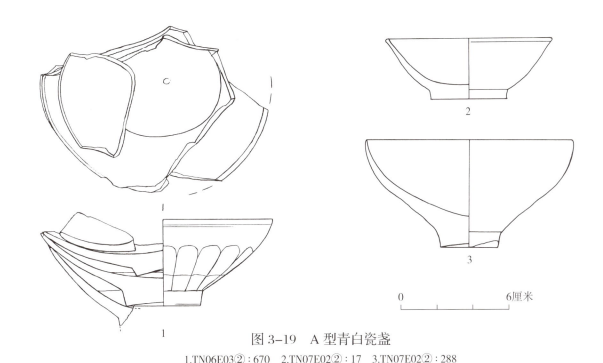

图3-19 A型青白瓷盏
1.TN06E03②：670 2.TN07E02②：17 3.TN07E02②：288

彩版3-50 A型青白瓷盏 TN06E03②：670

彩版 3-51　A 型青白瓷盏 TN07E02②：17　　　　彩版 3-52　A 型青白瓷盏 TN07E02②：288

标本 TN07E02②：17，敞口，圆唇，弧腹，饼足微内凹。白胎略偏灰，胎质细腻，胎体坚致。青白釉，内底近圆形露胎，外施釉不及底，釉色均匀。口径 9.2、底径 4.2、高 3.2 厘米（图 3-19，2；彩版 3-51）。

标本 TN07E02②：288，直口，尖圆唇，弧腹，下腹斜收，小饼足，足心略内凹。灰白胎，胎体坚致。青白釉，内满釉，外施釉至足部，内釉层均匀，外部釉层薄厚不均，有积釉，釉层玻璃质感强。口径 11.4、底径 3.2、高 5.6 厘米（图 3-19，3；彩版 3-52）。

标本 H3①：8，敞口，圆唇，弧腹，饼足微凹。白胎，胎体坚致。青白釉，釉色均匀，内底近圆形露胎，外施釉至腹中部，有流釉和积釉，外腹壁刻莲瓣纹一周。口径 11.4、底径 4.6、高 4.2 厘米（图 3-20，1；彩版 3-53、54）。

标本 TN07E02②：12，敞口，圆唇，弧腹，饼足微内凹。灰白胎，略含砂，胎体坚致。青白釉，内外底皆圆形露胎，内底心有叠烧痕，釉层不均匀，釉面起皱，局部积釉。口径 9、底径 4、高 3.5 厘米（图 3-20，2；彩版 3-55）。

标本 TN07E03②：203，敞口，尖圆唇，弧腹，饼足略内凹。灰白胎，胎质细腻。青白釉，釉层薄而均匀，釉色莹润有光泽，内壁施釉至上腹部，外施釉不及底。口径 9.4、底径 4、高 3.6 厘米（图 3-20，3）。

标本 TN07E02①：6，敞口，圆唇，弧腹，饼足。灰白胎。青白釉，内底涩圈，外施釉至下腹部。

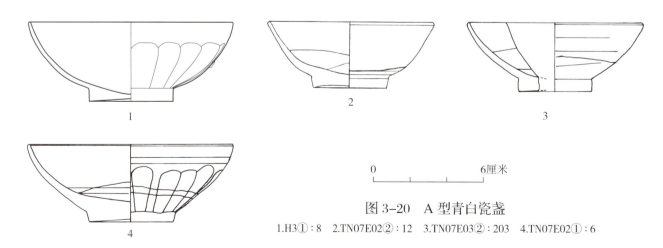

0　　　　　　　　　6厘米

图 3-20　A 型青白瓷盏
1.H3①：8　2.TN07E02②：12　3.TN07E03②：203　4.TN07E02①：6

彩版 3-53　A 型青白瓷盏 H3 ① : 8　　　　　彩版 3-54　A 型青白瓷盏 H3 ① : 8

外腹壁刻莲瓣纹一周。口径 11.2、底径 4.6、高 4.1 厘米（图 3-20，4；彩版 3-56）。

标本 TN07E03 ① : 7，敞口，尖圆唇，弧腹，饼足。白胎，胎体坚致。青白釉，内满釉，外施釉至下腹部。口径 10.4、底径 3.6、高 4.9 厘米（图 3-21，1；彩版 3-57）。

标本 TN06E03 ② : 390，敞口，圆唇，弧腹，下腹弧收。白胎，胎质细腻，胎体坚致。粉青釉，内满釉，外施釉不及底，釉层厚而莹润，内底和足部积釉。外壁近口处有弦纹一道，下刻莲瓣纹一周。内底粘连瓷泥一块。口径 8.2、底径 3.4、高 4.2 厘米（图 3-21，2；彩版 3-58）。

标本 TN06E03 ② : 862，敞口，圆唇，弧腹，饼足微凹。白胎，胎质细腻，胎体坚致。青白釉，釉层均匀，内满釉，外施釉不及底。内外粘连较多窑渣。口径 8、底径 4、高 3.5 厘米（图 3-21，3）。

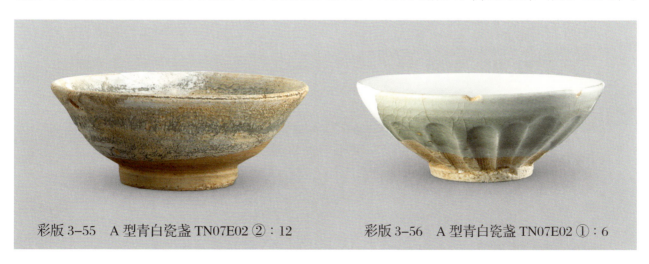

彩版 3-55　A 型青白瓷盏 TN07E02 ② : 12　　　　彩版 3-56　A 型青白瓷盏 TN07E02 ① : 6

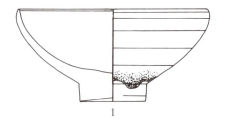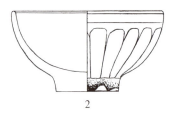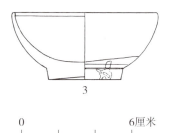

0 6厘米

图 3-21　A 型青白瓷盏

1.TN07E03①：7　2.TN06E03②：390　3.TN06E03②：862

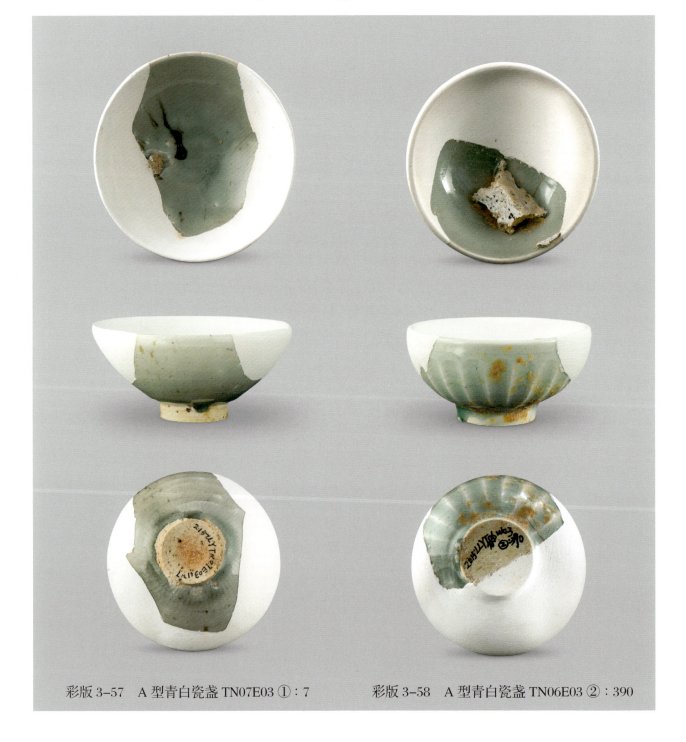

彩版 3-57　A 型青白瓷盏 TN07E03①：7　　　彩版 3-58　A 型青白瓷盏 TN06E03②：390

B 型　18 件。圈足盏。根据口部特征分为两亚型。

Ba 型　13 件。敞口，圈足。

标本 TN06E03 ② : 604，敞口，圆唇，弧腹，圈足，外底心微凸。白胎，胎质细腻，胎体坚致。粉青釉，玻璃质感强，内底涩圈，涩圈规整，外施釉至中腹部，局部有积釉。外壁刻莲瓣纹一周。口径 11.2、底径 4.6、高 4.6 厘米（图 3-22，1；彩版 3-59）。

标本 TN06E03 ② : 134，敞口，方唇，斜弧腹，浅圈足，内墙斜削，外底心外凸。白胎，胎质细腻，胎体坚致。青白釉，积釉处呈青绿色，玻璃质感强，有开片，内满釉，外施釉不及底，近底露胎处有跳刀痕。内壁有刻划花。口径 11.2、底径 3.7、高 4.9 厘米（图 3-22，2；彩版 3-60）。

标本 TN06E03 ② : 700，叠烧标本，2 件均为白胎，胎质细腻，胎体坚致。上面 1 件为刻划花青白釉盏，敞口，弧腹，圈足。青白釉，内满釉，外施釉不及底，但因垂釉而使足底大部分带釉，

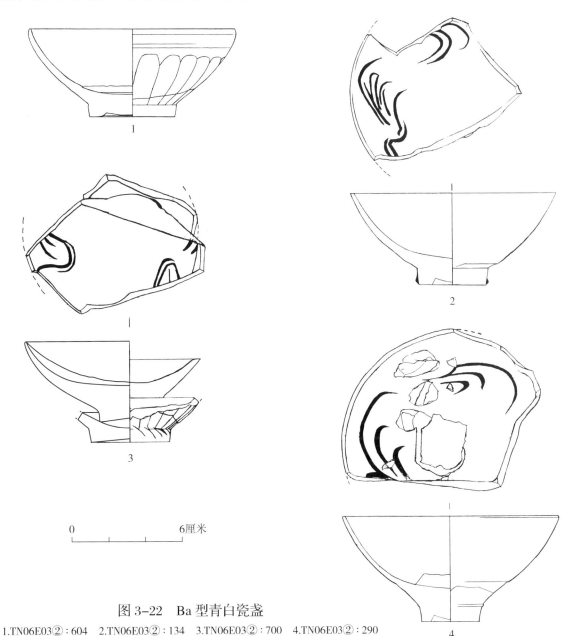

图 3-22　Ba 型青白瓷盏

1.TN06E03② : 604　2.TN06E03② : 134　3.TN06E03② : 700　4.TN06E03② : 290

彩版 3-59　Ba 型青白瓷盏 TN06E03 ②：604　　　彩版 3-60　Ba 型青白瓷盏 TN06E03 ②：134

彩版 3-61　Ba 型青白瓷盏 TN06E03 ②：700　　　彩版 3-62　Ba 型青白瓷盏 TN06E03 ②：290

釉层玻璃质感强，有轻微开片，内底有刻划花。下面 1 件刻莲瓣纹，斜弧腹，饼足。青白釉，外壁积釉处呈粉青色，外施釉不及底，外壁刻莲瓣纹，圈足外缘有刻划莲瓣纹留下的刻刀痕迹。底径 4.2、高 5.3 厘米（图 3-22，3；彩版 3-61）。

标本 TN06E03 ②：290，敞口，圆唇，弧腹，圈足，外底心外凸。灰白胎，胎质细腻坚致。青白釉，釉层光亮，玻璃质感强，有轻微开片，内满釉，外施釉不及底，外壁可见厚薄两层釉，有修胎痕和跳刀痕。内有刻划花，有较多落渣。口径 11.8、底径 3.2、高 5.6 厘米（图 3-22，4；彩版 3-62）。

标本 TN07E03②：145，敞口，圆唇，弧腹，圈足。青灰胎，胎质细腻。青白釉，釉色偏青，内底涩圈，外施釉不及底，有积釉和开片。口径 12、底径 4、高 4.6 厘米（图 3-23，1；彩版 3-63）。

标本 TN07E03③：11，敞口，圆唇，弧腹，圈足。灰胎，胎体坚致。青白釉，内底涩圈，外施釉不及底，釉层均匀，轻微开片，釉层末端积釉。外壁刻莲瓣纹一周。口径 11.2、底径 4、高 4.6 厘米（图 3-23，2；彩版 3-64）。

标本 TN07E04②：78，几件同类型莲瓣盏叠烧，敞口，尖圆唇，弧腹，圈足，挖足浅。灰白胎，胎质细腻。青白釉，内底涩圈，釉层薄，玻璃质感强。外壁刻莲瓣纹。器物略变形。外盏足径 4.2、通高 6.4 厘米（图 3-23，3；彩版 3-65）。

标本 TN07E04①：116，敞口，尖圆唇，弧腹，圈足。灰白胎，胎质细腻，胎体坚致。青白釉，釉色莹润，内底涩圈，外施釉至下腹部。外壁刻莲瓣纹。口径 11.3、底径 4.1、高 4.8 厘米（图 3-23，4；彩版 3-66）。

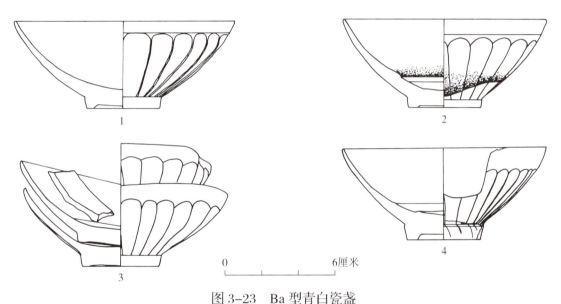

图 3-23 Ba 型青白瓷盏

1.TN07E03②：145 2.TN07E03③：11 3.TN07E04②：78 4.TN07E04①：116

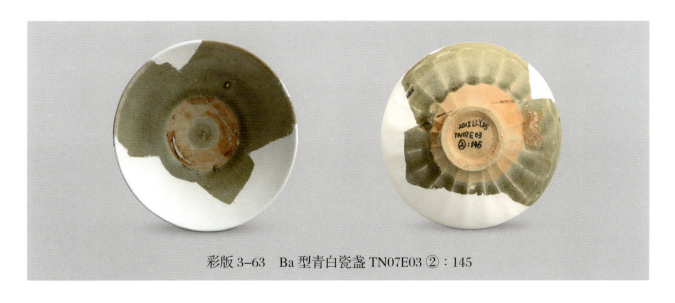

彩版 3-63 Ba 型青白瓷盏 TN07E03②：145

彩版 3-64　Ba 型青白瓷盏 TN07E03 ③：11　　　　　彩版 3-65　Ba 型青白瓷盏 TN07E04 ②：78

　　标本 TN07E04 ②：38，敞口，尖圆唇，弧腹，圈足。灰白胎，胎体坚致。青白釉泛灰。内满釉，外施釉至下腹部，有流釉与积釉。内底有落渣。口径 11、底径 3.3、高 5.1 厘米（图 3-24，1；彩版 3-67）。

　　标本 H3 ①：74，2 件粘连，上面 1 件口残，弧腹，浅圈足。灰白胎，胎体坚致。青白釉。内壁有刻花。下面 1 件外壁有莲瓣纹刻花。底径 3.8、残高 4.2 厘米（图 3-24，2）。

　　标本 TN06E03 ②：38，敞口，尖圆唇，弧腹，圈足，足心略外凸。白胎，胎质细腻，胎体坚致。青白釉，内满釉，外施釉近圈足。釉色莹润明亮。内壁粘连大量窑渣，外壁露胎处可见跳刀痕。口

彩版 3-66　Ba 型青白瓷盏 TN07E04①：116

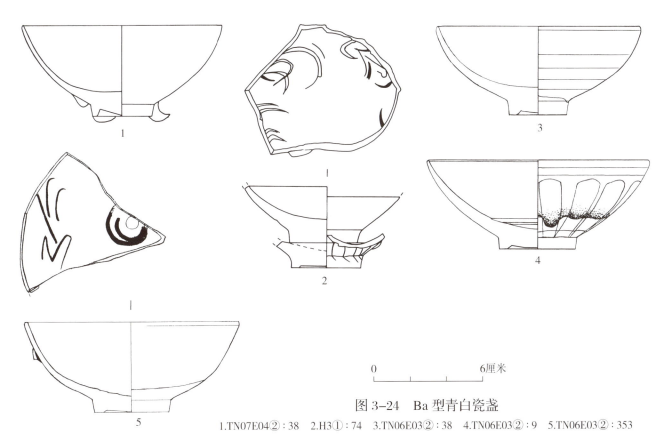

图 3-24　Ba 型青白瓷盏

1.TN07E04②：38　2.H3①：74　3.TN06E03②：38　4.TN06E03②：9　5.TN06E03②：353

径 11.2、底径 3.2、高 4.6 厘米（图 3-24，3）。

标本 TN06E03②：9，敞口，尖圆唇，弧腹，圈足。白胎，胎质细腻。青白釉，内底涩圈，有叠烧痕，外施釉近足，两次施釉，玻璃质感强，有线状开片，内外底积釉处呈青绿色。外壁刻莲瓣纹一周。口径 12.2、底径 4.2、高 4.7 厘米（图 3-24，4；彩版 3-68）。

标本 TN06E03②：353，敞口，圆唇，弧腹，圈足。白胎，胎质细腻，胎体坚致。青白釉，釉层薄，玻璃质感强，有稀疏开片，内满釉，外施釉不及底，内壁有刻划花，外壁露胎处可见跳刀痕。口径 11.6、底径 4、高 4.8 厘米（图 3-24，5）。

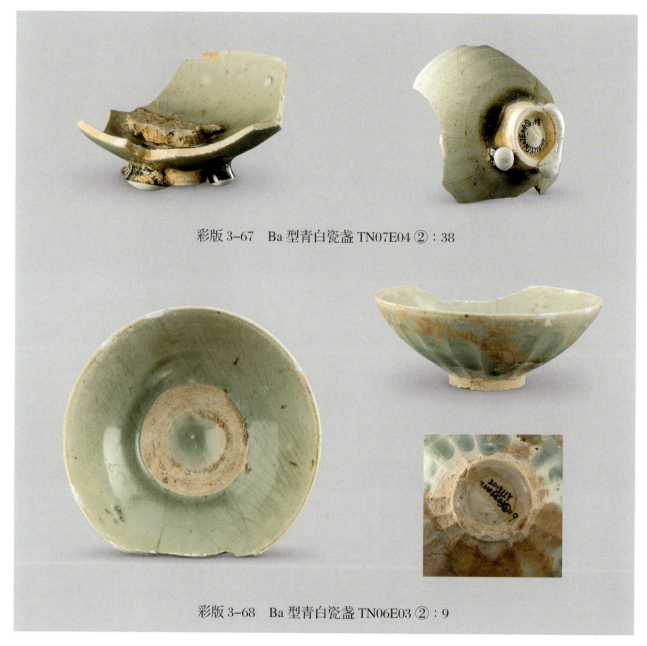

彩版 3-67　Ba 型青白瓷盏 TN07E04 ② : 38

彩版 3-68　Ba 型青白瓷盏 TN06E03 ② : 9

Bb 型　5 件。敛口，弧腹，圈足。

标本 TN06E03 ② : 479，略变形。尖圆唇，弧腹，圈足。灰白胎，胎质细腻。青白釉，内满釉，外施釉不及底，玻璃质感强，有线状开片，外壁积釉。内壁有划花。口径 12、底径 3.3、高 5.3 厘米（图 3-25，1）。

标本 TN06E03 ② : 328，微敛口，浅弧腹，底残。白胎，胎质细腻，胎体坚致。青白釉，釉层玻璃质感强，有稀疏开片。内壁有刻划花纹饰。内外均粘连窑渣。口径 10.8、残高 4.1 厘米（图 3-25，2）。

标本 TN06E03 ② : 265，微敛口，弧腹，饼足微内凹。白胎，胎质细腻，胎体坚致。青白釉，釉层均匀，玻璃质感强，内有条状开片，内满釉，外施釉不及底，内底有大块窑渣与积釉粘连，外底略垂釉。内壁划花。口径 10.6、底径 3.6、高 4.5 厘米（图 3-25，3）。

标本 TN06E03 ② : 509，敞口，圆唇，弧腹，底残。白胎，胎质细腻，胎体坚致。青白釉，釉层光亮。

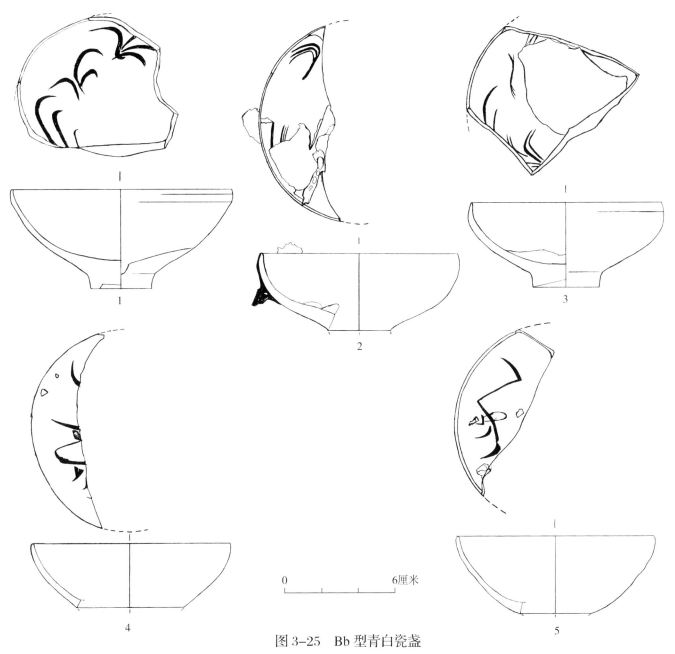

图 3-25 Bb 型青白瓷盏

1.TN06E03②：479　2.TN06E03②：328　3.TN06E03②：265　4.TN06E03②：509　5.TN06E03②：329

内壁刻划花。内壁局部有落渣。口径 10.8、残高 3.4 厘米（图 3-25，4）。

标本 TN06E03②：329，敞口，弧腹，底残。灰白胎，胎质细腻，胎体坚致。青白釉，釉层匀净光亮，外壁有细微开片。内壁有刻划花。粘连少量窑渣。口径 10.8、残高 4.1 厘米（图 3-25，5）。

3. 青白瓷杯

17 件。弧腹，饼足，口径在 8～10 厘米。根据口沿特征分四型。

A 型　7 件。直口。

标本 TN07E02②：139，方唇，芒口。灰白胎，胎体坚致。青白釉，内满釉，外施釉近足部。

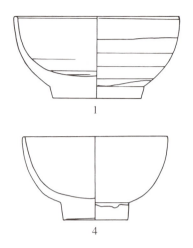

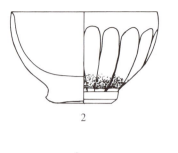

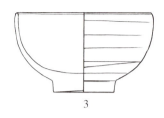

0　　　　　　　　6厘米

图 3-26　A 型青白瓷杯
1.TN07E02②：139　2.TN07E04②：121　3.TN06E03②：19　4.TN07E04②：186

釉层薄而均匀，玻璃质感强，无开片。外壁可见修胎留下的旋削痕和跳刀痕，底部粘连窑底砂。口径8.8、底径4.8、高4.2厘米（图3-26，1；彩版3-69）。

标本 TN07E04 ②：121，直口，尖圆唇，深弧腹，饼足微内凹。青白釉，内壁满釉，内底有落渣，外施釉不及足部，流釉明显，积釉处呈青绿色，玻璃质感强。外壁刻菊瓣纹一周。足根有叠烧痕。口径8、底径4、高4.8厘米（图3-26，2；彩版3-70）。

标本 TN06E03 ②：19，直口，尖圆唇，深弧腹，上腹较直，下腹弧收，饼足。灰白胎。青白釉，内满釉，外施釉不及底，釉层较均匀，稀疏开片。口径7.4、底径3.3、高4.2厘米（图3-26，3；彩版3-71）。

标本 TN07E04 ②：186，直口，圆唇，弧腹，饼足略内凹。灰白胎，青白釉，内底满釉，外施釉不及足部，釉色莹润，局部有开片，玻璃质感强。口径8、底径3.6、高4.4厘米（图3-26，4）。

标本 TN07E03 ②：146，直口，圆唇，弧腹，饼足微内凹。胎质洁白细腻。青白釉，内满釉，外施釉不及底，内底粘连一大块窑渣。口径9、底径3.4、高4.2～6.5厘米（图3-27，1；彩版3-72）。

标本 TN06E03 ②：245，直口，尖圆唇，弧腹，饼足。白胎，胎质细腻，胎体坚致。青白釉，外施釉不及底，釉层均匀。外壁可见修胎旋削痕，近器底露胎处可见跳刀痕。外盏口径8、底径3.4、通高5.6厘米（图3-27，2；彩版3-73）。

彩版 3-69　A 型青白瓷杯 TN07E02 ②：139　　　　彩版 3-70　A 型青白瓷杯 TN07E04 ②：121

彩版 3-71　A 型青白瓷杯 TN06E03 ② : 19

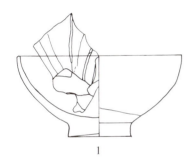

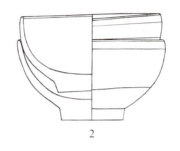

0　　　　　　　　6厘米

图 3-27　A 型青白瓷杯

1.TN07E03②:146　2.TN06E03②:245　3.TN06E03②:18

彩版 3-72　A 型青白瓷杯 TN07E03 ② : 146　　　　彩版 3-73　A 型青白瓷杯 TN06E03 ② : 245

标本 TN06E03②：18，直口，深弧腹，饼足微内凹。白胎，胎质细腻。青白釉，内满釉，外施釉不及底，釉层均匀莹润，玻璃质感强，内外均开片。口径8.2、底径3.5、高3.8厘米（图3-27，3；彩版3-74）。

B型　2件。花口。

标本 TN07E04②：362，口微敞，圆唇，弧腹，饼足略内凹。菊瓣花口，内底有菊瓣纹印花。灰白胎，胎薄坚致。青白釉，内满釉，外施釉不及底，积釉处呈天青色。口径8.8、底径3.6、高4.5厘米（图3-28，1；彩版3-75）。

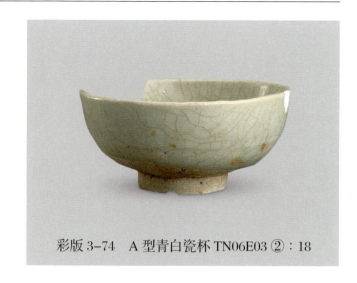

彩版3-74　A型青白瓷杯 TN06E03②：18

标本 H3①：206，尖圆唇，深弧腹，足残。花口，系由外向内压制而成。青白胎，胎质细腻，胎体轻薄。青白釉，釉层薄而均匀，有细碎开片。口径7.9、残高3.5厘米（图3-28，2）。

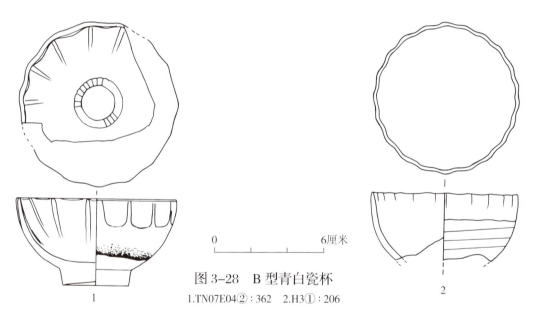

0　　　　　　　6厘米

图3-28　B型青白瓷杯
1.TN07E04②：362　2.H3①：206

彩版3-75　B型青白瓷杯 TN07E04②：362

C 型　5 件。敛口。

标本 H3①：4，尖唇，微敛口，弧腹，饼足略内凹。灰白胎，胎体坚致。青白釉，内底近圆形露胎，外施釉不及底。口径 8.4、底径 4.0、高 4.0 厘米（图 3-29，1；彩版 3-76）。

标本 TN07E04②：187，敛口，圆唇，弧腹，饼足。灰白胎，胎体坚致。青白釉，内满釉，外施釉不及底，釉层薄而均匀。口径 7.8、底径 3.4、高 4.6 厘米（图 3-29，2；彩版 3-77）。

标本 TN07E04②：6，敛口，圆唇，弧腹，饼足微凹。胎质细腻，胎体坚致。青白釉，釉色均匀。口径 7.1、底径 3.3、高 4.4 厘米（图 3-29，3；彩版 3-78）。

标本 TN06E03②：293，微敛口，圆唇，弧腹，底残。白胎，胎质细腻，胎体坚致。青白釉，内壁施釉，外施釉不及底，釉层均匀，外壁可见修胎痕和缩釉点。口径 8、残高 3.4 厘米（图 3-29，4）。

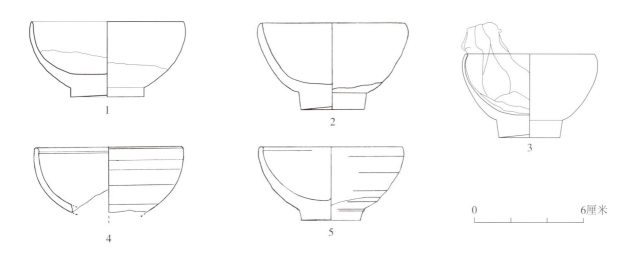

图 3-29　C 型青白瓷杯

1.H3①：4　2.TN07E04②：187　3.TN07E04②：6　4.TN06E03②：293　5.TN06E03②：405

彩版 3-76　C 型青白瓷杯 H3①：4

彩版 3-77　C 型青白瓷杯 TN07E04 ② : 187

彩版 3-78　C 型青白瓷杯 TN07E04 ② : 6

彩版 3-79　C 型青白瓷杯 TN06E03 ② : 405

　　标本 TN06E03 ② : 405，微敛口，弧腹，饼足。白胎，胎质细腻，胎体坚致。青白釉，内满釉，外施釉不及底。内壁局部粘连小颗粒落渣，外壁有两圈旋削痕，近圈足处可见跳刀痕。口径 8、底径 3.2、高 3.9 厘米（图 3-29，5；彩版 3-79）。

　　D 型　3 件。敞口。

　　标本 H3 ① : 225，方唇，弧腹，饼足略内凹。生烧，黄褐胎，胎体有细小气孔。青白釉，釉色暗淡，有较多缩釉孔，内底圆形露胎，外施釉不及底，底心有旋削刮釉留下的乳状突，露胎处有一圈垫隔痕。口径 11.2、底径 4、高 5.5 厘米（图 3-30，1；彩版 3-80）。

　　标本 TN06E03 ② : 531，敞口，圆唇，弧腹，饼足。白胎，胎质细腻，胎体坚致。青白釉，内满釉，外施釉至足根，釉层均匀莹润。外壁可见修胎旋削痕。口径 7.2、底径 3.2、高 3.6 厘米（图 3-30，2；

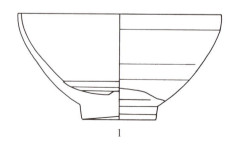

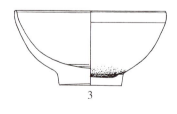

0　　　　　　6厘米

图 3-30　D 型青白瓷杯

1.H3① : 225　　2.TN06E03② : 531　　3.TN06E03② : 138

彩版 3-80　D 型青白瓷杯 H3 ① : 225　　　　　彩版 3-81　D 型青白瓷杯 TN06E03 ② : 531

彩版 3-81）。

标本 TN06E03 ② : 138，敞口，圆唇，弧腹，饼足。胎色偏白，胎体坚致。青白釉，内满釉，外施釉至足根，釉层较厚，不均匀，玻璃质感强，无开片。表面多有窑渣粘连。口径 8.2、底径 3.4、高 3.9 厘米（图 3-30，3）。

4. 青白瓷高足杯

18 件。除 3 件无法分型外，其余 15 件根据器物口部特征分三型。

A 型　1 件。折沿，喇叭状足。

标本 TN07E02 ② : 155，折沿，方唇，弧腹，喇叭状高足外撇，挖足浅，内底粘连落渣，外壁可见修坯痕迹。灰白胎，胎体坚致。青白釉，内满釉，外施釉至足中，釉层薄而均匀，外壁釉层有小气孔，足部有流釉。口径 11.8、足径 4.6、高 7.9 厘米（图 3-31；彩版 3-82）。

B 型　12 件。侈口，喇叭状高足。

标本 TN06E03 ② : 24，侈口，圆唇，杯腹部微鼓，内底近平，喇叭状足，足底内凹。白胎，胎

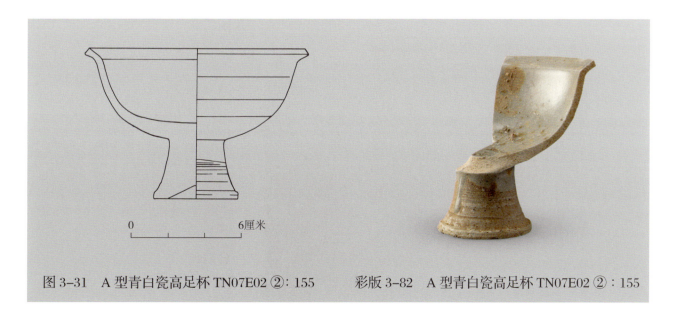

0　　　　　　6厘米

图 3-31　A 型青白瓷高足杯 TN07E02 ② : 155　　　　彩版 3-82　A 型青白瓷高足杯 TN07E02 ② : 155

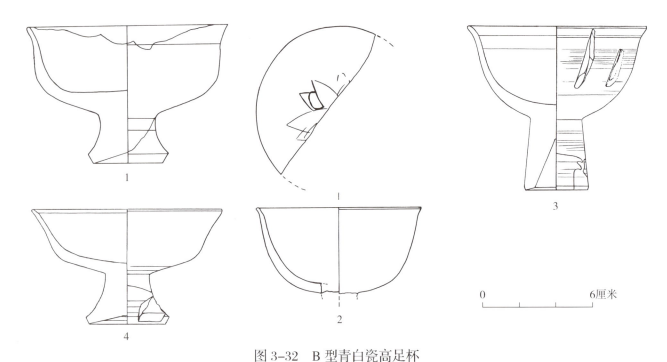

图 3-32　B 型青白瓷高足杯

1.TN06E03②：24　　2.TN07E04②：40　　3.TN06E03②：787　　4.TN06E03②：707

色洁白，胎质细腻，胎体坚致。青白釉，内满釉，外施釉不及足底，近足处有轻微流釉。杯内粘一块窑渣。口径 11、足径 3.8、高 7.2 厘米（图 3-32，1；彩版 3-83）。

　　标本 TN07E04 ②：40，侈口，圆唇，弧腹，足缺。灰白胎，胎体坚致。青白釉，内外满釉，釉色明亮。内底单线刻莲花纹，有少量落渣。口径 9、残高 4.5 厘米（图 3-32，2；彩版 3-84）。

　　标本 TN06E03 ②：787，侈口，弧腹，高柄足，柄部斜直，略外撇。灰白胎，胎质细腻。青白釉，内满釉，外施釉至柄足中部，釉层薄而均匀，有稀疏开片。外壁有与其他器物口沿粘连。口径 9.8、底径 3.4、高 8.6 厘米（图 3-32，3；彩版 3-85）。

　　标本 TN06E03 ②：707，侈口，曲腹，喇叭状柄足，足底略内凹，足外沿斜削。灰白胎，胎体坚致。青白釉，内满釉，外施釉至足根，釉层薄而均匀，略开片。口径 10.4、足径 4.2、高 6.0 厘米（图 3-32，4；彩版 3-86）。

　　标本 H1 ②：3，侈口，圆唇，弧腹，高柄足，足底微内凹。外腹有明显的拉坯旋削痕。灰白胎，胎质细腻，胎体坚致。青白釉，

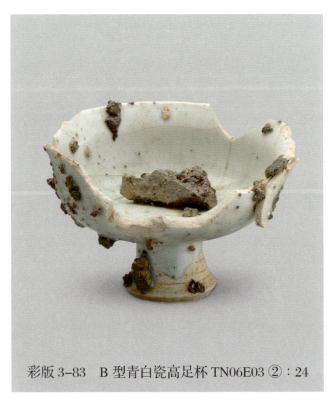

彩版 3-83　B 型青白瓷高足杯 TN06E03 ②：24

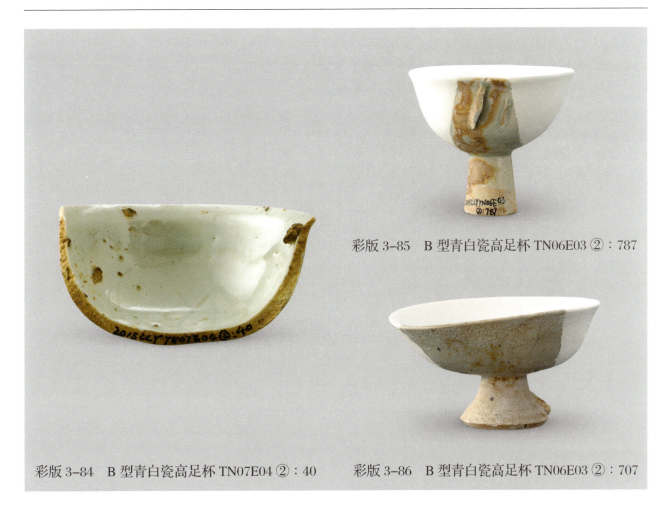

彩版 3-85　B 型青白瓷高足杯 TN06E03 ② : 787

彩版 3-84　B 型青白瓷高足杯 TN07E04 ② : 40

彩版 3-86　B 型青白瓷高足杯 TN06E03 ② : 707

器内满釉，足底无釉。口径 7.6、足径 2.8、高 5.7 厘米（图 3-33，1；彩版 3-87）。

标本 TN07E03 ② : 165，侈口，圆唇，弧腹，高束足，足沿斜削，足底内凹。灰白胎，胎质细腻，胎体坚致。青白釉，内满釉，外施釉不及底。口径 11.2、足径 3.9、高 7.3 厘米（图 3-33，2）。

标本 TN08E04 ② : 1，侈口，圆唇，弧腹，高束足，足底微内凹。灰白胎，胎质细腻，胎体坚致。青白釉，釉色白中泛蓝，内底满釉，外施釉不及底，有积釉，积釉处玻璃质感强。口径 11.2、足径 4.4、高 7.4 厘米（图 3-33，3；彩版 3-88）。

标本 TN07E02 ② : 1，侈口，尖圆唇，弧腹，杯内底近平，高实足，足微外撇，足沿斜削，足底内凹，足端可见跳刀痕，内底有叠烧痕。白胎，胎质细腻，胎体厚重。青白釉，内满釉，外施釉不及底，釉色均匀莹润，无流釉，无开片。口径 11.8、足径 3.8、高 7.1 厘米（图 3-33，4；彩版 3-89）。

标本 TN06E03 ② : 706，侈口，圆唇，弧腹，喇叭状高柄足，足内削。灰白胎，胎体坚致。青白釉，内满釉，外施釉至足中部，釉色暗淡，均匀，有较多缩釉点。内底有拉坯形成的螺纹，外壁有三四道宽凹弦纹，内底粘连小块落渣。口径 9.6、足径 3.7、高 8 厘米（图 3-34，1；彩版 3-90）。

标本 TN07E02 ② : 9，侈口，圆唇，弧腹，高饼足，足沿斜削，足底微凹。白胎，胎质细腻，胎体坚致。青白釉，内满釉，外施釉至足中部，釉层均匀莹润，局部开片，内底略积釉。外部露胎处可见拉坯形成的弦纹。内部有较多落渣。口径 10.8、足径 3.8、高 7 厘米（图 3-34，2；彩版 3-91）。

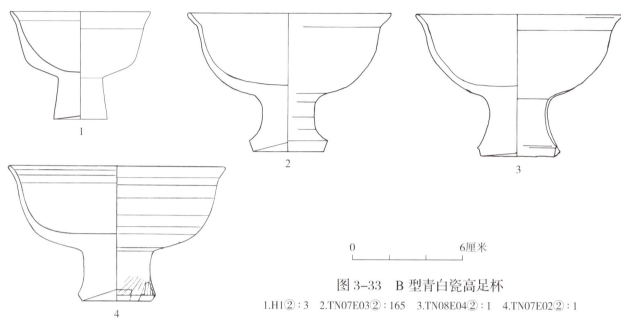

0　　　　　　6厘米

图 3-33　B 型青白瓷高足杯
1.H1②:3　2.TN07E03②:165　3.TN08E04②:1　4.TN07E02②:1

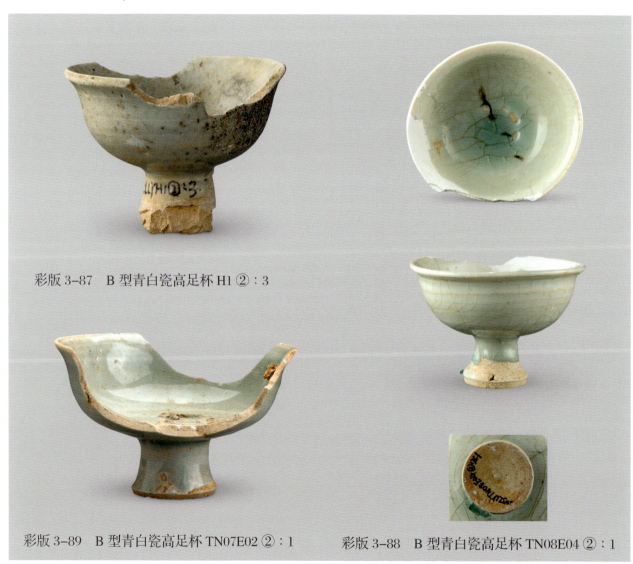

彩版 3-87　B 型青白瓷高足杯 H1②:3

彩版 3-89　B 型青白瓷高足杯 TN07E02②:1　　　　彩版 3-88　B 型青白瓷高足杯 TN08E04②:1

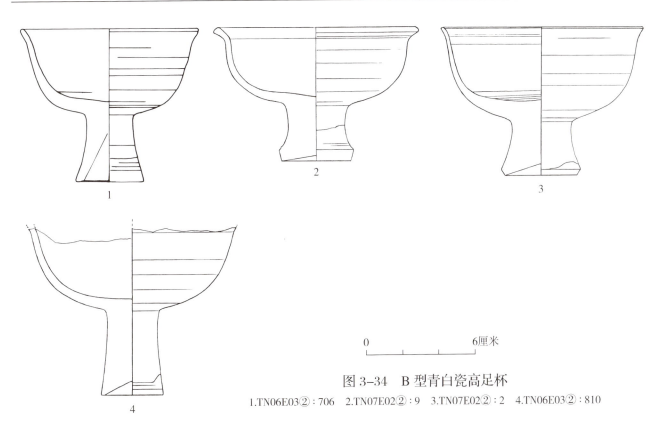

0   6厘米

图 3-34 B 型青白瓷高足杯

1.TN06E03②：706   2.TN07E02②：9   3.TN07E02②：2   4.TN06E03②：810

彩版 3-91   B 型青白瓷高足杯 TN07E02 ② : 9

彩版 3-90   B 型青白瓷高足杯 TN06E03 ② : 706

彩版 3-92　B 型青白瓷高足杯 TN06E03 ② : 810

标本 TN07E02 ② : 2，侈口，圆唇，弧腹，喇叭状高足，足端斜削，足心内凹。胎色偏黄，胎体厚重。内底心有螺纹。青白釉偏黄，除足心外均施釉，釉色均匀，外壁局部釉中含黑色杂质。内底粘连较多落渣。口径 11、足径 4、高 7.8 厘米（图 3-34，3）。

标本 TN06E03 ② : 810，口沿残，侈口，尖圆唇，弧腹，高柄实足，足心内凹。胎色偏白，胎质细腻坚致。青白釉，釉层均匀，莹润光洁，局部有线状开片，内满釉，外施釉近足部。内底及外壁局部粘连窑渣。足径 3.4、残高 8.8 厘米（图 3-34，4；彩版 3-92）。

C 型　1 件。敞口。

标本 H3 ① : 233，敞口，圆唇，弧腹，高柄足，足沿斜削。灰白胎。青白釉。口径 10.5、足径 3.7、高 7.8 厘米（图 3-35，1）。

D 型　1 件。微敛口。

标本 TN07E02 ② : 207，微敛口，圆唇，弧腹，柄足，足沿斜削，足心内凹。灰白胎，胎质细腻，

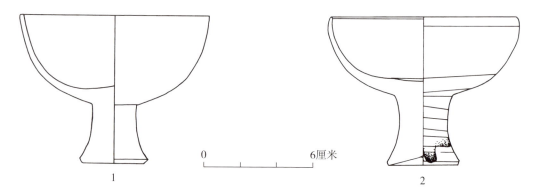

图 3-35　青白瓷高足杯
1.C 型 H3 ① : 233　2.D 型 TN07E02 ② : 207

彩版 3-93　D 型青白瓷高足杯 TN07E02 ②：207

胎体坚致。青白釉，内满釉，外施釉至足根部，釉层不均匀，有积釉，玻璃质感强。口径 10.2、足径 3.8、高 7.8 厘米（图 3-35，2；彩版 3-93）。

另外有 3 件口沿残缺，无法判断具体属于哪型。

标本 H3 ②：56，口残，深弧腹，高足外撇，足沿斜削，足底内削。灰白胎，胎质细腻，胎体坚致。青白釉，釉层薄而均匀，釉色明亮有光泽。杯外壁刻莲瓣纹，足中部有一凹弦纹。足径 3.6、残高 6.4 厘米（图 3-36，1；彩版 3-94）。

标本 H3 ①：75，口沿残，弧腹，矮束足。青白釉，内腹及底满釉。足底和外腹壁粘有窑渣、窑砂。足径 3.7、残高 5.3 厘米（图 3-36，2）。

标本 TN07E04 ①：37，口残，弧腹，喇叭状高足，足沿斜削，足底略内凹。白胎。青白釉。内满釉，外施釉至下腹部。外腹壁有刻花。外腹壁有粘砂。足径 3.4、残高 7 厘米（图 3-36，3）。

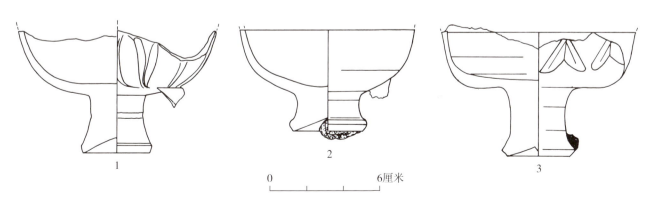

0　　　　　　6厘米

图 3-36　青白瓷高足杯

1.H3②：56　2.H3①：75　3.TN07E04①：37

彩版 3-94　青白瓷高足杯 H3 ② : 56

5. 青白瓷盘

30 件。根据器物口沿和腹部特征分两型。

A 型　8 件。敞口，浅腹，圈足。根据口径大小分两亚型。

Aa 型　6 件。敞口大盘，口径在 17 厘米以上。

标本 H1 : 47，敞口，圆唇，浅腹，内底宽平，圈足。灰白胎，胎体坚致。青白釉，内满釉，外施釉不及底，釉层薄。内底有刻划花。口径 20.0、底径 7.8、高 4.4 厘米（图 3-37，1；彩版 3-95）。

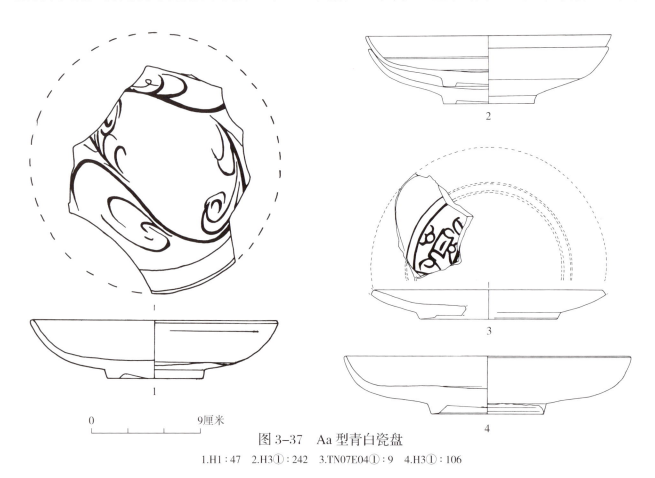

0　　　　　　　9厘米

图 3-37　Aa 型青白瓷盘

1.H1 : 47　2.H3① : 242　3.TN07E04① : 9　4.H3① : 106

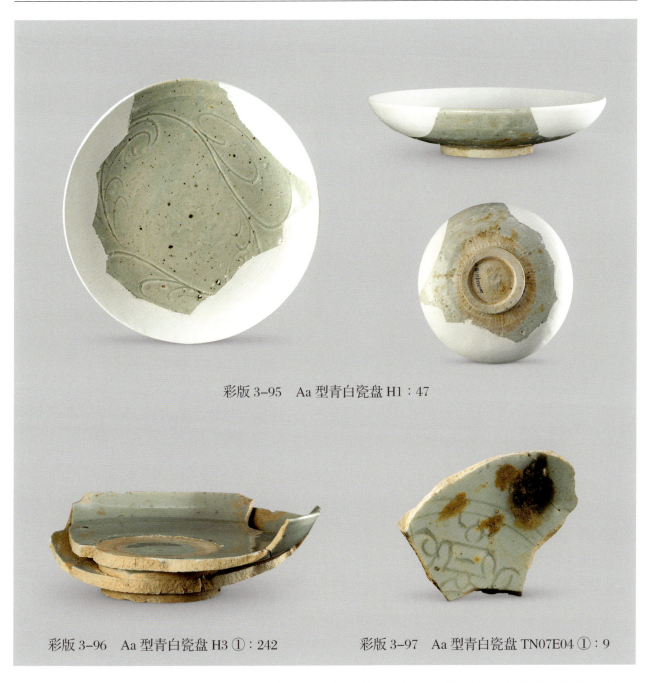

彩版 3-95　Aa 型青白瓷盘 H1：47

彩版 3-96　Aa 型青白瓷盘 H3 ①：242

彩版 3-97　Aa 型青白瓷盘 TN07E04 ①：9

　　标本 H3 ①：242，两盘叠烧粘连，形制尺寸相同。敞口，圆唇，浅弧腹，内底平，圈足。白胎，胎质细腻。青白釉，内底刮涩圈，外施釉不及底。口径 20.0、底径 7.4、通高 5.4 厘米（图 3-37，2；彩版 3-96）。

　　标本 TN07E04 ①：9，口残，弧腹，圈足。灰白胎，胎体坚致。青白釉，釉色莹润，内满釉，外施釉至下腹部。内底有刻花。底径 11.4、残高 2.3 厘米（图 3-37，3；彩版 3-97）。

　　标本 H3 ①：106，敞口，圆唇，上腹微弧，下腹急收，圈足，内墙斜削。略生烧，青白胎偏黄，胎体厚而坚实。青白釉，内底满釉，外施釉至足根。口径 23.2、底径 9.2、高 4.6 厘米（图 3-37，4；彩版 3-98）。

　　标本 H3 ①：65，敞口，圆唇，浅弧腹，圈足。白胎。青白釉，内底涩圈，外施釉至足根。内

彩版 3-98　Aa 型青白瓷盘 H3 ①：106

腹壁有粘砂。口径 17、底径 5.6、高 4 厘米（图 3-38，1）。

标本 TN07E02 ②：128，敞口，圆唇，浅弧腹，圈足。灰胎，胎体厚重。青白釉，内满釉，外施釉至圈足，釉层均匀，玻璃质感强。内底刻划花纹，并粘连一大块窑渣，内底边缘及外壁近口沿处刻划宽弦纹一道。口径 23.2、底径 10.0、高 5.4 厘米（图 3-38，2；彩版 3-99）。

Ab 型　2 件。口径在 17 厘米以下。

标本 H3 ①：64，敞口，圆唇，浅弧腹，圈足，足心略凸起。灰白胎，胎质细腻，胎体坚致。青白釉，内圆形露胎，外施釉至下腹部，釉层薄而均匀，少开片，釉色莹润有光泽。口径 15.3、底径 5.8、高 3.4 厘米（图 3-39，1；彩版 3-100）。

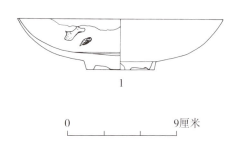

图 3-38　Aa 型青白瓷盘
1.H3①：65　2.TN07E02②：128

彩版 3-99　Aa 型青白瓷盘 TN07E02 ②：128

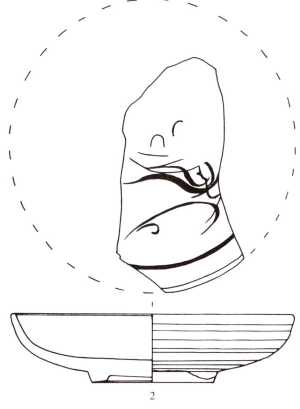

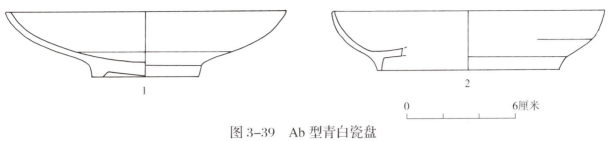

图 3-39　Ab 型青白瓷盘
1.H3①：64　2.H3①：67

彩版 3-100　Ab 型青白瓷盘 H3①：64

彩版 3-101　Ab 型青白瓷盘 H3①：67

标本 H3①：67，敞口，圆唇，浅弧腹，圈足。灰白胎，胎质细腻，胎体轻薄。青白釉，内满釉，外施釉至圈足外沿，釉层薄而均匀，玻璃质感强，局部有稀疏开片。口径 15.0、底径 10.0、高 3.1 厘米（图3-39，2；彩版 3-101）。

B 型　22 件。折沿，圈足。口径在 17 厘米以上。根据口沿特征分两亚型。

Ba 型　19 件。斜折沿。

标本 TN06E03②：523，斜折沿，沿面微卷，尖圆唇，浅弧腹，圈足。胎色偏白，胎体厚重。青白釉，外施釉不及底，釉层厚且莹润，足部积釉，局部呈灰绿色。内壁刻莲瓣纹一周。口径 24.0、底径 7.7、高 4.9 厘米（图 3-40，1；彩版 3-102）。

标本 TN07E04②：281，斜折沿，圆唇，沿面较宽，斜弧腹，圈足，胎色偏红。青白釉，内满釉，外施两次釉，里层釉薄呈青白色，外层釉色泛黄，有垂釉现象。内底刻团菊纹。口径 23.2、底径 8.6、高 5.6 厘米（图 3-40，2；彩版 3-103）。

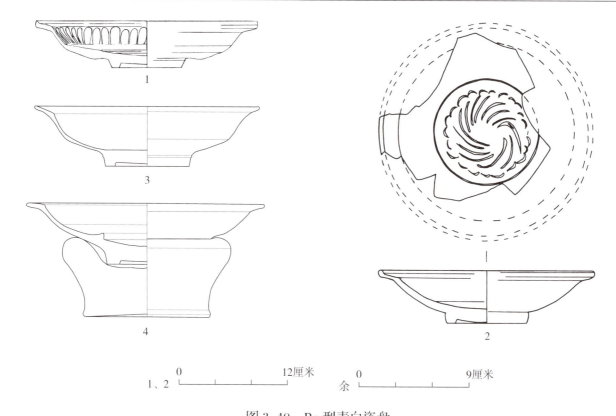

1、2 ├─────0───────────12厘米─┤　余 ├─0────────9厘米─┤

图 3-40　Ba 型青白瓷盘

1.TN06E03②：523　2.TN07E04②：281　3.TN07E04②：3　4.TN07E04②：7

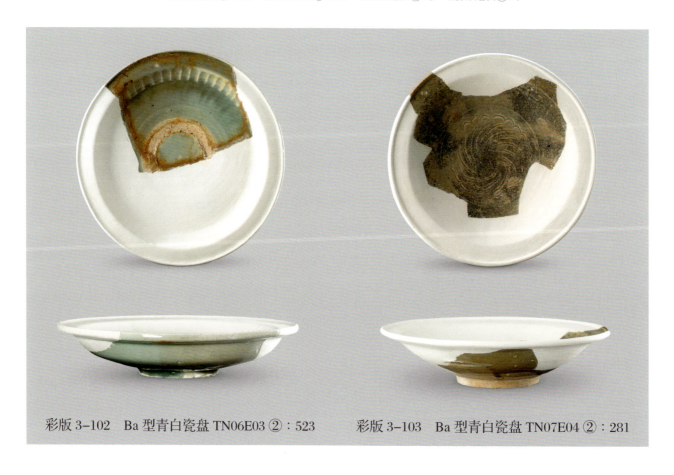

彩版 3-102　Ba 型青白瓷盘 TN06E03②：523　　　彩版 3-103　Ba 型青白瓷盘 TN07E04②：281

标本 TN07E04②：3，斜折沿，圆唇，弧腹，圈足。灰白胎，胎质细腻，胎体坚致。青白釉，釉色均匀。内底涩圈，外部近圆形露胎。口径 18.4、底径 6.8、高 4.8 厘米（图 3-40，3；彩版 3-104）。

标本 TN07E04②：7，斜折沿，圆唇，弧腹，圈足，底部与垫钵粘连在一起。青白釉，内底涩圈。器内有流釉和积釉，积釉处呈天蓝色，有玻璃质感。口径 19.4、通高 9 厘米（图 3-40，4；彩版 3-105）。

标本 TN07E02②：14，折沿，圆唇，弧腹，圈足。白胎，胎质细腻，胎体坚致。青白釉，内底涩圈，釉层均匀，釉色稳定，呈天青色，无流釉积釉，外施釉不及底，呈不规则形露胎。外口沿下

彩版 3-104　Ba 型青白瓷盘 TN07E04②：3

彩版 3-105　Ba 型青白瓷盘 TN07E04②：7

粘另 1 件折沿盘口沿残片。口径 17.8、底径 6.4、高 3.2 厘米（图 3-41，1；彩版 3-106）。

标本 TN07E03 ①：8，斜折沿，圆唇，浅弧腹，圈足。白胎，胎体坚致。青白釉。内底涩圈，外施釉至下腹部。口径 18.2、底径 6.8、高 3.8 厘米（图 3-41，2；彩版 3-107）。

标本 TN07E03 ②：67，斜折沿，尖圆唇，浅弧腹，圈足。灰白胎。青白釉，内底涩圈，有开片，外施釉至下腹部。内壁有菊瓣纹刻花。口径 20.8、底径 8、高 4.3 厘米（图 3-41，3；彩版 3-108）。

标本 TN07E03 ②：87，斜折沿，圆唇，浅弧腹，圈足。灰白胎，胎体坚致。青白釉，釉色莹润。内底涩圈，外施釉至下腹部。口径 20.8、底径 9.2、高 4.4 厘米（图 3-41，4；彩版 3-109）。

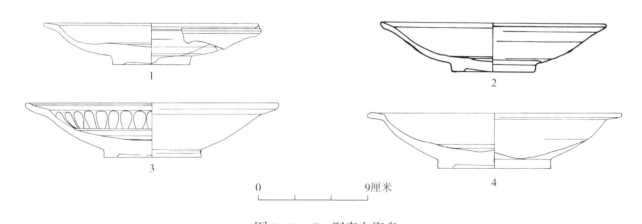

0　　　　　　　　9厘米

图 3-41　Ba 型青白瓷盘

1.TN07E02②：14　2.TN07E03①：8　3.TN07E03②：67　4.TN07E03②：87

彩版 3-106　Ba 型青白瓷盘 TN07E02②：14

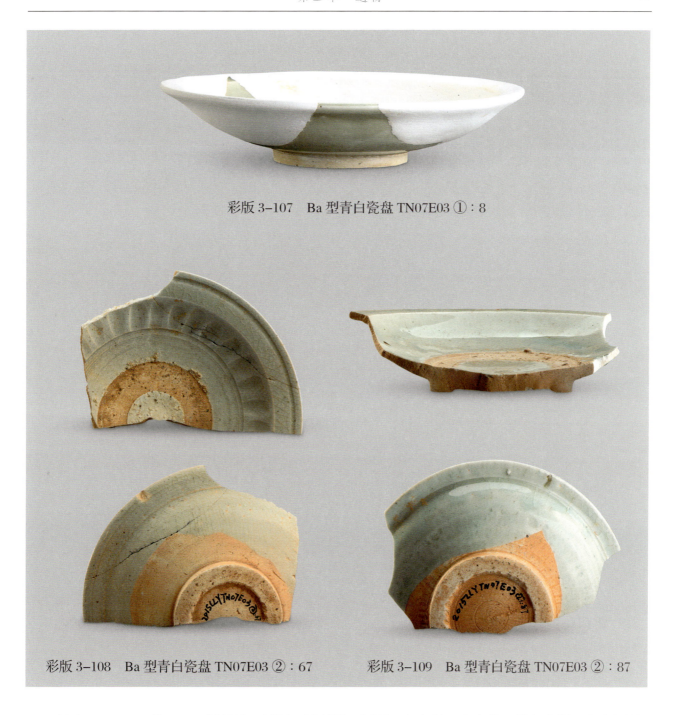

彩版 3-107　Ba 型青白瓷盘 TN07E03 ①：8

彩版 3-108　Ba 型青白瓷盘 TN07E03 ②：67　　　彩版 3-109　Ba 型青白瓷盘 TN07E03 ②：87

标本 TN07E03 ②：45，斜折沿，圆唇，浅弧腹，圈足。灰白胎。青白釉，釉色莹润，内底涩圈，外施釉至下腹部。口径 20.8、底径 8.8、高 4.2 厘米（图 3-42，1；彩版 3-110）。

标本 TN07E03 ②：6，斜折沿，圆唇，弧腹，圈足。灰白胎，胎色洁白，胎质细腻，胎体坚致。青白釉，釉色偏青灰，内底涩圈，外施釉不及底。口径 18.4、底径 6.9、高 3.4 厘米（图 3-42，2；彩版 3-111）。

标本 TN07E03 ②：122，斜折沿，圆唇，弧腹，底残。青白釉。内腹刻莲瓣纹。口径 21.8、残高 3.6 厘米（图 3-42，3；彩版 3-112）。

标本 H3 ①：121，斜折沿，圆唇，浅弧腹，圈足，外足墙近直，内足墙斜削，下腹部有修坯形

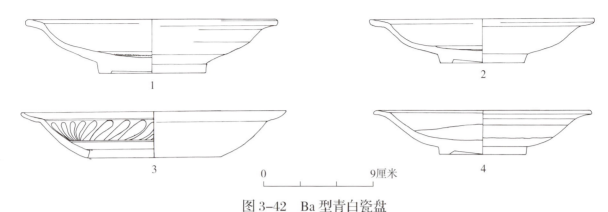

图 3-42　Ba 型青白瓷盘

1.TN07E03②：45　　2.TN07E03②：6　　3.TN07E03②：122　　4.H3①：121

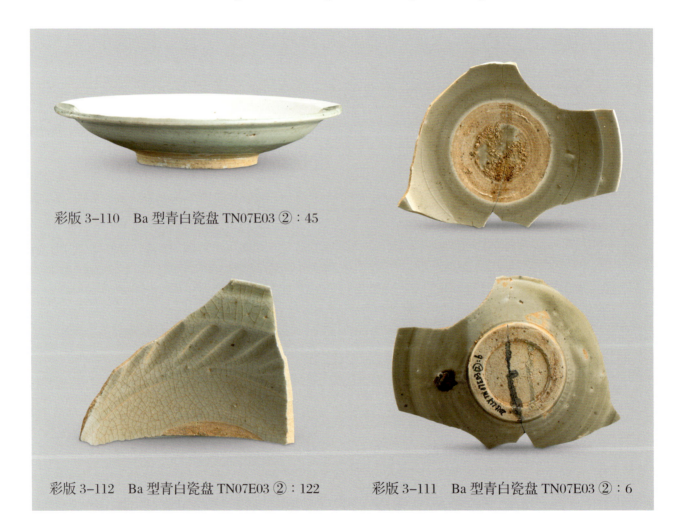

彩版 3-110　Ba 型青白瓷盘 TN07E03 ②：45

彩版 3-112　Ba 型青白瓷盘 TN07E03 ②：122　　　　彩版 3-111　Ba 型青白瓷盘 TN07E03 ②：6

成的跳刀痕。青白胎，胎质细腻，胎体坚致。青白釉，内底圆形露胎，外施釉不及底，釉层薄而均匀，无流釉，釉色莹润，无开片。内壁局部有落渣。口径 17.4、底径 7、高 3.5 厘米（图 3-42，4）。

标本 TN06E03 ②：703，斜折沿，圆唇，弧腹，圈足。灰白胎。青白釉，有细碎开片，内底涩圈，外施釉至下腹部。口径 19.8、底径 6.9、高 4.6 厘米（图 3-43，1；彩版 3-113）。

标本 TN07E03 ③：9，斜折沿，圆唇，弧腹，圈足。灰白胎。青白釉，内底涩圈，外施釉至下腹部。

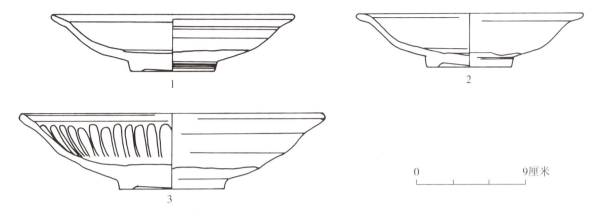

图 3-43 Ba 型青白瓷盘

1.TN06E03②：703 2.TN07E03③：9 3.TN07E02②：206

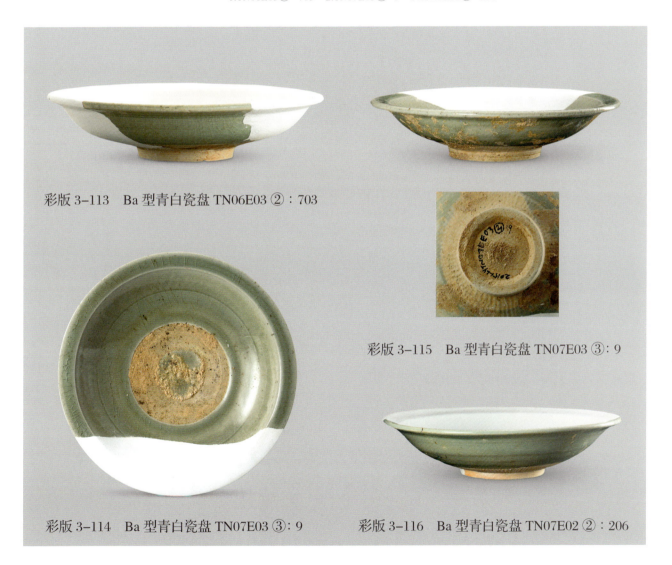

彩版 3-113 Ba 型青白瓷盘 TN06E03②：703

彩版 3-115 Ba 型青白瓷盘 TN07E03③：9

彩版 3-114 Ba 型青白瓷盘 TN07E03③：9

彩版 3-116 Ba 型青白瓷盘 TN07E02②：206

口径 18.8、底径 7、高 4.2 厘米（图 3-43，2；彩版 3-114、115）。

标本 TN07E02②：206，斜折沿，圆唇，弧腹，圈足。灰白胎。青白釉，釉色莹润，有开片，内底涩圈，外施釉至下腹部。口径 24.9、底径 8.7、高 5.9 厘米（图 3-43，3；彩版 3-116）。

标本 H3①：68，斜折沿，圆唇，浅弧腹，圈足，外墙近直，内墙斜削。器外壁粘连另 1 件形制相同的折沿盘。青灰胎，胎质细腻，胎体坚致。青白釉，内底涩圈，外施釉不及底，釉层薄而均匀，无开片，局部有流釉，玻璃质感强。口径 18、底径 6.8、高 3.8 厘米（图 3-44，1）。

标本 H3①：30，斜折沿，圆唇，浅弧腹，圈足，外墙直，内墙斜削，外壁露胎处有跳刀痕，足底有旋削跳刀痕。灰白胎，胎体厚而坚实。青白釉，玻璃质感强，积釉处呈深青色，局部有开片。内壁刻一周莲瓣纹。口径 20.8、底径 7.8、高 3.8 厘米（图 3-44，2；彩版 3-117）。

标本 TN07E02②：84，斜折沿，圆唇，沿面微卷，浅弧腹，圈足。青灰胎，胎质细腻，胎体坚致。青白釉，内底涩圈，外施釉至足根，釉层薄而均匀，釉色莹润有光泽，玻璃质感强。口径 21、底径 7.9、高 3.4 厘米（图 3-44，3；彩版 3-118）。

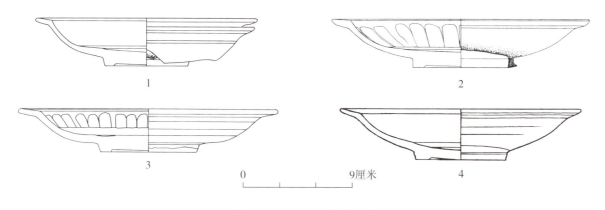

0　　　　　　　　　　9厘米

图 3-44　Ba 型青白瓷盘

1.H3①：68　2.H3①：30　3.TN07E02②：84　4.TN06E03②：400

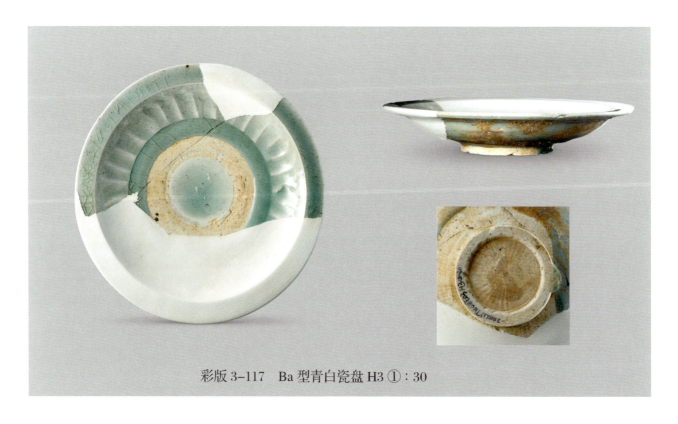

彩版 3-117　Ba 型青白瓷盘 H3①：30

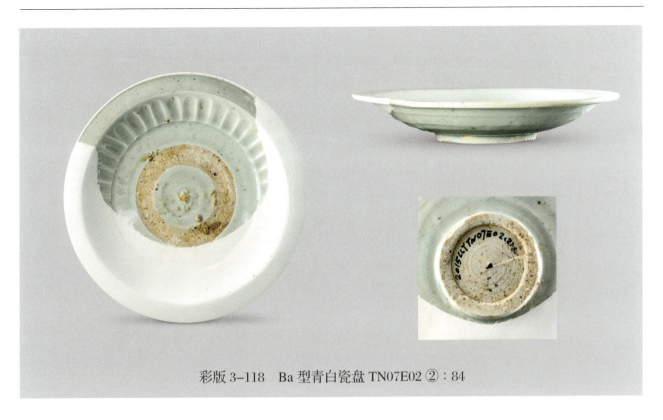

彩版 3-118　Ba 型青白瓷盘 TN07E02 ② : 84

标本 TN06E03 ② : 400，斜折沿，圆唇，浅弧腹，圈足。白胎，胎体坚致。青白釉偏灰，内底涩圈，外施釉不及底，釉层均匀。外壁可见两层釉，下层偏白，上层偏灰，局部见积釉和缩釉点。露胎处可见跳刀痕，内底有叠烧痕。口径 19.4、底径 7.4、高 4 厘米（图 3-44，4）。

Bb 型　3 件。平折沿。

标本 TN07E03 ② : 86，平折沿，圆唇，浅弧腹，圈足。灰白胎。青白釉，有开片，内底涩圈，外施釉至下腹部。口径 20、底径 8.4、高 3.6 厘米（图 3-45，1；彩版 3-119）。

标本 TN07E03 ② : 104，平折沿，圆唇，弧腹，底残。灰白胎，胎质细腻，胎体坚致。青白釉，釉色稳定，釉面均匀，有开片。内底刻纹饰。口径 20.8、残高 3.8 厘米（图 3-45，2；彩版 3-120）。

标本 TN07E02 ① : 5，平折沿，圆唇，弧腹，圈足。灰白胎，青白釉，内底涩圈，外施釉至下腹部。口径 20.8、底径 9、高 3.8 厘米（图 3-45，3；彩版 3-121）。

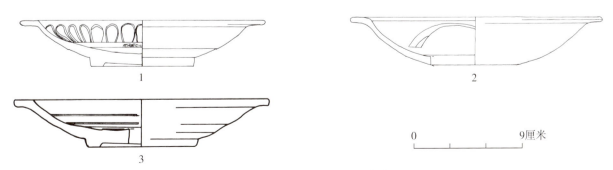

图 3-45　Bb 型青白瓷盘
1.TN07E03②:86　2.TN07E03②:104　3.TN07E02①:5

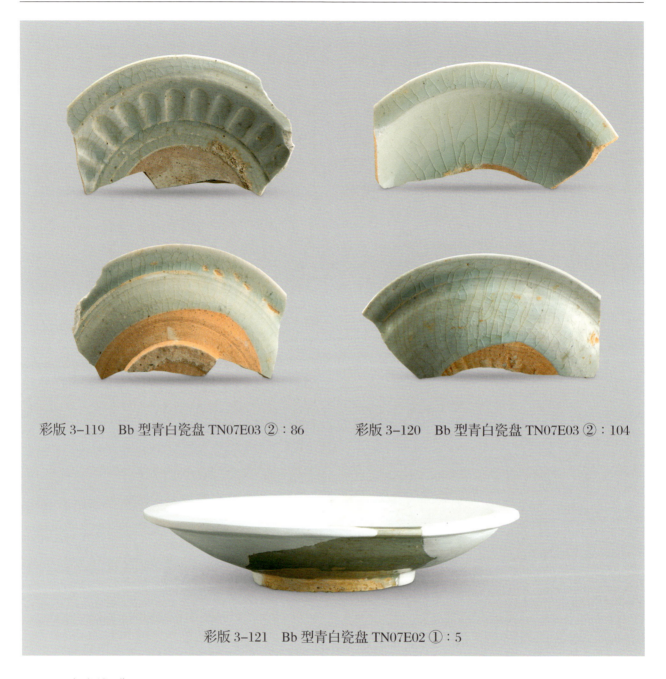

彩版 3-119　Bb 型青白瓷盘 TN07E03 ②：86　　　　彩版 3-120　Bb 型青白瓷盘 TN07E03 ②：104

彩版 3-121　Bb 型青白瓷盘 TN07E02 ①：5

6. 青白瓷碟

8 件。根据器物口沿特征分两型。

A 型　6 件。圆唇，折沿，浅弧腹，圈足。占 80% 以上。根据唇沿部特征分两亚型。

Aa 型　4 件。斜折沿。

标本 TN07E04 ①：90，斜折沿，圆唇，浅弧腹，圈足。青灰胎，胎体坚致。青白釉，釉色莹润，内满釉，外施釉不及底。内壁刻一周莲瓣纹。口径 11.8、底径 4.4、高 3 厘米（图 3-46，1；彩版 3-122）。

标本 TN07E04 ②：297，斜折沿，圆唇，浅弧腹，圈足。青白胎，胎体坚致。青白釉，釉层均匀，内底圆形露胎，外施釉不及底。口径 10.8、底径 4.4、高 3 厘米（图 3-46，2；彩版 3-123）。

标本 TN07E04 ②：315，斜折沿，圆唇，弧腹，圈足。青白釉，内底圆形露胎，外施釉不及底。

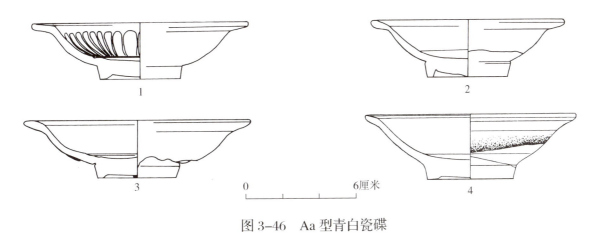

图 3-46 Aa 型青白瓷碟

1.TN07E04①:90 2.TN07E04②:297 3.TN07E04②:315 4.TN06E03②:571

彩版 3-122 Aa 型青白瓷碟 TN07E04 ①:90　　　彩版 3-123 Aa 型青白瓷碟 TN07E04 ②:297

器物略有变形。口径 12、底径 4.2、高 3 厘米（图 3-46，3；彩版 3-124）。

标本 TN06E03②:571，斜折沿，圆唇，斜弧腹，圈足。灰白胎，胎体略粗。青白釉，内底圆形露胎，外施釉不及底，釉色泛黄，口沿和外壁积釉处开片并呈青绿色。外壁露胎处有跳刀痕，内部有落渣。口径 11.6、底径 4.8、高 3.4 厘米（图 3-46，4）。

彩版 3-124　Aa 型青白瓷碟 TN07E04 ②：315

Ab 型　2 件。平折沿。

标本 TN06E03 ②：17，平折沿，圆唇，弧腹，圈足。灰白胎，胎质细腻。青白釉，内底涩圈，外施釉不及底，有积釉，积釉处玻璃质感强，有开片。口径 12、底径 4.4、高 2.9 厘米（图 3-47，1；彩版 3-125）。

标本 H3 ②：2，平折沿，圆唇，弧腹，饼足内凹。灰白胎，胎质细腻，胎体坚致。青白釉略偏灰，釉层较厚，积釉处呈深绿色。口径 12.4、底径 4.6、高 3.2 厘米（图 3-47，2；彩版 3-126）。

B 型　2 件。敞口，圆唇，平底。

标本 TN06E03 ①：214，敞口，圆唇，直壁微弧，平底。灰白胎，胎质细腻，胎体轻薄。青白釉偏灰，

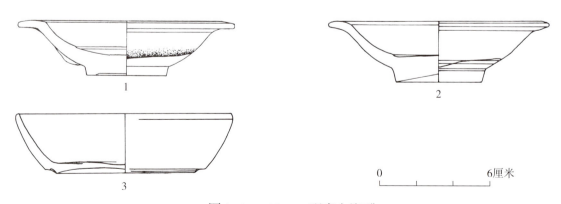

图 3-47　Ab、B 型青白瓷碟

1.Ab型TN06E03②：17　2.Ab型H3②：2　3.B型TN07E04①：91

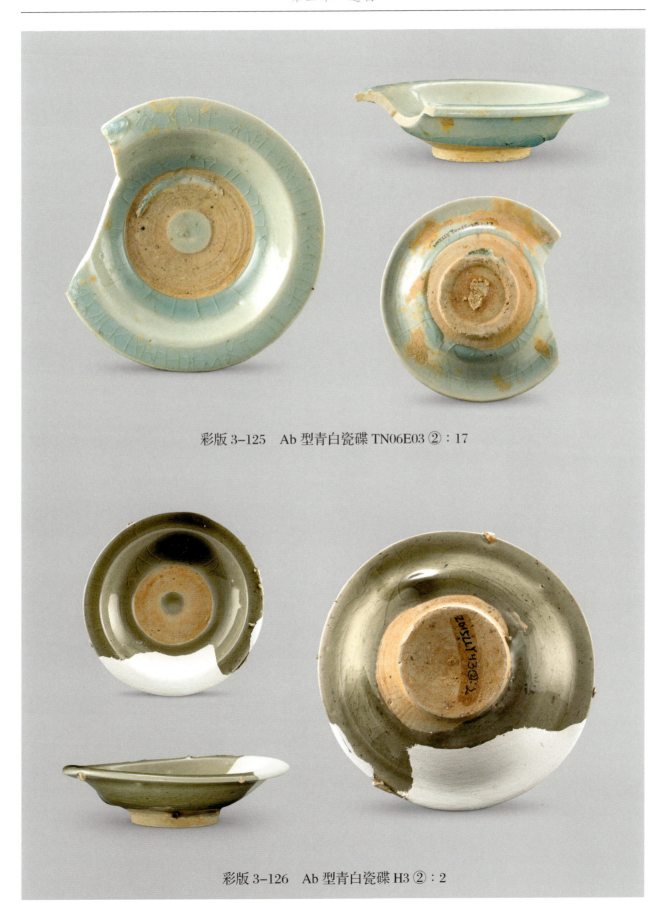

彩版 3-125 Ab 型青白瓷碟 TN06E03 ② : 17

彩版 3-126 Ab 型青白瓷碟 H3 ② : 2

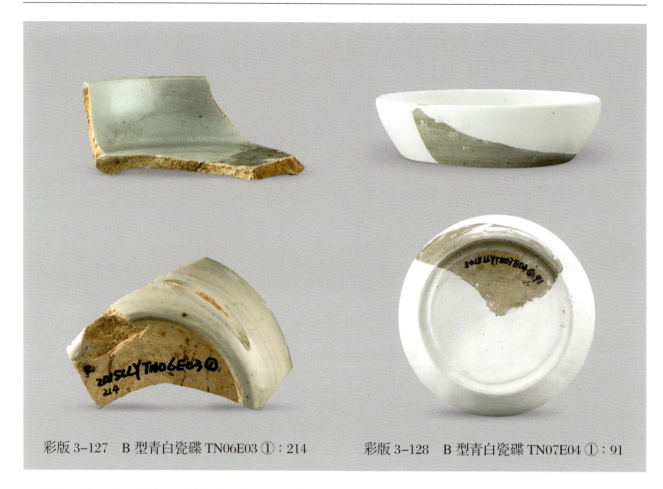

彩版 3-127　B 型青白瓷碟 TN06E03 ①：214　　　　　彩版 3-128　B 型青白瓷碟 TN07E04 ①：91

内满釉，外施釉至足沿，釉层薄而均匀。口径 6.9、底径 4.5、高 3.7 厘米（彩版 3-127）。

　　标本 TN07E04 ①：91，敞口，圆唇，弧腹，底近平，略变形。灰胎，胎体坚致。青白釉，内满釉，外施釉至足沿，釉层薄而均匀。口径 12.0、底径 7.6、高 3.1 厘米（图 3-47，3；彩版 3-128）。

　　7. 青白瓷钵

16 件。根据器物口部特征分三型。

A 型　8 件。束口，圆唇，斜弧腹，饼足。

　　标本 TN06E03 ②：577，束口，尖圆唇，斜弧腹，饼足。略内凹。青白釉，内底涩圈，外施釉不及底，釉层较厚，外壁有细小开片。肩部以下刻莲瓣纹一周，内底粘连较多杂质。口径 12、底径 5.2、高 6.1 厘米（图 3-48，1；彩版 3-129）。

　　标本 TN06E03 ②：742，束口，尖圆唇，斜弧腹，饼足略内凹。胎色偏黄，胎体厚重。青白釉，内底刮涩圈，釉层薄而均匀，外壁有细碎开片。肩部以下刻莲瓣纹一周。口径 12.5、底径 5.2、高 6.5 厘米（图 3-48，2；彩版 3-130）。

　　标本 TN07E04 ①：102，束口，圆唇，斜弧腹，饼足。青白釉，内底涩圈，外施釉近足部，施釉均匀。器物口沿内外粘连 4 件类似器物的口部残片。外壁近口处以一弦纹为界，下刻莲瓣纹一周。口径 10.0、底径 5.0、高 5.6～6.2 厘米（图 3-48，3；彩版 3-131）。

　　标本 TN06E03 ②：557，束口，斜弧腹，足残。青白胎，胎质细腻，胎体坚致。青白釉，釉层薄，

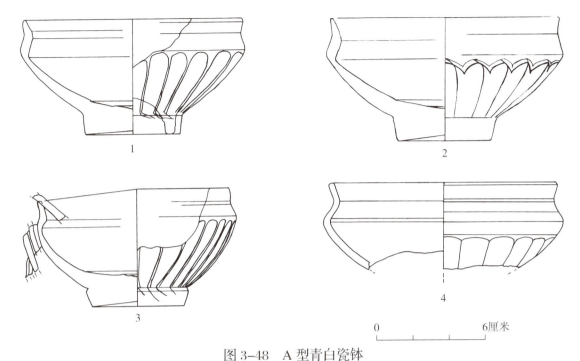

图 3-48　A 型青白瓷钵

1.TN06E03②：577　　2.TN06E03②：742　　3.TN07E04①：102　　4.TN06E03②：557

彩版 3-129　A 型青白瓷钵 TN06E03②：577

釉色莹润，有开片，玻璃质感强，局部有流釉。外壁下腹部刻一周莲瓣纹。口径 12.2、残高 4.6 厘米（图 3-48，4）。

标本 TN06E03②：858，束口，圆唇，鼓腹，斜弧腹，足残。青白胎，胎质细腻，胎体坚致。青白釉，内底圆形露胎，外施釉不及底，釉层均匀无开片，釉色莹润有光泽，积釉处呈天青色。外壁上腹部一道弦纹，其下刻一周莲瓣纹。口径 13.4、残高 5 厘米（图 3-49，1）。

彩版 3-130　　A 型青白瓷钵 TN06E03 ② : 742

彩版 3-131　　A 型青白瓷钵 TN07E04 ① : 102

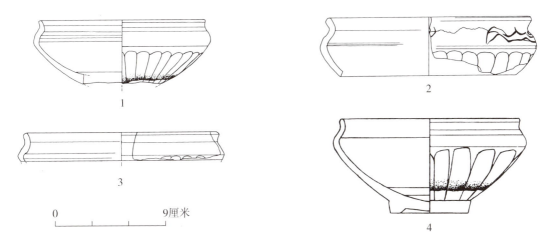

图 3-49　A 型青白瓷钵
1.TN06E03②：858　2.TN07E04①：65　3.TN08E04②：59　4.TN06E03②：80

　　标本 TN07E04①：65，束口，圆唇，斜弧腹，足残。青白胎。青白釉，有细碎开片，内满釉，外施釉至下腹部。外腹壁束口处有刻花，下腹壁有一周菊瓣纹。口径 16.8、残高 4.6 厘米（图 3-49，2；彩版 3-132）。

　　标本 TN08E04②：59，束口，圆唇，斜弧腹，腹与底残。白胎。青白釉，内外满釉。外折腹下刻一周莲瓣纹。口径 16、残高 2.2 厘米（图 3-49，3）。

　　标本 TN06E03②：80，束口，圆唇，斜弧腹，圈足。胎质偏白，胎体厚重。粉青釉，内底涩圈，外施釉不及底，釉层莹润光亮，有开片，内外釉层末端有积釉。肩部以下刻莲纹一周。口径 14.8、底径 6.4、高 7.4 厘米（图 3-49，4；彩版 3-133）。

彩版 3-133　A 型青白瓷钵 TN06E03②：80

彩版 3-132　A 型青白瓷钵 TN07E04①：65

B 型　5 件。敛口。

标本 TN06E03 ②：81，敛口，圆唇，束颈，弧腹，饼足微内凹。白胎。青白釉，内底涩圈，外施釉至下腹部。外上腹壁刻两周弦纹，下腹壁刻一周菊瓣纹。外腹壁粘器物残片。器物多变形。底径5.2、残高 7.6 厘米（图 3-50，1）。

标本 TN07E03 ②：135，敛口，圆唇，弧腹，底残。灰白胎，胎体轻薄。青白釉，内满釉，外施釉不及底。外腹刻莲瓣纹。口径 14.4、残高 4.2 厘米（图 3-50，2；彩版 3-134）。

标本 H3 ①：103，敛口，圆唇，弧腹，底残。胎质细腻，胎体轻薄。外腹壁刻莲瓣纹。外腹壁粘一器物腹片。口径 14.6、残高 5.4 厘米（图 3-50，3；彩版 3-135）。

标本 TN07E03 ②：164，敛口，圆唇，弧腹，底残。白胎，胎体轻薄坚硬。青白釉，有开片，内满釉，外施釉至下腹部。外腹壁一周莲瓣纹。外腹壁有落渣。口径 13.2、残高 4.8 厘米（图 3-50，4；彩版 3-136）。

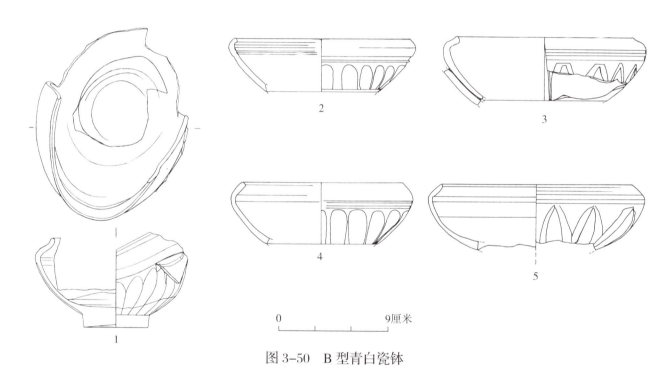

图 3-50　B 型青白瓷钵

1.TN06E03②：81　2.TN07E03②：135　3.H3①：103　4.TN07E03②：164　5.TN07E02②：96

彩版 3-134　B 型青白瓷钵 TN07E03 ②：135

彩版 3-135　B 型青白瓷钵 H3 ①：103　　　　彩版 3-136　B 型青白瓷钵 TN07E03 ②：164

　　标本 TN07E02 ②：96，敛口，圆唇，折肩，斜弧腹，底残缺。青白胎，胎质细腻，胎体坚致。青白釉，釉层薄而均匀，有开片，内底露胎，外施釉不及底。外壁刻莲瓣纹一周。口径 15.6、残高 5.2 厘米（图 3-50，5）。

　　C 型　2 件。直口，方唇，深弧腹，圈足。

　　标本 TN07E04 ②：67，直口，方唇，弧腹，圈足，足沿斜削。灰白胎，胎质细腻，胎体坚致。青白釉，内壁满釉，外施釉不及底，釉层薄而均匀，釉色明亮有光泽。口径 16.4、底径 9.8、高 6.8 厘米（图 3-51，1；彩版 3-137）。

　　标本 TN06E02 ②：107，直口，平沿，方唇，弧腹，底残。胎色偏黄，胎体厚重。内外施青白釉，口沿刮釉，釉层薄而均匀，有整齐开片。外壁近口沿处有宽凹弦纹一道。口径 15.2、残高 5.7 厘米（图 3-51，2；彩版 3-138）。

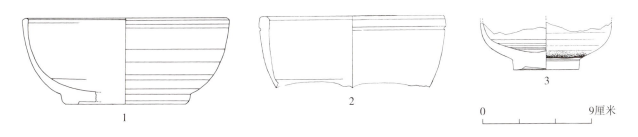

图 3-51　青白瓷钵
1.C 型 TN07E04②：67　2.C 型 TN06E02②：107　3.TN06E03②：195

另有 1 件口沿残，无法判断口部特征。

标本 TN06E03 ②：195，口残，弧腹，矮圈足。白胎，胎质细腻，胎体厚重。粉青釉，玻璃质感强，有少数几道裂纹。内底有同心圆状弦纹，底心微凸，外壁近圈足处可见跳刀痕。底径 5.4、残高 3.8 厘米（图 3-51，3；彩版 3-139）。

彩版 3-137　C 型青白瓷钵 TN07E04 ②：67　　　　彩版 3-138　C 型青白瓷钵 TN06E02 ②：107

彩版 3-139　青白瓷钵 TN06E03 ②：195

8. 青白瓷执壶

4 件。

标本 TN07E03 ②：175，鼓肩，斜弧腹，条形耳，口和底均残。胎色偏白，胎体坚致，内壁可见拼接痕迹。内外施青白釉，釉层均匀莹润，表面细碎开片。残高 10 厘米（图 3-52，1；彩版 3-140）。

标本 TN09E03 ①：3，口残，溜肩，深鼓腹，底残。白胎。青白釉。外腹壁有刻花。残高 4.5 厘米（图 3-52，2）。

标本 TN07E02 ②：293，仅存流部，长曲流，口部截面呈椭圆形。灰白胎，胎体坚致。内外施青白釉，釉层薄而均匀，有稀疏开片。流长 8.8、口径 1.4 厘米（图 3-52，3）。

标本 TN06E03 ①：9，口部残片，圆唇，口微侈，壁近直，把手残。灰白胎，胎体坚致。青白釉，釉层光洁均匀，玻璃质感强，无开片。口径 7、残高 4.3 厘米（图 3-52，4）。

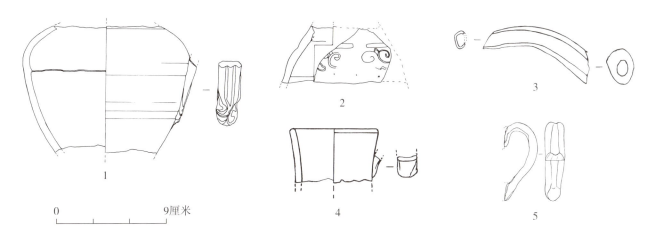

图 3-52　青白瓷执壶

1.TN07E03②：175　2.TN09E03①：3　3.TN07E02②：293　4.TN06E03①：9　5.TN06E02②：26

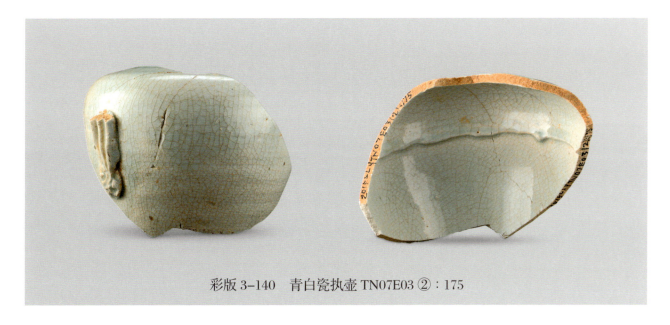

彩版 3-140　青白瓷执壶 TN07E03②：175

标本 TN06E02②：26，把手残件，条形，中部压印凹槽。胎色偏白。粉青釉，釉层均匀，两端无釉，可见粘接痕。高 6.2 厘米（图 3-52，5）。

9.青白瓷瓶

1 件。

标本 TN07E02②：88，直口，圆唇，高领，溜肩，深直微弧腹，肩部有一凸棱，肩部以下残。黄褐胎，胎质略粗。青白釉偏黄，釉色透亮，玻璃质感强，有少量开片。口径 7.3、残高 9.2 厘米（图 3-53；彩版 3-141）。

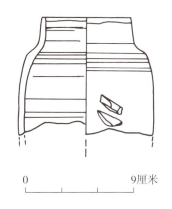

图 3-53　青白瓷瓶 TN07E02②：88

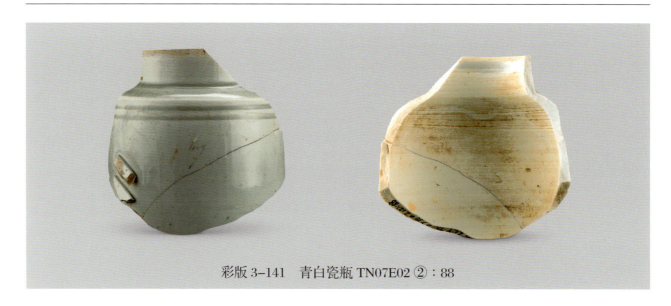

彩版 3-141　青白瓷瓶 TN07E02 ② : 88

10. 青白瓷罐

6件。根据器物特征分两型。

A 型　5件。鼓腹罐。

标本 TN07E03 ② : 69，口沿残，束颈，鼓腹，饼足微凹。灰白胎，胎质细腻，胎体坚致。施青白釉，内满釉，外施釉不及底，下腹部近圆形露胎。底径 5.4、残高 4.7 厘米（图 3-54，1；彩版 3-142）。

标本 TN06E03 ② : 301，侈口，圆唇，束颈，鼓腹，底残。白胎，胎质细腻，胎体坚致。内外施青白釉，釉层均匀，釉色莹润无开片。外壁见修胎留下的旋削痕，局部粘连杂质。口径 6.8、残高 4.3 厘米（图 3-54，2；彩版 3-143）。

标本 H3 ① : 173，残，束口，扁鼓腹，饼足。青白胎，胎质细腻，胎体坚致。青白釉，内满釉，

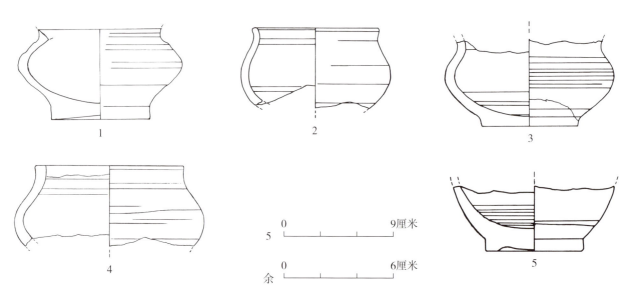

图 3-54　A 型青白瓷罐

1.TN07E03②:69　2.TN06E03②:301　3.H3①:173　4.TN06E03②:778　5.H3①:185

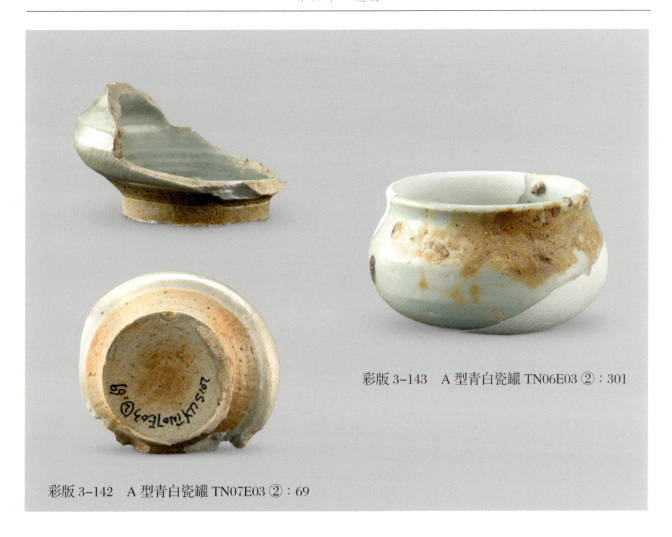

彩版 3-143　A 型青白瓷罐 TN06E03 ②：301

彩版 3-142　A 型青白瓷罐 TN07E03 ②：69

外施釉不及底，釉层薄而均匀，有开片。外壁近底足处有跳刀痕。底径 5.2、残高 4.5 厘米（图 3-54，3）。

　　标本 TN06E03 ②：778，直口，方唇，微束颈，扁鼓腹，底残。白胎，胎质细腻，胎体坚致。青白釉，釉色明亮，内外施釉，芒口，外腹壁开片，局部有缩釉点。口径 8、残高 4.2 厘米（图 3-54，4）。

　　标本 H3 ①：185，口残，弧腹，圈足，外墙近直，足墙宽厚。生烧，胎色偏黄，胎体厚重。青白釉，内满釉，外施釉不及底，釉层均匀，釉色略偏灰。底径 7.8、残高 5.2 厘米（图 3-54，5）。

　　B 型　1 件。提梁罐。

　　标本 TN07E04 ①：1，方唇，束颈，鼓腹，底残，颈部至口沿上贴塑提梁。胎白略含砂，胎体坚致。内外皆施青白釉，釉色均匀，釉面有开片。残高 5.7、残宽 7.1 厘米（图 3-55；彩版 3-144）。

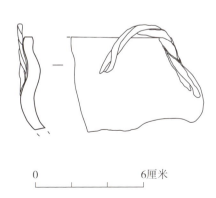

0 ⊢――――――⊣ 6厘米

图 3-55　B 型青白瓷罐 TN07E04 ①：1

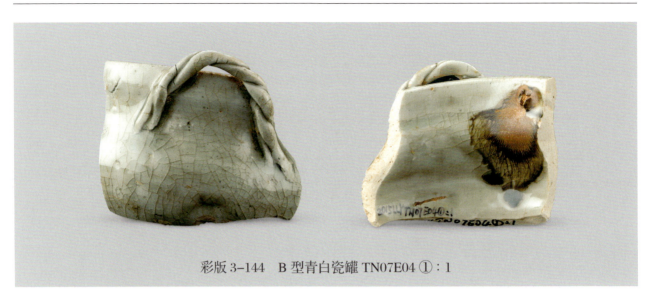

彩版 3-144　B 型青白瓷罐 TN07E04 ① : 1

11. 青白瓷盒

1 件。

标本 TN07E04 ② : 66，方唇，浅弧腹，平底略内凹。青白釉，内壁无釉，外施釉不及底。口径 11.4、底径 8.6、高 2.3 厘米（图 3-56；彩版 3-145）。

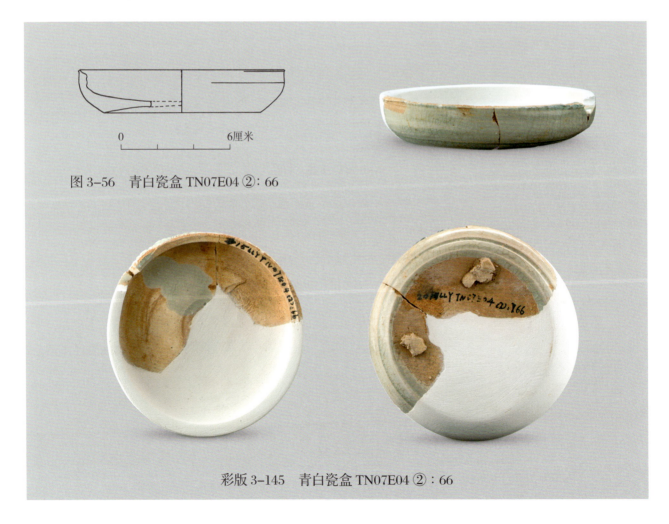

0　　　　　　6厘米

图 3-56　青白瓷盒 TN07E04 ② : 66

彩版 3-145　青白瓷盒 TN07E04 ② : 66

12. 青白瓷炉

18件。根据炉的造型特征分五型。

A型　8件。樽式炉，直口。

标本H3①：5，直口，方唇，直腹微弧，底部斜收，平底，下承三兽状足，外壁腹中一道宽凹弦纹。胎色近白，胎质坚硬。粉青釉，釉色均匀莹润，玻璃质感强，有稀疏开片，口沿及下部略积釉，外施釉近底部，内壁不施釉。口径18.8、高13.8厘米（图3-57，1；彩版3-146）。

标本TN06E03②：365，直口，方唇，上腹近直，下腹折收，矮圈足，底附3足残，仅留痕迹。灰白胎，胎质细腻，胎体坚致。青白釉，内施釉至口沿处，外满釉，圈足露胎，釉层均匀，玻璃质感强，透明度高，有竖向线状开片。足底有火石红。外腹壁有四道凹弦纹。口径11.5、底径5.2、高7.5厘米（图3-57，2；彩版3-147）。

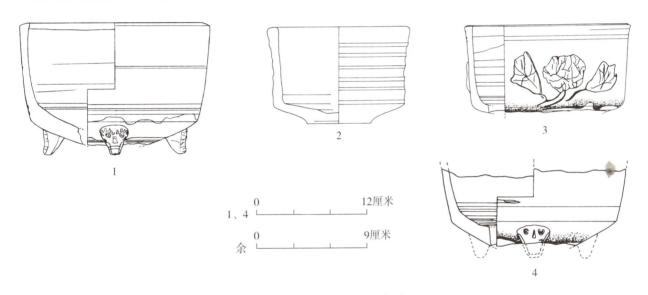

1、4　0 ————— 12厘米

余　0 ————— 9厘米

图3-57　A型青白瓷炉

1.H3①：5　2.TN06E03②：365　3.H3①：35　4.TN08E04①：5

彩版3-146　A型青白瓷炉H3①：5

标本 H3 ①：35，樽形，直口，方唇，近直腹，底残。灰白胎，胎质坚致。青白釉，外施釉近底，内口沿以下不施釉，釉层均匀，末端积釉，无开片。外壁贴花开裂，花茎为刻划，口沿处刻划宽凹弦纹三道。口径 13.8、残高 6.9 厘米（图 3-57，3；彩版 3-148）。

标本 TN08E04 ①：5，口残，上腹斜直，下腹折收，底略残，下腹附 3 兽状足。白胎。青白釉，内露胎，外满釉。残高 8.2 厘米（图 3-57，4）。

标本 H3 ①：7，口残，上腹微弧，下腹折收，圈足，下折腹附 3 蹄形足。白胎。青白釉，外施釉至下腹部，内露胎。底径 5.6、残高 6 厘米（图 3-58，1；彩版 3-149）。

标本 TN07E04 ②：17，敞口，方唇，上腹斜，下腹弧收，底残。白胎。青白釉，残存部分满釉。外口沿下两道凹弦纹，其下刻一周莲瓣纹。口径 16、残高 5 厘米（图 3-58，2）。

彩版 3-147　A 型青白瓷炉 TN06E03 ②：365

彩版 3-148　A 型青白瓷炉 H3 ①：35

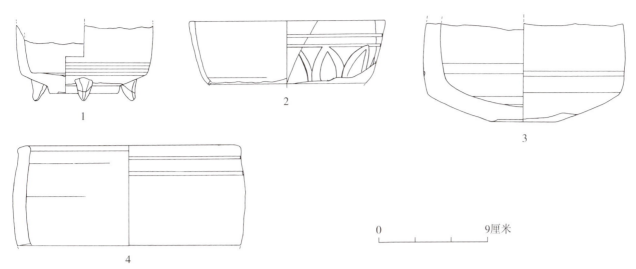

图 3-58　A 型青白瓷炉

1.H3①：7　2.TN07E04②：17　3.H3②：13　4.H3①：31

彩版 3-150　A 型青白瓷炉 H3②：13

彩版 3-149　A 型青白瓷炉 H3①：7

　　标本 H3②：13，腹底残片，近直壁，底部斜收，卧足。白胎，胎质细腻，胎体坚致。粉青釉，内无釉，外施釉不及底，釉层较厚，均匀明亮，无开片。外壁近底处刻划宽凹弦纹一周，内底粘连较多杂质。底径 5.6、残高 7.8 厘米（图 3-58，3；彩版 3-150）。

标本 H3①：31，口腹残片，直口，方唇，直腹略弧，底残。白胎，胎质细腻坚致，胎体厚重。粉青釉，内侧口沿以下无釉，釉层均匀明亮。外侧口沿处刻凹弦纹两道。口径 18.4、残高 7.9 厘米（图 3-58，4）。

B 型　6 件。折沿炉。

标本 TN07E02②：19，折沿，圆唇，直腹斜收，圈足。青白釉，釉色均匀，内壁口沿以下无釉，外施釉至中腹部。口径 11、底径 5.4、高 5.8 厘米（图 3-59，1；彩版 3-151）。

标本 TN07E02②：6，口沿残，折腹，上腹直，下腹斜收，圈足。灰白胎，胎质细腻，含少量细砂和气孔，胎体坚致。青白釉，内腹口沿以下无釉，外壁下腹部和底足无釉。中腹部有两道凹弦纹。底径 5.8、残高 5.8 厘米（图 3-59，2）。

标本 TN07E04②：305，斜折沿，尖唇，上腹部斜直，折腹，底足残缺。青白釉，内壁口沿下无釉。口径 11.8、残高 6.5 厘米（图 3-59，3）。

标本 TN07E02②：6，口残，上腹斜直，下腹折收，圈足。灰白胎。青白釉，内口沿下施釉，外施釉至下腹部。底径 5.8、残高 5.6 厘米（图 3-59，4）。

标本 TN07E02②：223，口残，上腹斜直，下腹折收，圈足。灰白胎。青白釉，内口沿下施釉，外施釉至下腹部。底径 6、残高 6 厘米（图 3-59，5）。

标本 TN06E03②：79，平折沿，斜直腹，底部斜折收，饼足。灰白胎。内部仅口沿处施釉，外施釉至足根，釉层均匀莹润，无开片。腹部有四道宽凹弦纹，内底心见螺纹。底径 4.6、残高 6.2 厘米（图 3-59，6；彩版 3-152）。

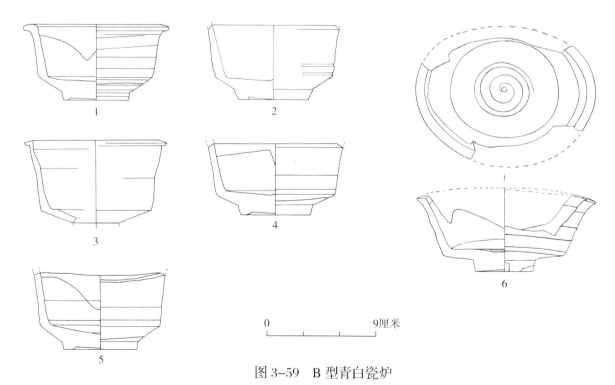

图 3-59　B 型青白瓷炉

1.TN07E02②：19　2.TN07E02②：6　3.TN07E04②：305　4.TN07E02②：6　5.TN07E02②：223　6.TN06E03②：79

彩版 3-151　B 型青白瓷炉 TN07E02 ② : 19　　　　彩版 3-152　B 型青白瓷炉 TN06E03 ② : 79

C 型　2 件。子母口炉。

标本 Y15 采：1，子口，直腹，底部斜直收，饼足。灰白胎，胎体坚致。青白釉偏灰，内壁口沿以下及外底不施釉，釉层均匀。中腹刻菊花纹。内底粘连叠烧痕，口部局部粘连小块窑渣。口径 16.4、底径 8.4、高 12.6 厘米（图 3-60，1；彩版 3-153）。

标本 TN07E02 ②：172，子母口，内直口，圆唇，口沿外出斜折沿，深直腹，上腹微弧，下腹折收，底残。灰白胎，胎质细腻，胎体轻薄。青白釉，内施釉至口沿下，外施釉至折腹处，釉层薄而均匀，釉色莹润透明度高。口径 12.6、残高 7.5 厘米（图 3-60，2；彩版 3-154）。

图 3-60　C 型青白瓷炉

1.Y15采：1　　2.TN07E02②：172

彩版 3-153　C 型青白瓷炉 Y15 采：1

彩版 3-154　C 型青白瓷炉 TN07E02 ②：172

D 型 1件。卷沿炉。

标本 TN07E03 ②：330，仅存口沿，卷沿，圆唇，上腹斜弧，下腹及底部残。灰白胎，胎体轻薄，胎质细腻。青白釉，内施釉至口沿下部，釉色莹润有光泽，透明度高，有开片。口径14.4、残高4厘米（图3-61，1；彩版3-155）。

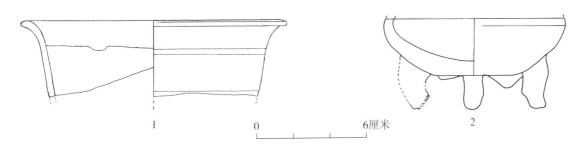

图3-61 D、E型青白瓷炉
1.D型TN07E03②：330 2.E型TN08E04②：52

彩版3-155 D型青白瓷炉 TN07E03 ②：330

E 型 1件。盏式炉。

标本 TN08E04 ②：52，口沿及上腹残，下腹弧收，平底，下附三蹄状足。白胎。青白釉，内露胎，外施釉至下腹部。底径4.5、残高4.7厘米（图3-61，2）。

13. 青白瓷灯盏

6件。

标本 H1 ②：6，方唇，微弧腹，平底微内凹，口沿一侧有另一件灯盏口沿相对粘连。灰白胎，胎质细腻。施青白釉，仅器内腹施釉，口沿及外部无釉。口径9、底径3.7、高3.1厘米（图3-62，1；彩版3-156）。由于灯盏内壁均满釉，无法涩圈叠烧，从这件标本可以看出灯盏是两两相对扣合叠烧。

标本 TN07E03 ②：34，敞口，方唇，斜直腹，平底微凹。内施青白釉，釉色均匀，外露胎。口径8.8、底径3.7、高2.0厘米（图3-62，2；彩版3-157）。

标本 H1 ①：1，方唇，斜直腹，平底微内凹。胎质细腻，胎体坚致。内施青白釉，口沿及外露胎，

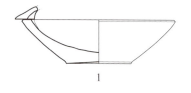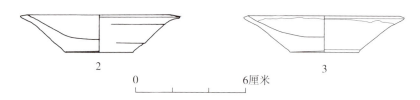

图 3-62　青白瓷灯盏

1.H1②：6　2.TN07E03②：34　3.H1①：1

彩版 3-156　青白瓷灯盏 H1 ②：6

釉色均匀，白中泛青，局部颜色呈青灰色或土黄色。口径 8.7、底径 3.7、高 1.9 厘米（图 3-62，3；彩版 3-158）。

标本 H1 ②：7，敞口，圆唇，斜直腹，平底微内凹。器体变形，一侧高一侧矮。青灰胎，胎体坚致。青白釉偏灰，仅内壁施釉。口径 9.6、底径 3.7、高 1.9 ～ 3 厘米（图 3-63，1）。

标本 TN07E03 ②：66，敞口，圆唇，斜直腹，平底。生烧，胎色红褐。青白釉生烧泛白，内满釉，口沿及外露胎。口径 9、底径 3、高 2.6 厘米（图 3-63，2；彩版 3-159）。

标本 TN07E04 ②：227，敞口，圆唇，斜直腹，平底。内腹施青白釉，外露胎。口径 8.6、底径 4.2、高 2 厘米（图 3-63，3；彩版 3-160）。

彩版 3-157　青白瓷灯盏 TN07E03 ②：34

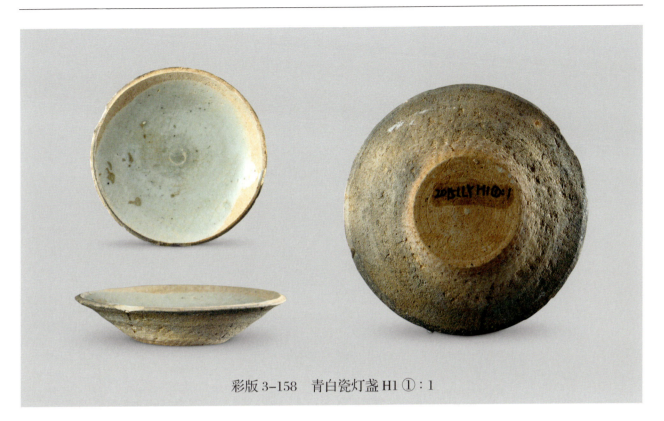

彩版 3-158　青白瓷灯盏 H1 ① : 1

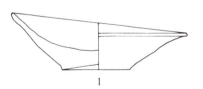
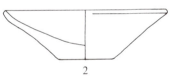

图 3-63　青白瓷灯盏

1.H1② : 7　2.TN07E03② : 66　3.TN07E04② : 227

彩版 3-159　青白瓷灯盏 TN07E03 ② : 66

彩版 3-160　青白瓷灯盏 TN07E04 ② : 227

14. 青白瓷器座

2 件。

标本 TN07E02 ② : 18，圆唇，弧腹，高圈足，内腹呈浅盘形。灰白胎，胎质细腻，胎体坚致。器内及外腹施青白釉，下腹部及足内、足底无釉。素面无纹饰。口径 11、腹径 14、底径 13.8、高 6.7 厘米（图 3-64，1；彩版 3-161）。

标本 H1 ② : 14，直口，方唇，弧腹，底残。灰白胎。外壁施青白釉，内壁无釉。口径 20.1、残高 9.1 厘米（图 3-64，2；彩版 3-162）。

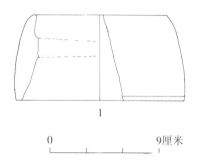
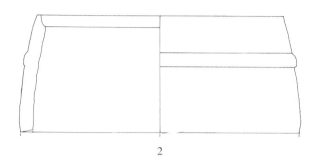

0　　　　　　　9厘米

图 3-64　青白瓷器座
1.TN07E02②：18　2.H1②：14

彩版 3-161　青白瓷器座 TN07E02 ② : 18

彩版 3-162　青白瓷器座 H1 ② : 14

15. 青白瓷器盖

7件。根据器盖的形制特征分为五型。

A型 3件。带纽。

标本 TN06E03 ①：116，弧形顶，盖沿平折，盖顶有圆形纽，纽心内凹，盖下设子口。白胎，胎质细腻，胎体厚重。青白釉，仅盖面施釉，釉色莹润有光泽，玻璃质感强，釉层多有起翘。盖面中部有两道凹弦纹。盖内顶部有青白釉斑。盖面径 19.2、子口径 14.6、高 6.4 厘米（彩版 3-163）。

标本 TN08E03 ②：18，弧顶盖顶，圆形纽，盖沿斜折，尖方唇，盖下设子口。灰白胎，胎质细腻，胎体坚致。青白釉，盖面施釉，盖纽顶面刮釉，盖下不施釉，釉层薄而均匀，釉色莹润有光泽。纽径 3.4、盖径 10.2、子口径 5.9、高 4 厘米（图 3-65，1；彩版 3-164）。

标本 TN07E04 ②：304，弧顶，圆形纽，盖沿平，尖方唇，盖下设子口。胎生烧呈红褐色。釉生烧泛黄，盖面施釉，盖沿及底露胎。纽径 3.6、盖面径 17.2、子口径 13.8、高 6.3 厘米（图 3-65，2；彩版 3-165）。

B型 1件。弧顶，子母口，无纽。

标本 TN06E03 ①：84，弧形顶，盖沿平折，盖下设子口，子口外墙斜直。弧顶中间有两道凹弦纹。灰白胎，胎质细腻，胎体厚重。青白釉，釉色莹润，积釉处呈天青色，玻璃质感强，透明度高。盖面径 8.1、残高 5.0 厘米（彩版 3-166）。

彩版 3-163 A型青白瓷器盖 TN06E03 ①：116

图 3-65 A型青白瓷器盖

1.TN08E03②：18 2.TN07E04②：304

彩版 3-164　A 型青白瓷器盖 TN08E03 ② : 18　　　　彩版 3-165　A 型青白瓷器盖 TN07E04 ② : 304

彩版 3-166　B 型青白瓷器盖 TN06E03 ① : 84

　　C 型　1 件。弧形顶。

　　标本 TN07E04 ① : 101，顶弧，平口，方唇。白胎，胎质细腻，胎体坚致。粉青釉，外施釉，口沿及内部无釉，釉层均匀，釉色莹润无开片。盖顶表面刻宽凹弦纹两道，近口沿处刻宽凹弦纹一道，内侧见轮制弦纹。盖面径 14.4、高 3.9 厘米（图 3-66，1；彩版 3-167）。

　　D 型　1 件。平顶。

　　标本 TN06E03 ① : 128，顶面平，盖沿微上翘，下设子口，子口微敛。灰白胎，胎质细腻，胎体轻薄。仅盖面施釉，青白釉，釉色莹润有光泽，积釉处呈天青色。沿面下有器物或窑具垫烧痕迹。顶面有两道凹弦纹。盖面径 8.6、高 1.9 厘米（彩版 3-168）。

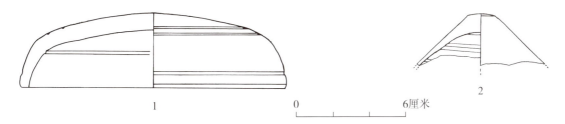

图 3-66　C、E 型青白瓷器盖

1.C 型 TN07E04①：101　　2.E 型 TN06E03①：8

彩版 3-167　C 型青白瓷器盖 TN07E04 ①：101　　　彩版 3-168　D 型青白瓷器盖 TN06E03 ①：128

E 型　1 件。斗笠形。

标本 TN06E03 ①：8，斗笠形，口残，斜直壁，小平底微弧。灰白胎，胎质细腻。青白釉泛黄，釉层均匀，局部有线状开片，内部不施釉。底径 1.1、残高 2.5 厘米（图 3-66，2；彩版 3-169）。

彩版 3-169　E 型青白瓷器盖 TN06E03 ①：8

（二）青瓷

1. 青瓷碗

13 件。基本为敞口，根据口径大小分两型。

A 型　8 件。敞口碗，口径在 17 厘米以上。

标本 TN06E03 ②：828，敞口，圆唇，弧腹，圈足。灰白胎，胎体轻薄。青绿釉，内底露胎，外施釉至圈足，外壁绿釉下可见一层青白釉，应是二次施釉。釉层均匀，玻璃质感强，无开片，局部釉中含有杂质。内壁刻划花，内壁有脱釉和开裂。口径 18.8、底径 5.6、高 7 厘米（图 3-67，1；彩版 3-170）。

标本 TN07E04 ②：118，敞口，圆唇，弧腹，圈足。青灰胎。青釉，内底涩圈，外施釉至下腹部，两次施釉。口径 18.5、底径 7、高 6.6 厘米（图 3-67，2；彩版 3-171）。

标本 TN07E03 ②：83，敞口，尖圆唇，弧腹，圈足。青灰胎。青釉，无流釉与积釉，有开片。口径 20.8、底径 7.6、高 7 厘米（图 3-67，3；彩版 3-172）。

标本 TN07E04 ②：216，敞口，圆唇，弧腹，圈足。白胎，胎质细腻纯净，胎体坚致。青釉，内底圆形露胎，外施釉至足部，内外腹下部均有积釉。口径 18.4、底径 7.2、高 6.2 厘米（图 3-67，4；彩版 3-173）。

标本 TN07E04 ②：19，敞口，圆唇，深弧腹，圈足。白胎。青釉，内底涩圈，外施釉至下腹部。外口沿下一道弦纹，腹壁刻一周莲瓣纹。口径 19.6、底径 6.6、高 7.8 厘米（图 3-68，1；彩版 3-174）。

标本 TN07E04 ②：117，敞口，圆唇，弧腹，圈足。白胎。青釉，内底涩圈，外施釉至下腹部。口径 20、底径 7.4、高 6.7 厘米（图 3-68，2）。

标本 TN06E03 ②：827，敞口，圆唇，弧腹，圈足。灰白胎，胎质细腻，胎体坚致。青釉偏灰绿，釉层均匀，有轻微线状开片，内底涩圈，刮釉齐整，外施釉不及底，局部有轻微积釉。外壁近口沿

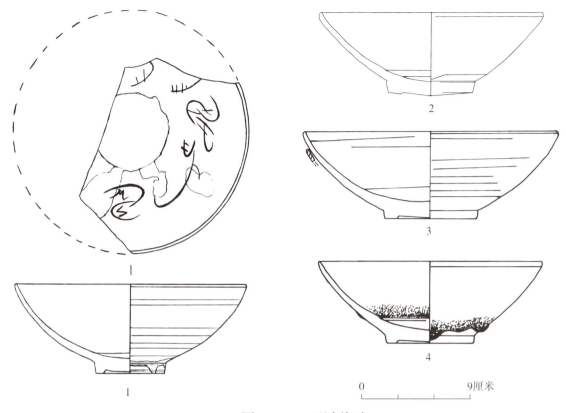

图 3-67　A 型青瓷碗
1.TN06E03②：828　2.TN07E04②：118　3.TN07E03②：83　4.TN07E04②：216

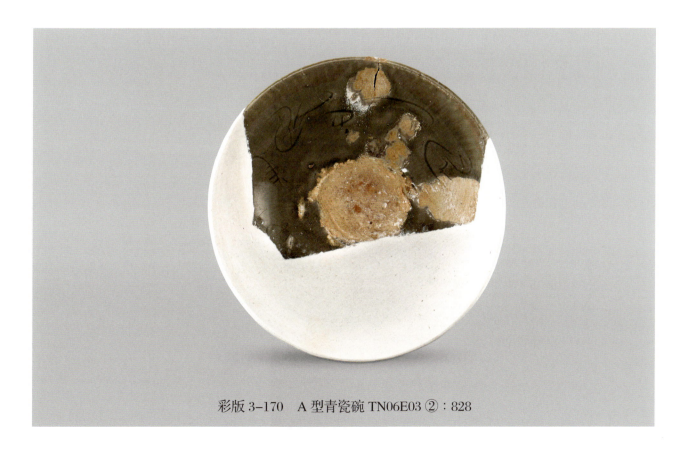

彩版 3-170　A 型青瓷碗 TN06E03 ②：828

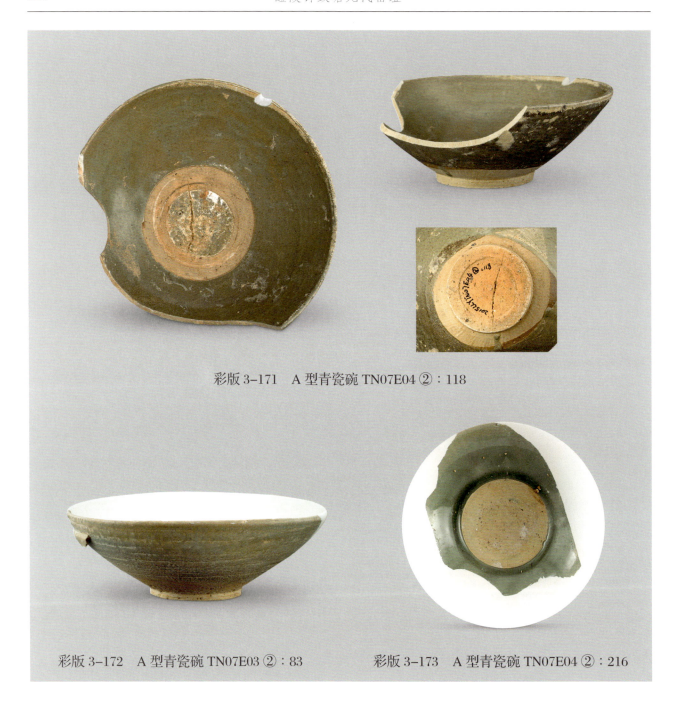

彩版 3-171　A 型青瓷碗 TN07E04 ② : 118

彩版 3-172　A 型青瓷碗 TN07E03 ② : 83　　　彩版 3-173　A 型青瓷碗 TN07E04 ② : 216

处有弦纹一道，其下刻莲瓣纹一周。口径 19.4、底径 7、高 7.2 厘米（图 3-68，3）。

　　标本 TN06E03 ② : 462，敞口，圆唇，弧腹，圈足。灰胎，胎体坚致。青绿釉，内底涩圈，外施釉不及底，釉层均匀，玻璃质感强，有线状开片，外壁局部积釉并有缩釉点，露胎处可见跳刀痕。口径 19、底径 7.6、高 5.2 厘米（图 3-68，4）。

　　B 型　5 件。敞口碗，口径在 17 厘米以下。

　　标本 TN07E04 ② : 136，敞口，圆唇，弧腹，圈足。灰胎，胎体坚致。青釉，内底涩圈，外施釉不及底，釉层斑驳不均。外壁露胎处见跳刀痕，内底粘连较多窑渣。口径 16.8、底径 6.6、高 5.3厘米（图 3-69，1；彩版 3-175）。

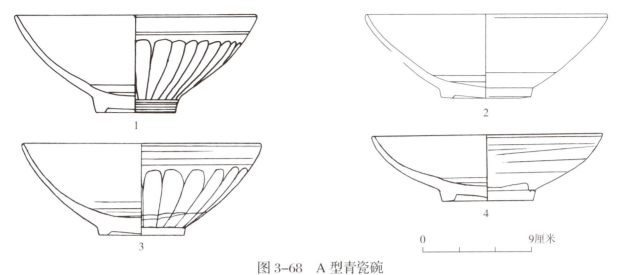

图 3-68　A 型青瓷碗

1.TN07E04②：19　2.TN07E04②：117　3.TN06E03②：827　4.TN06E03②：462

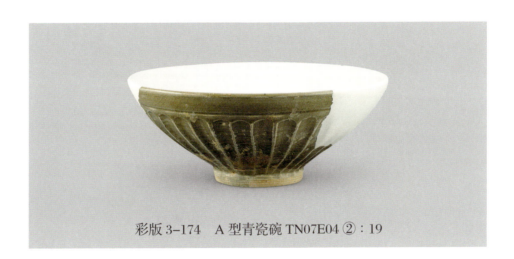

彩版 3-174　A 型青瓷碗 TN07E04 ②：19

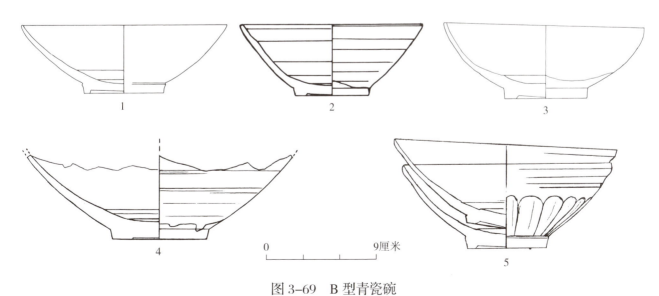

图 3-69　B 型青瓷碗

1.TN07E04②：136　2.TN06E03②：647　3.TN07E02②：11　4.TN06E03②：830　5.TN06E03②：381

标本 TN06E03 ②：647，敞口，圆唇，斜弧腹，圈足。青灰胎，胎体轻薄。青釉，内底涩圈，外施釉不及底，施两层釉，上层釉多有缩釉。口径 15、底径 6、高 5.5 厘米（图 3-69，2；彩版 3-176）。

标本 TN07E02 ②：11，敞口，圆唇，弧腹，圈足。胎质细腻，胎体坚致。青釉，内有涩圈，外施釉至下腹部。略变形。口径 16.6 ～ 17、底径 6.8、高 5.5 ～ 6 厘米（图 3-69，3；彩版 3-177）。

标本 TN06E03 ②：830，口残，弧腹，圈足。灰胎，胎体厚重。青灰釉，内底涩圈，外施釉不及底，釉层均匀，玻璃质感强，局部有气泡。外壁露胎处可见跳刀痕。底径 7.8、高 6.6 厘米（图 3-69，4）。

标本 TN06E03 ②：381，叠烧标本，2 件粘连，形制大小相同。敞口，圆唇，弧腹，圈足。白胎，胎质细腻，胎体坚致。青釉泛灰，内底涩圈，上面 1 件外施釉不及底，下面 1 件外施釉至圈足，釉层均匀，玻璃质感强。外壁近口处有弦纹一道，其下刻莲瓣纹一周。下面 1 件外壁有粘连叠烧痕。口径 18.6、底径 6.6、高 8.7 厘米（图 3-69，5）。

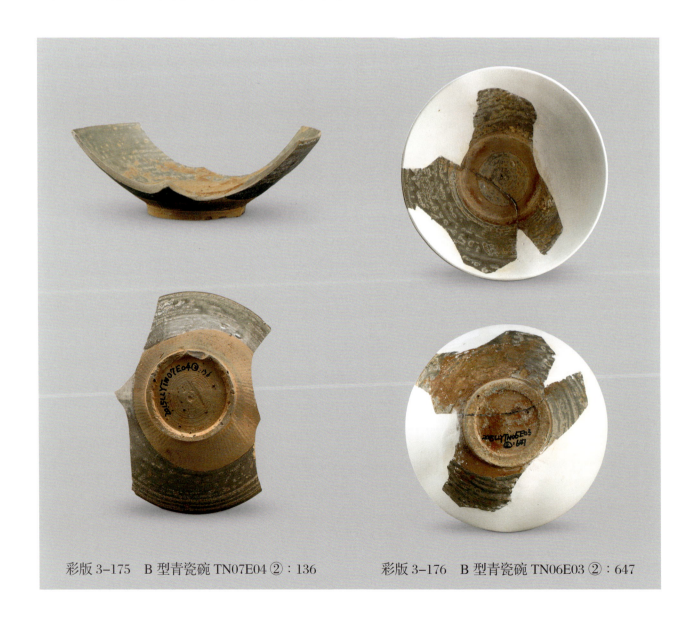

彩版 3-175　B 型青瓷碗 TN07E04 ②：136　　　　彩版 3-176　B 型青瓷碗 TN06E03 ②：647

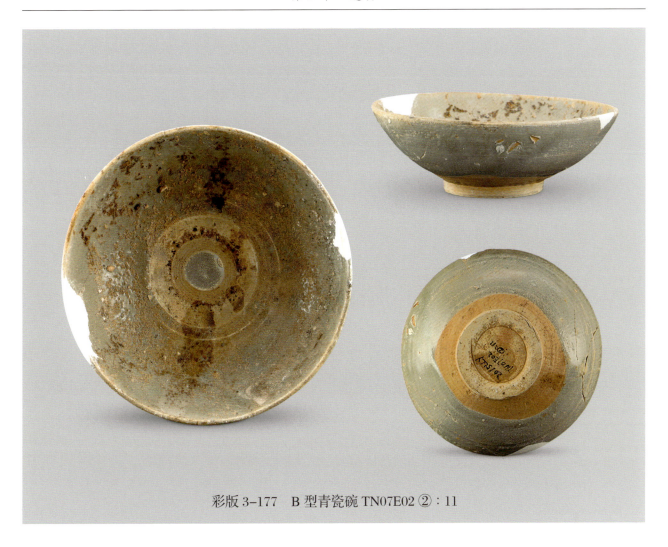

彩版 3-177　B 型青瓷碗 TN07E02 ② : 11

2. 青瓷盏

10 件。

标本 TN07E04 ② : 318，2 件叠烧，尖圆唇，斜弧腹，饼足微内凹。青灰胎，胎体坚致。青釉偏灰，内底圆形露胎，外施釉不及底，有积釉。内盏口径 10、底径 2.8、外盏口径 11.2、底径 4.6、通高 5.6 厘米（图 3-70，1；彩版 3-178）。

标本 TN06E03 ② : 701，敞口，圆唇，斜弧腹，底残。青灰胎，胎质细腻。青绿釉，内底露胎，外施釉不及底，局部有开片，玻璃质感强，下端积釉。外壁刻莲瓣纹一周。口径 12、残高 4.3 厘米（图 3-70，2；彩版 3-179）。

标本 TN07E03 ② : 192，敞口，尖圆唇，弧腹，圈足。青白胎，胎体坚致。青釉，内底涩圈，外施釉至下腹部。外腹壁一周菊瓣纹。口径 12、底径 4.2、高 4.6 厘米（图 3-70，3；彩版 3-180）。

标本 TN07E03 ② : 174，2 盏粘连，内盏残缺，均敞口，圆唇，弧腹，圈足。灰白胎，胎质细腻，胎体坚致。青釉，内底涩圈，外施釉近足部，有流釉和积釉。外腹刻划莲瓣纹一周。内盏口径 12、外盏口径 11.5、外盏底径 4.2、通高 4.9 厘米（图 3-70，4；彩版 3-181）。

标本 TN07E04 ① : 2，敞口，圆唇，弧腹，饼足。白胎，胎体坚致。青釉，有开片，积釉处呈青灰色。

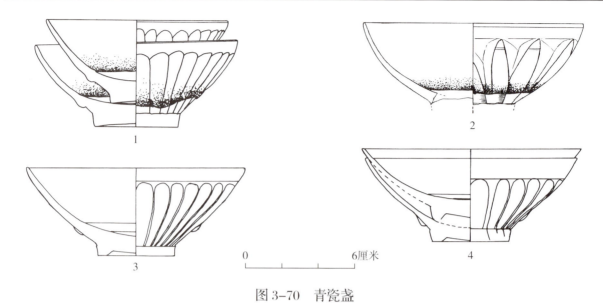

图 3-70 青瓷盏

1.TN07E04②：318　2.TN06E03②：701　3.TN07E03②：192　4.TN07E03②：174

彩版 3-178　青瓷盏 TN07E04 ②：318

彩版 3-179　青瓷盏 TN06E03 ②：701

彩版 3-180　青瓷盏 TN07E03 ②：192

彩版 3-181　青瓷盏 TN07E03 ②：174

彩版 3-182　青瓷盏 TN07E04 ① : 2

内底涩圈，外施釉至下腹部。外腹壁一周菊瓣纹。口径 10.8、底径 4、高 4.8 厘米（图 3-71，1；彩版 3-182）。

标本 H3 ① : 190，4 件叠烧，形制相同。敞口，尖唇，弧腹，圈足。灰白胎，胎质细腻，胎体坚致。青釉，最上面 1 件内底满釉，其余内底圆形露胎，外施釉不及底，釉色莹润透亮，玻璃质感强，积釉处呈青绿色，有开片。外壁刻莲瓣纹一周。最大盏口径 12、底径 4.4、通高 8.2 厘米（图 3-71，2）。

标本 TN06E03 ② : 508，2 件粘连，形制相同。上面 1 件较为完整，敞口，尖圆唇，弧腹，饼足略内凹。灰胎，胎体坚致。青绿釉，釉层玻璃质感强，开片。下面 1 件仅存器底。底径 4.2、通高 5.8 厘米（图 3-71，3；彩版 3-183）。

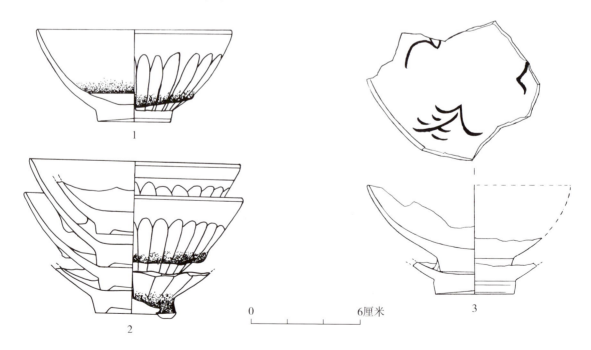

0　　　　　　　　6厘米

图 3-71　青瓷盏
1.TN07E04①:2　2.H3①:190　3.TN06E03②:508

标本TN06E03②：71，敞口，尖圆唇，斜弧腹，饼足。灰白胎，胎质细腻，胎体坚致。青灰釉，内满釉，外施釉不及底，有积釉，玻璃质感强。口径11、底径3.8、高4厘米（图3-72，1）。

标本TN06E03②：243，敞口，圆唇，弧腹，饼足。白胎，胎质细腻，胎体坚致。青釉，内满釉，外施釉不及底，可见厚薄两层釉，有垂釉现象。器内粘连大块窑渣，器外近足露胎处可见跳刀痕。口径8.6、底径3.6、高4.6厘米（图3-72，2）。

标本TN06E03②：762，敞口，斜弧腹，底残。灰胎，胎体坚致。青绿釉，釉层均匀，玻璃质感强，有开片。内壁有划花。口径11.2、残高4.1厘米（图3-72，3）。

彩版3-183　青瓷盏 TN06E03②：508

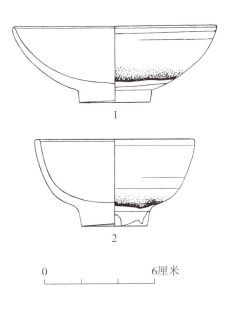

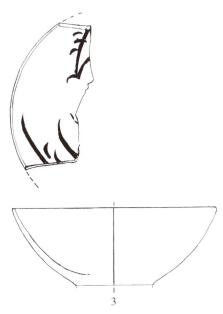

0　　　　　　6厘米

图3-72　青瓷盏

1.TN06E03②：71　2.TN06E03②：243　3.TN06E03②：762

3. 青瓷盏托

1件。

标本TN07E02②：105，仅存器底，圈足，外墙斜直，内墙斜削，挖足浅。灰黑胎，胎质细腻，胎体坚致。青釉，内底满釉，外施釉不及底，有细碎开片。底径5.9、残高1.5厘米（彩版3-184）。

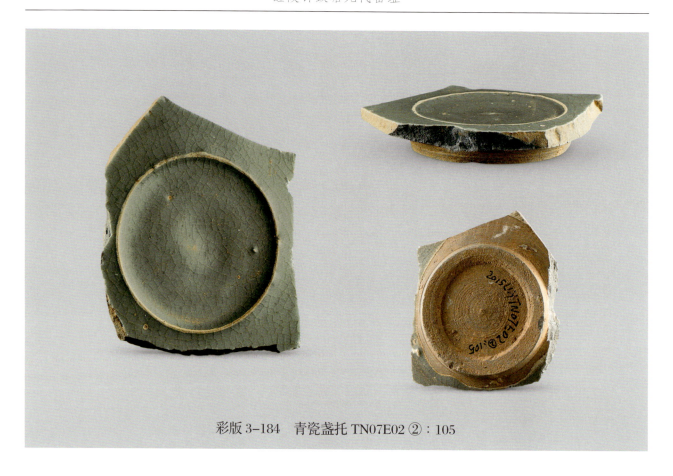

彩版 3-184　　青瓷盏托 TN07E02 ② : 105

4. 青瓷杯

2 件。

标本 H3 ① : 217，微敛口，尖圆唇，弧腹，饼足。足底粘满窑砂。青灰色胎，胎体坚致。青釉。口径 7.4、底径 3.6、高 4.6 厘米（图 3-73，1）。

标本 TN07E04 ② : 170，敞口，圆唇，弧腹，饼足微内凹。灰白胎，胎体坚致。青釉偏黄，内底满釉，粘有一块窑渣，足部不施釉，多有缩釉。口径 10、底径 3.8、高 4.8 厘米（图 3-73，2；彩版 3-185）。

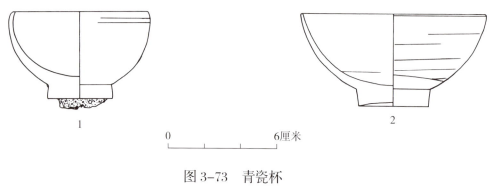

1　　　　　　　　　　　　　　　　　　　2

0　　　　　　6厘米

图 3-73　青瓷杯

1.H3① : 217　2.TN07E04② : 170

彩版 3-185 青瓷杯 TN07E04 ② : 170

5. 青瓷高足杯

4 件。根据器物口沿特征分两型。

A 型 3 件。侈口。

标本 TN07E04 ② : 8，侈口，尖唇，微鼓腹，高柄足，足底旋削较深。灰白胎，胎质细腻，胎体坚致青釉，釉面有开片，器内外均有流釉，釉色呈墨绿色。器外粘一块瓷胎，口沿略变形。口径 9 ～ 9.8、足径 3.2、高 7.5 厘米（彩版 3-186）。

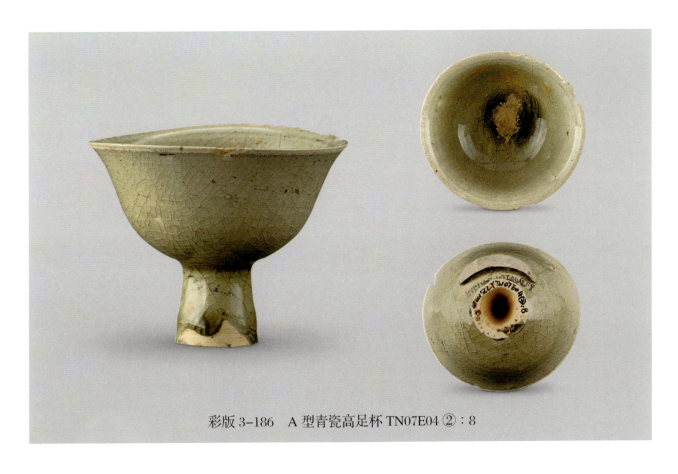

彩版 3-186 A 型青瓷高足杯 TN07E04 ② : 8

标本TN07E04②：195，侈口，圆唇，弧腹，喇叭状高足，足沿斜削，足底微内凹。青灰釉，内满釉，外施釉不及底，有流釉与积釉，积釉处呈青灰色。内底有大块落渣，足根底部粘连垫隔石英砂。口径9.8、足径3.8、高7.4厘米（图3-74，1；彩版3-187）。

标本H3①：1，侈口，圆唇，弧腹，实心高饼足，足端略外撇，足沿斜削，平底略内凹。胎色偏黄，胎质粗糙。青釉，内满釉，外施釉至足中部，釉层均匀，玻璃质感强，有开片，内底及外部足根处积釉，足底粘连釉斑。口径11.8、足径3.4、高8厘米（图3-74，2；彩版3-188）。

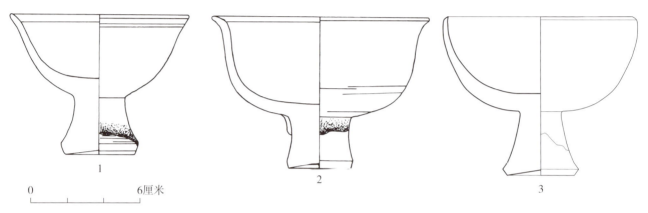

0　　　　　　　　6厘米

图3-74　青瓷高足杯

1.A型TN07E04②：195　2.A型H3①：1　3.B型H1②：2

彩版3-187　A型青瓷高足杯TN07E04②：195　　　　彩版3-188　A型青瓷高足杯H3①：1

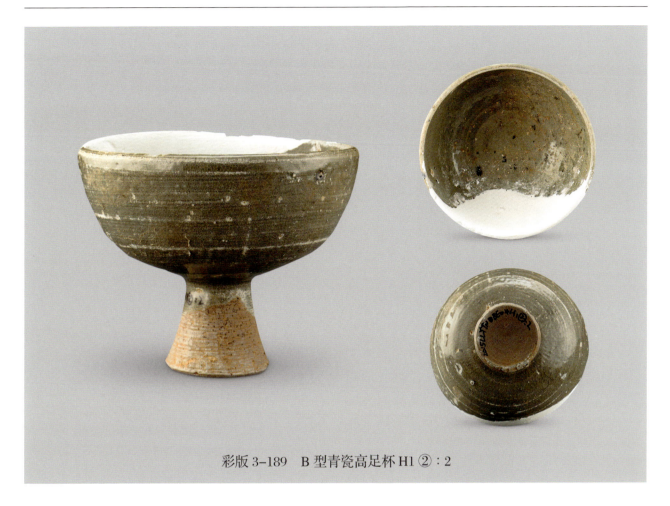

彩版3-189　B型青瓷高足杯 H1②：2

B型　1件。微敛口。

标本 H1②：2，微敛口，尖圆唇，弧腹，高束足，足沿斜削，足底微内凹。青灰色胎，胎体坚硬。青釉，器内满釉，外施釉至足下部，足部流釉，釉色均匀。口径10.8、足径3.7、高8.2厘米（图3-74，3；彩版3-189）。

6. 青瓷盘

7件。根据器物口沿特征分两型。

A型　3件。敞口，浅腹。

标本 TN06E03②：772，叠烧标本，上下2件胎釉一致。灰白胎，胎体坚致。墨绿色釉，均匀莹润。上面1件仅存器底，内底涩圈，较规整，其上有刮釉和叠烧痕。下面1件相对完整，敞口，圆唇，斜弧腹，圈足。外壁可见两层釉，下层墨绿色，上层青白色，足端外侧粘有釉痕。口径18、底径6.8、高4.8厘米（图3-75，1；彩版3-190）。

标本 TN06E03②：866，敞口，圆唇，弧腹，圈足。略生烧，胎泛黄。青釉，有开片。内底涩圈，外施釉至下腹部。口径18.8、底径7.3、高4.6厘米（图3-75，2；彩版3-191）。

标本 TN06E03②：274，敞口，圆唇，弧腹，圈足。灰白胎，胎体坚致。釉色黄绿，内底涩圈，外施釉近足底，釉层均匀，有细碎开片。口径17.1、底径7、高4.2厘米（图3-75，3；彩版3-192）。

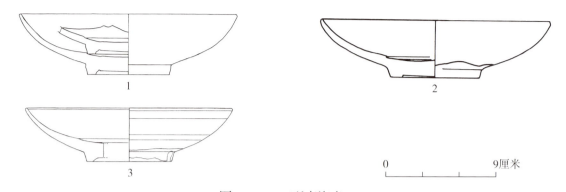

图 3-75　A 型青瓷盘
1.TN06E03②：772　　2.TN06E03②：866　　3.TN06E03②：274

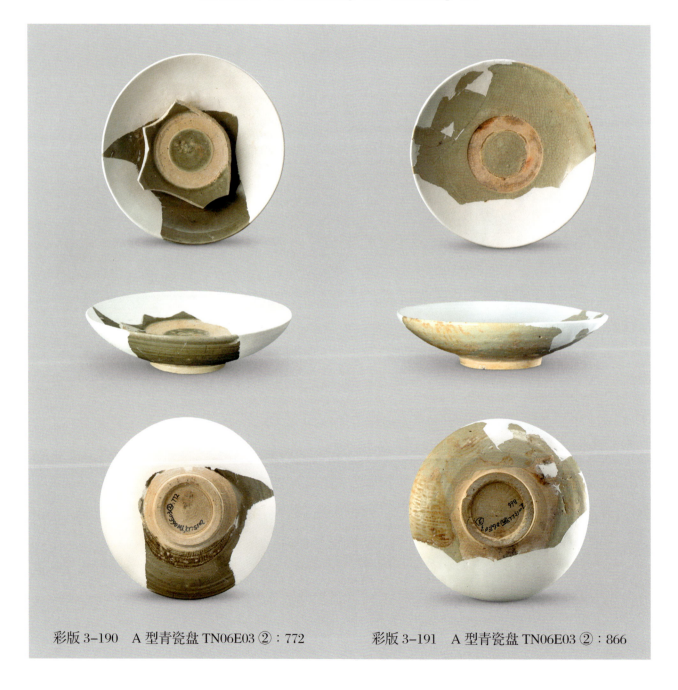

彩版 3-190　A 型青瓷盘 TN06E03②：772　　　　彩版 3-191　A 型青瓷盘 TN06E03②：866

彩版 3-192　A 型青瓷盘 TN06E03 ② : 274

B 型　4 件。折沿盘。

标本 TN07E04 ② : 49，斜折沿，圆唇，浅弧腹，矮圈足。生烧，胎色黄褐。青釉，内底涩圈，外施釉不及底，施两层釉，有细碎开片。口径 22.4、底径 8.8、高 5.4 厘米（图 3-76，1；彩版 3-193）。

标本 TN06E02 ② : 108，2 件叠烧，斜折沿，圆唇，浅弧腹，圈足，外墙斜直，内墙浅削。青黄胎，胎质细腻，胎体坚致。内底涩圈，外施釉不及底，釉色玻璃质感强，透明度高，积釉处呈深绿色，有线状开片。口径 19.6、底径 7.6、通高 5.4 厘米（彩版 3-194）。

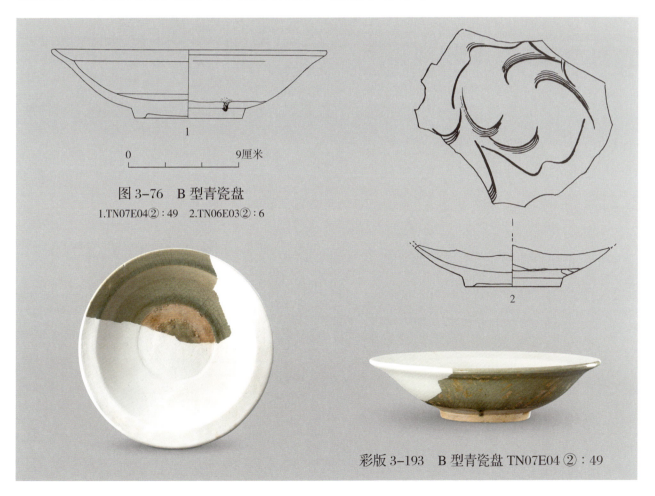

图 3-76　B 型青瓷盘
1.TN07E04②:49　2.TN06E03②:6

彩版 3-193　B 型青瓷盘 TN07E04 ② : 49

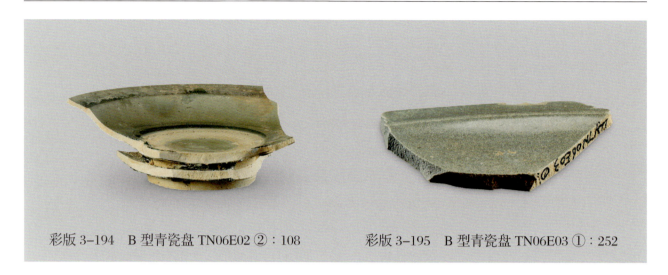

彩版 3-194　B 型青瓷盘 TN06E02 ② : 108　　　　　彩版 3-195　B 型青瓷盘 TN06E03 ① : 252

　　标本 TN06E03 ① : 252，口沿残片，斜折沿微弧，圆唇，浅弧腹，底残。灰黑胎，胎质细腻，胎体坚致。青釉偏灰，釉色黯淡，有开片。残高 2.3 厘米（彩版 3-195）。

　　标本 TN06E03 ② : 6，腹底残片，斜弧腹，圈足。灰白胎，胎质细腻，胎体坚致。内满釉，釉层均匀莹润，釉色呈青绿色，有开片，外施釉不及底，可见两层釉，里层青白色较薄，外层青绿色较厚，轻微开片。内底刻划花。外壁露胎处见跳刀痕。底径 8、残高 3.3 厘米（图 3-76，2；彩版 3-196）。

彩版 3-196　B 型青瓷盘 TN06E03 ② : 6

7. 青瓷碟

2 件。根据器物底足不同分两型。

A 型　1 件。圈足碟。

标本 TN06E03 ②：704，折沿，圆唇，弧腹，圈足，外足墙近直，内墙斜削，挖足浅，足心有乳状突。青灰胎，胎质细腻，胎体坚致。内底涩圈，外施釉不及底，青釉偏灰，釉层薄，近底处有积釉，有开片，玻璃质感强，透明度高。口径 12.4、底径 4.6、高 3.2 厘米（彩版 3-197）。

彩版 3-197　A 型青瓷碟 TN06E03 ②：704

B 型　1 件。饼足碟。

标本 H3 ②：2，折沿，圆唇，弧腹，饼足内凹。青灰胎，胎质细腻，胎体坚致。青釉略偏灰，内底涩圈，底足及下腹部不规则露胎，釉层较厚，内外腹局部有积釉现象，积釉处呈深绿色，有稀疏开片。口沿处粘有少量较小的窑渣，略变形。口径 12、底径 4.6、高 3.2 厘米（图 3-77；彩版 3-198）。

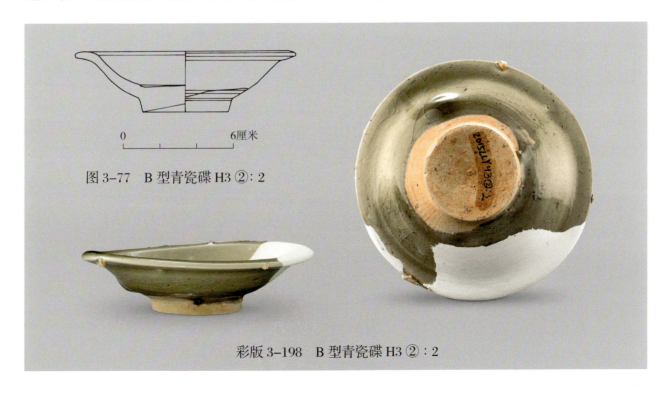

0　　　　　　　6厘米

图 3-77　B 型青瓷碟 H3 ②：2

彩版 3-198　B 型青瓷碟 H3 ②：2

8. 青瓷钵

4 件。根据器物口部特征分两型。

A 型　2 件。束口钵。

标本 TN06E03 ② : 448，口残，可能为束口，斜弧腹，饼足。灰白胎，胎体坚致。青釉，内偏黄，外偏灰，内底圆形露胎，外施釉近足，釉层均匀，有开片，局部有缩釉点，内外部均有与其他器物的粘连痕。底径 5.2、残高 5.2 厘米（图 3-78，1）。

标本 TN07E03 ② : 22，敞口，圆唇，束口，鼓腹，底残。白胎。青釉，残存部分内外满釉。口径 12.8、残高 2.9 厘米（图 3-78，2）。

B 型　2 件。直口钵。

标本 TN07E02 ② : 152，敛口，方唇，深弧腹，圈足，略变形。灰胎，胎体厚重。青灰釉，内满釉，外施釉至圈足，芒口，釉层均匀，玻璃质感强，有开片。底心有螺纹。口径 14.5、底径 7.6、高 7.2 厘米（图 3-78，3；彩版 3-199）。

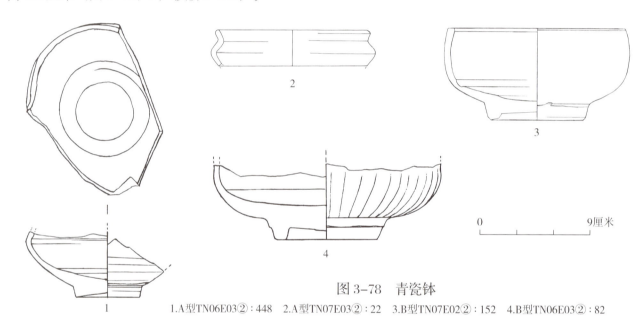

图 3-78　青瓷钵

1.A型TN06E03②：448　2.A型TN07E03②：22　3.B型TN07E02②：152　4.B型TN06E03②：82

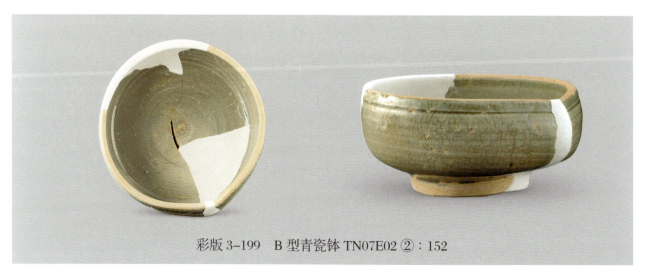

彩版 3-199　B 型青瓷钵 TN07E02 ② : 152

彩版 3-200　B 型青瓷钵 TN06E03 ②：82

标本 TN06E03 ②：82，口残，鼓腹，圈足，挖足较深，外底心有圆点状凸起。圈足外刮釉斜削一周而形成凹圈。灰白胎，胎体厚重。青绿釉，内满釉，外施釉至圈足，釉层均匀，有细碎开片，外壁局部有缩釉点。外壁刻莲瓣纹一周。底径 8.4、残高 6 厘米（图 3-78，4；彩版 3-200）。

9. 青瓷执壶

1 件。

标本 TN07E02 ②：64，口残，溜肩，长鼓腹，底残。生烧，黄褐色胎。青釉偏黄，釉层透明度高，玻璃质感强，有细碎开片。内壁不施釉，内壁可见接胎痕迹。残高 10.8 厘米（图 3-79）。

10. 青瓷瓶

2 件。

标本 TN07E02 ②：205，小口，厚方唇，唇沿略内凹，束颈，溜肩，肩部有一凸棱，肩部以下残。黄褐色胎，胎质略粗。青釉偏黄，釉色透亮，玻璃质感强，局部有开片。口径 4.8、残高 7.5 厘米（图 3-80，1；彩版 3-201）。

标本 TN06E03 ②：811，口残，鼓肩，深长腹，饼足。青白胎，胎质细腻。青釉，内施釉至口沿下，外施釉近足部。釉面多有落渣。底径 4、残高 9.6 厘米（图 3-80，2；彩版 3-202）。

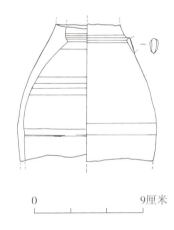

0　　　　　　　　9厘米

图 3-79　青瓷执壶 TN07E02 ②：64

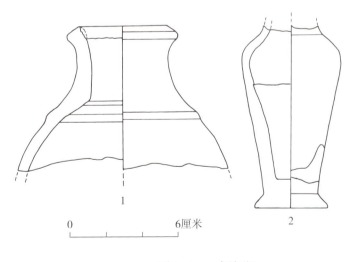

0　　　　　　　　6厘米

图 3-80　青瓷瓶
1.TN07E02②：205　2.TN06E03②：811

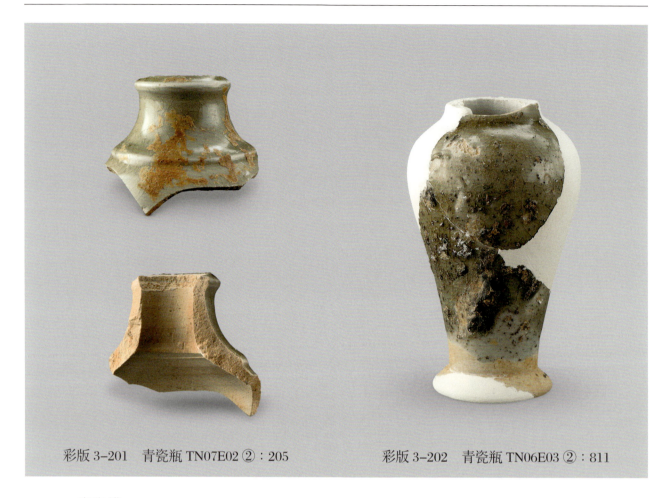

彩版 3-201　青瓷瓶 TN07E02 ②：205　　　　彩版 3-202　青瓷瓶 TN06E03 ②：811

11. 青瓷罐

2 件。

标本 TN06E02 ②：55，口部微侈，圆唇，束颈，鼓腹，底残。灰胎，胎体坚致。青绿釉，内满釉，外施釉不及底，釉层较薄，斑驳不均，表面粘连较多杂质。口径 7.2、残高 6.6 厘米（图 3-81，1；彩版 3-203）。

标本 H3 ①：184，口残，弧腹，圈足。青灰胎，胎质细腻，胎体厚重。青釉偏灰，内壁不施釉，外施釉不及底，有细碎开片，玻璃质感强，内底有叠烧痕迹，外壁可见跳刀痕。底径 8.8、残高 6 厘米（图 3-81，2）。

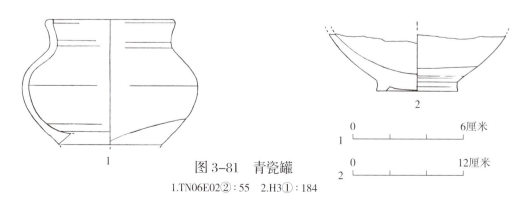

图 3-81　青瓷罐

1.TN06E02②：55　2.H3①：184

彩版 3-203　青瓷罐 TN06E02 ② : 55

12. 青瓷器盖

2 件。根据器物口沿特征分两型。

A 型　1 件。子母口盖。

标本 H3 ① : 131，弧顶，顶有圆柱状纽，纽心内凹，下设子口。胎色偏白，胎体厚重。釉色青中泛灰，盖内无釉，釉层均匀，玻璃质感强，基本无开片。盖面刻划三道宽凹弦纹，凹处及折沿处积釉色深，内侧有螺纹。盖面径 16、高 5.2 厘米（图 3-82，1；彩版 3-204）。

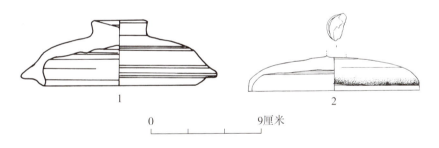

0　　　　　　　9厘米

图 3-82　青瓷器盖

1.A型H3①：131　　2.B型TN06E03②：201

彩版 3-204　A 型青瓷器盖 H3 ① : 131

彩版 3-205　　B 型青瓷器盖 TN06E03 ② : 201

B 型　1 件。无子母口。

标本 TN06E03 ② : 201，弧顶，直口，方唇，纽残。胎色偏黄。青绿釉，盖面满釉，盖口及盖内无釉，釉层均匀，玻璃质感强，开片，局部有缩釉点，盖内局部粘连釉迹。盖面径 14.2、残高 2.8 厘米（图 3-82，2；彩版 3-205）。

（三）酱釉瓷

共 27 件。

1. 酱釉碗

7 件。敞口，口径一般在 17 厘米以上。

标本 TN07E03 ② : 84，敞口，圆唇，弧腹，圈足，内腹弧底，口沿及腹部分残缺。灰白胎，胎质细腻，胎体坚致。酱釉，釉色酱绿色，兔毫状，内外底均有不规则形露胎。口径 21.6、底径 8.4、高 6.9 厘米（图 3-83，1；彩版 3-206）。

标本 TN07E03 ② : 103，敞口，圆唇，弧腹，圈足，内底粘另 1 件器物的口沿。灰白胎，胎体坚致。酱釉，内外皆近圆形露胎。口径 19.6、底径 7.5、高 6.5 厘米（图 3-83，2；彩版 3-207）。

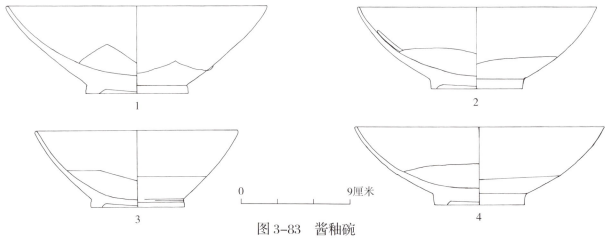

图 3-83　酱釉碗

1.TN07E03②:84　2.TN07E03②:103　3.TN07E03②:108　4.TN07E03②:162

彩版 3-206 酱釉碗 TN07E03 ② : 84

彩版 3-207 酱釉碗 TN07E03 ② : 103

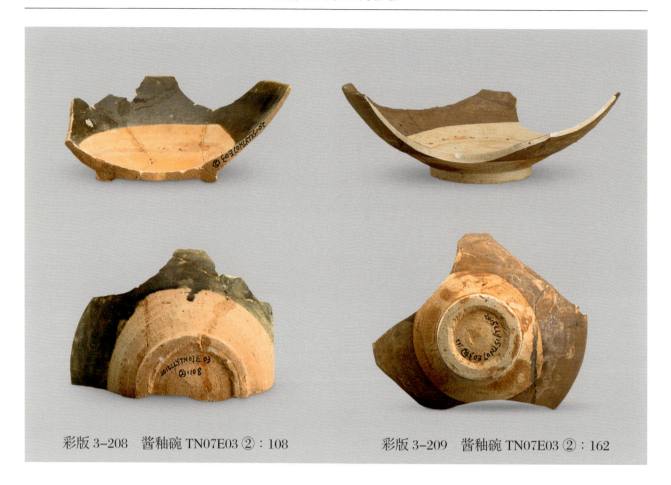

彩版 3-208　酱釉碗 TN07E03 ② ：108　　　　　　彩版 3-209　酱釉碗 TN07E03 ② ：162

　　标本 TN07E03 ② ：108，敞口，圆唇，弧腹，圈足。灰白胎，胎质细腻，胎体坚致。酱釉，内底不规则露胎，外腹近圆形露胎。口径 16.8、底径 7.8、高 6 厘米（图 3-83，3；彩版 3-208）。

　　标本 TN07E03 ② ：162，敞口，圆唇，弧腹，圈足。胎色洁白，胎质细腻，胎体坚致。酱釉，内外近圆形露胎。口径 20.4、底径 7.4、高 6.1 厘米（图 3-83，4；彩版 3-209）。

　　标本 H1 ① ：144，敞口，尖圆唇，弧腹，圈足，外墙近直，内墙斜削。灰胎，胎质细腻，胎体坚硬。酱釉，内底椭圆形露胎，外施釉不及底，单次施釉，局部有流釉，釉色暗淡。外壁近足墙处有跳刀痕。口径 21、底径 8.2、高 7 厘米（图 3-84，1）。

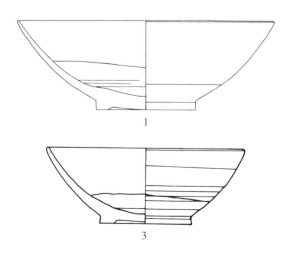

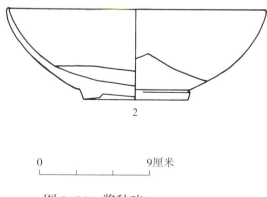

0　　　　　　　　　9厘米

图 3-84　酱釉碗

1.H1①：144　2.H3①：172　3.TN07E03③：10

标本 H3 ①：172，敞口，圆唇，弧腹，圈足。白胎，胎质细腻。酱釉，内外均不规则露胎。口径 21.2、底径 8.7、高 7.2 厘米（图 3-84，2；彩版 3-210）。

标本 TN07E03 ③：10，敞口，圆唇，弧腹，圈足，足墙略外撇。生烧，胎色泛红。酱釉，内底近圆形露胎，外施釉至中腹部，釉层薄而均匀，外壁露胎处可见跳刀痕。口径 16.4、底径 7.8、高 6 厘米（图 3-84，3；彩版 3-211）。

彩版 3-210　酱釉碗 H3 ①：172　　　　彩版 3-211　酱釉碗 TN07E03 ③：10

2. 酱釉盏

6 件。敞口，圆唇，弧腹，饼足。

标本 TN07E04 ②：9，口沿略残，弧腹，饼足微凹。胎色洁白，胎质细腻，胎体坚致。酱釉，釉色红褐色泛黄，内外底近椭圆形露胎，积釉处呈黑褐色。口径 10.4、底径 3.8、高 4 厘米（图 3-85，1；彩版 3-212）。

标本 TN06E03 ②：170，敞口，圆唇，斜弧腹，饼足。白胎，胎质细腻。酱釉，釉层厚薄不一，釉呈兔毫状，积釉处色近黑，内底椭圆形露胎，外施釉不及底，近底露胎处有跳刀痕。口径 10.8、底径 3.8、高 3.5 厘米（图 3-85，2；彩版 3-213）。

标本 TN07E04 ②：169，敞口，尖圆唇，弧腹，饼足。白胎，胎质细腻。酱釉，内外施釉不及底，内底露胎形状不规则，釉层不均匀，有较多垂釉现象，积釉处色近黑。外壁露胎处可见跳刀痕，

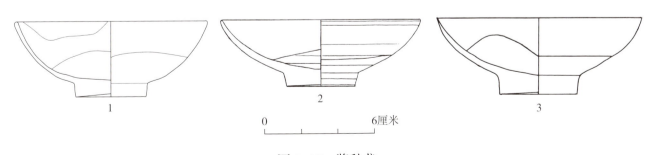

0　　　　　　　6厘米

图 3-85　酱釉盏

1.TN07E04②：9　2.TN06E03②：170　3.TN07E04②：169

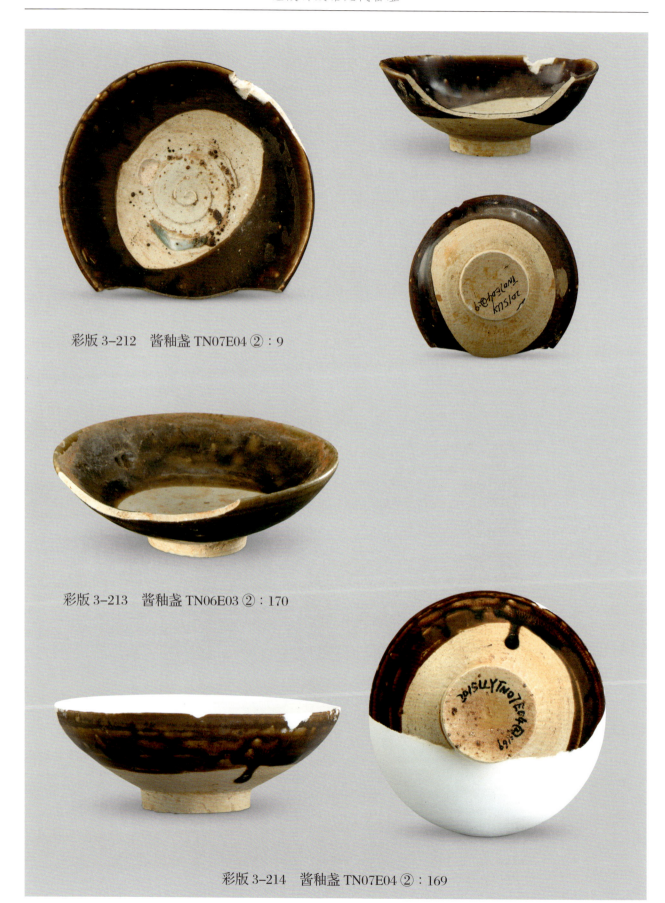

彩版 3-212　酱釉盏 TN07E04 ② : 9

彩版 3-213　酱釉盏 TN06E03 ② : 170

彩版 3-214　酱釉盏 TN07E04 ② : 169

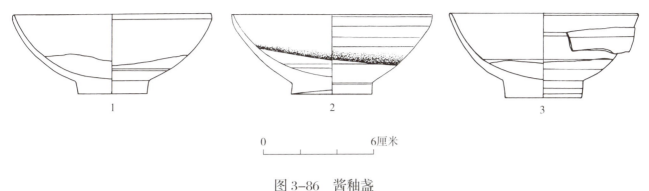

0 ————————————— 6厘米

图 3-86　酱釉盏
1.TN07E04②：20　2.TN07E04②：303　3.TN07E04②：11

彩版 3-215　酱釉盏 TN07E04 ②：20

内底见叠烧痕。口径 11.4、底径 4.3、高 4 厘米（图 3-85，3；彩版 3-214）。

标本 TN07E04 ②：20，敞口，尖圆唇，弧腹，饼足。灰胎，胎体轻薄。酱釉，内外半釉，内底近椭圆形露胎，釉层光泽度低，局部垂釉，内底粘连点釉，外壁露胎处可见跳刀痕。口径 10.8、底径 3.8、高 4.2 厘米（图 3-86，1；彩版 3-215）。

标本 TN07E04 ②：303，敞口，尖圆唇，弧腹，饼足略内凹。灰白胎，胎体坚致。内外施酱釉，均不及底，内露胎近椭圆形，釉层均匀光亮，内外底积釉处釉色近黑，外壁露胎处可见跳刀痕。口径 11、底径 4.4、高 4.2 厘米（图 3-86，2；彩版 3-216）。

标本 TN07E04 ②：11，敞口，圆唇，弧腹，饼足。白胎，胎质细腻。内外施酱釉至中腹偏下，内底露胎不规则，釉层不均匀，有较多积釉和缩釉点，外壁露胎处有跳刀痕，内底见叠烧痕，外壁一侧粘连盏口沿残片。口径 10.4、底径 4.2、高 4.4 厘米（图 3-86，3；彩版 3-217）。

彩版 3-216　酱釉盏 TN07E04 ②：303

彩版 3-217　酱釉盏 TN07E04 ②：11

3. 酱釉高足杯

1件。

标本 TN06E02 ② : 187，杯口残，杯腹斜弧，矮束足，足外沿斜削，平底。胎色因火候不足呈黑色，胎质粗，胎体厚重。酱釉，外施釉不及底，内壁釉层剥落，原应为满釉。底径5、残高3.9厘米（图3-87）。

4. 酱釉执壶

3件。

标本 TN06E03 ② : 42，直口，方唇，溜肩，鼓腹，下腹部及底部残，条形系。青白胎，胎质细腻，胎体坚致。酱釉，釉色偏青，内外壁均施釉，流釉明显。残高6.4厘米（彩版3-218）。

标本 TN06E03 ② : 14，直口，厚方唇，粗颈，鼓腹，底残，曲管状流，条形系残。青灰胎，胎质细腻，胎体坚致。酱釉，口沿刮釉，内壁施釉，釉色明亮，釉面光洁，外壁施釉至腹中部，一侧釉色呈酱褐色，另一侧呈青绿色，釉层表面多有缩釉。口径7.4、残高10.7厘米（图3-88，1；彩版3-219）。

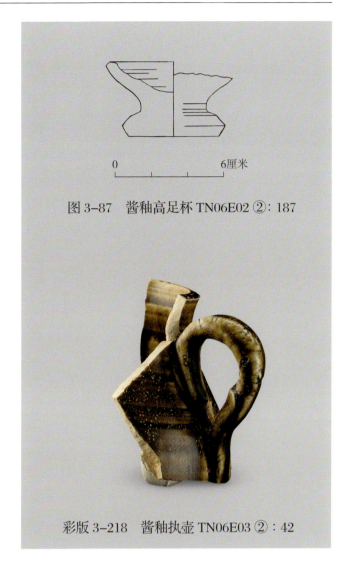

0　　　　　　6厘米

图 3-87　酱釉高足杯 TN06E02 ② : 187

彩版 3-218　酱釉执壶 TN06E03 ② : 42

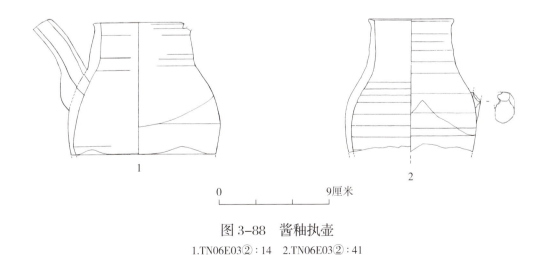

1

2

0　　　　　　9厘米

图 3-88　酱釉执壶

1.TN06E03②: 14　2.TN06E03②: 41

彩版 3-219　酱釉执壶 TN06E03 ② : 14

　　标本 TN06E03 ② : 41，近直口，方唇，短粗径，鼓腹，把手、下腹残。灰胎，胎体坚致。酱釉，内满釉，外半釉，釉层均匀。口径 7、残高 10.5 厘米（图 3-88，2）。

5. 酱釉罐

4 件。

　　标本 TN07E04 ② : 68，卷沿，圆唇，束颈，溜肩，下腹部残缺。灰白胎。酱釉，内外施釉，口沿刮釉，口沿内粘有窑渣。口径 7、残高 4.1 厘米（图 3-89，1）。

　　标本 TN06E03 ① : 112，罐底，上部残，仅存腹底，腹壁近斜直，平底，内底螺纹，底心有小凸起。灰胎，胎体厚重。内施酱釉，色深近黑不均匀，外不施釉。底径 5.8、残高 4 厘米（图 3-89，2）。

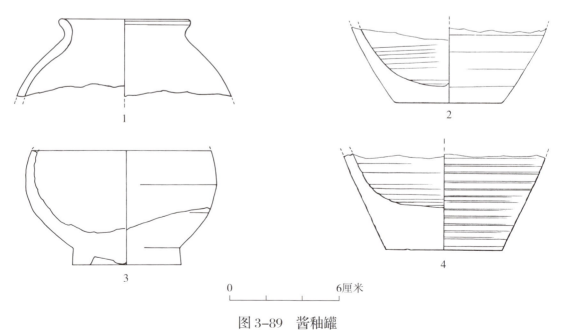

0 ————————— 6厘米

图 3-89　酱釉罐

1.TN07E04②：68　2.TN06E03①：112　3.TN06E03②：711　4.TN06E03②：491

彩版 3-220　酱釉罐 TN06E03②：711

标本 TN06E03②：711，腹底残片，鼓腹，圈足，足心有凸起。白胎，胎体厚重。内外施酱釉，内满釉，外施釉不及底，釉层较薄，因拉坯而使底部呈螺纹，外壁露胎处可见跳刀痕，内底粘连碎片和窑渣。底径 6、残高 6 厘米（图 3-89，3；彩版 3-220）。

标本 TN06E03②：491，仅存底部，下腹壁斜直，平底。青灰胎，胎质细腻，胎体厚重。内施酱釉，外无釉，乳浊釉，有兔毫状流釉，玻璃质感强。内底有落渣，底部有叠烧粘连酱釉斑。底径 6.4、残高 5 厘米（图 3-89，4）。

6.酱釉灯盏

6 件。

标本 H3①：2，敞口，厚方唇，斜直腹，饼足微内凹。白胎，胎质细腻，胎体坚致。内施酱釉，其余部位露胎，内底积釉处釉色呈深褐色，外部有黄褐色土沁。口径 8.2、底径 3.5、高 2 厘米（图 3-90，1；彩版 3-221）。

标本 TN06E03②：710，敞口，弧腹，平底。白胎，胎质细腻，胎体坚致。内施酱釉，釉层匀净，外露胎，可见跳刀痕和修坯留下的弦纹。口径 7.8、底径 2.8、高 2.4 厘米（图 3-90，2；彩版 3-222）。

标本 TN07E04②：4，圆唇，弧腹，平底微凹。灰色胎，胎体坚致。内施酱釉，口沿及外部无釉，内外腹粘有较多窑渣，釉色呈黑褐色。器物略变形。口径 7.8、底径 2.4、高 2.4～2.8 厘米（图 3-90，

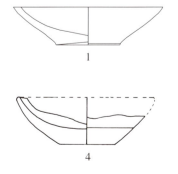

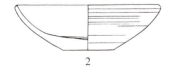

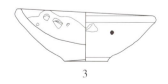

0　　　　　　　　6厘米

图 3-90　酱釉灯盏

1.H3①：2　2.TN06E03②：710　3.TN07E04②：4　4.TN07E04②：12

彩版 3-221　酱釉灯盏 H3 ①：2

彩版 3-222　酱釉灯盏 TN06E03 ②：710

彩版 3-223　酱釉灯盏 TN07E04 ②：4

彩版 3-224　酱釉灯盏 TN07E04 ②：12

3；彩版 3-223）。

　　标本 TN07E04 ②：12，敞口，圆唇，弧腹，平底。胎色偏黄，胎体坚致，内施酱釉，釉层较薄，局部有积釉，口沿及外部不施釉，外腹下部露胎处可见跳刀痕。底径 3、高 2.5 厘米（图 3-90，4；彩版 3-224）。

标本 TN06E03②:638，敞口，弧腹，平底。白胎，胎质细腻，胎体坚致。口沿及外壁无釉，内壁施酱釉偏绿。外壁近底处可见跳刀痕。口径 8.3、底径 3.1、高 2.6 厘米（图 3-91，1）。

标本 TN06E03②:759，敞口，斜直腹，平底。灰白胎，胎体坚致。酱釉，内施釉不及口沿，其余部位无釉。外壁两道弦纹，其下见跳刀痕。口径 8.2、底径 3.3、高 2.2 厘米（图 3-91，2）。

标本 TN06E02①:13，敞口，圆唇，斜弧腹，平底。灰白胎，胎体坚致。内满施酱釉，釉层较薄，部分脱落，口沿及外壁不施釉，外底粘连一大块窑渣。口径 8.2、底径 4、高 2.1 厘米（图 3-91，3）。

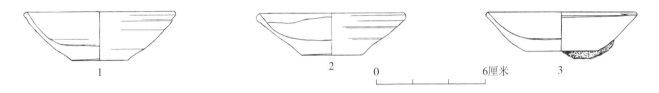

图 3-91　酱釉灯盏
1.TN06E03②:638　2.TN06E03②:759　3.TN06E02①:13

（四）双色釉瓷

共 6 件。

1. 双色釉碗

2 件。

标本 TN07E04②:231，敞口，方唇，斜弧腹，圈足。灰胎，胎壁较薄，胎体坚致。内施绿釉，外施酱釉，芒口，足底裹釉，釉层均匀无开片。口径 14.4、底径 5、高 4.9 厘米（图 3-92，1；彩版 3-225）。

标本 TN06E03②:449，敞口，方唇，斜弧腹，底残。灰白胎，胎体坚致。内施青白釉，均匀莹润，外施青釉，积釉处呈黑色，芒口。口径 14.6、残高 4.3 厘米（图 3-92，2；彩版 3-226）。

2. 双色釉盏

1 件。

标本 TN07E03②:216，敞口，方唇，斜弧腹，底残。灰白胎，胎体坚致。内施青白釉，釉色黯淡，外壁施酱釉，釉层薄，积釉处呈酱黑色，芒口。口径 11.2、残高 2.8 厘米（图 3-93）。

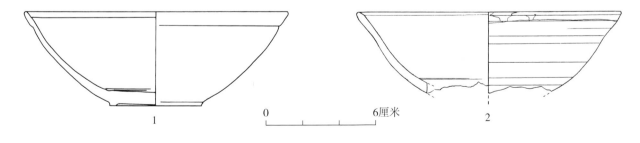

图 3-92　双色釉碗
1.TN07E04②:231　2.TN06E03②:449

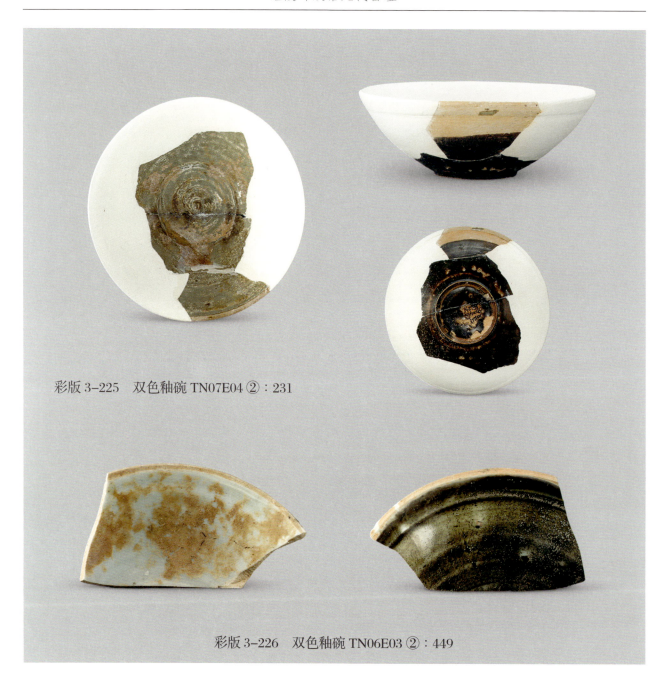

彩版 3-225　双色釉碗 TN07E04 ② : 231

彩版 3-226　双色釉碗 TN06E03 ② : 449

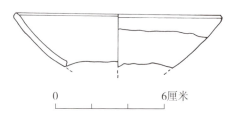

图 3-93　双色釉盏 TN07E03 ② : 216

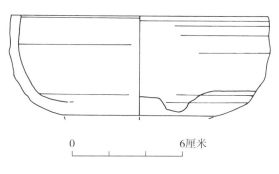

图 3-94　双色釉钵 H3 ① : 231

3. 双色釉钵

1件。

标本 H3①：231，直口，平沿，方唇，弧腹，底残。胎色白，胎体厚重。内满施青白釉，釉层均匀，内底略积釉，内壁局部釉呈兔毫状，外施酱釉不及底，釉层厚薄不均，芒口。口径14、底径8、高5.2厘米（图3-94；彩版3-227）。

彩版3-227　双色釉钵 H3①：231

4. 双色釉执壶

2件。

标本 TN06E03②：58，直口，方唇，短粗颈，鼓腹，圈足，足心外突，条形系残，曲管状流略残，腹部有两道宽凹弦纹。胎色偏黄，胎体厚重。内外双色釉，内满施粉青釉，青釉均匀，外施酱釉近圈足，酱釉施釉不均，釉色偏绿。外壁露胎处可见跳刀痕。口径6.2、底径6、高10.7厘米（图3-95，1；彩版3-228）。

标本 TN06E03②：115，直口，方唇，矮粗颈，鼓腹，圈足，外足墙近直，足沿斜削，内足墙斜削，足心有乳状凸起，曲管状流，条形系，另外两侧肩部各置一条形纽。青灰胎，胎质细腻，胎体厚重。内外双釉，芒口，内壁及底部满施青白釉，釉色莹润有光泽，有开片，外壁施酱釉至足根，釉色青绿，釉层分布不均，积釉处呈黑褐色，腹部釉面粘结数块其他酱釉瓷的残片。口沿略变形。口径5.7～6.6、底径5.8、高10.7厘米（图3-95，2；彩版3-229）。

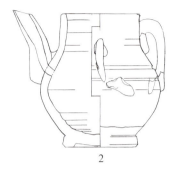

0   9厘米

图 3-95 双色釉执壶

1.TN06E03②：58   2.TN06E03②：115

彩版 3-228 双色釉执壶 TN06E03 ②：58

彩版 3-229　双色釉执壶 TN06E03 ② : 115

（五）建筑用瓷

共 10 件。

1. 筒瓦

3 件。

标本 TN07E02 ② : 95，口残缺，直筒状，中空，腹壁近直。灰白胎，胎质坚硬。外施青白釉，内侧、底部不施釉，釉层薄而均匀，略开片，玻璃质感强，底部积釉。内壁见拉坯形成的轮制痕，上部见套烧痕迹。底径 14.1、残高 12.6 厘米（图 3-96，1；彩版 3-230）。

标本 TN07E04 ① : 28，整体呈半筒形，瓦舌残。灰白胎，胎体坚致。青白釉，釉层薄，透明度高。瓦身外施青白釉，其余露胎。残高 9.6 厘米（图 3-96，2；彩版 3-231）

标本 TN07E02 ② : 114，整体呈半筒形，瓦舌较窄，腹壁近直，底残。灰白胎，胎体厚重。外施青白釉，瓦舌及内侧不施釉，釉层较薄，玻璃质感强，有细碎开片。内侧有轮制痕，一侧有线切割痕。口径 9.6、残高 10.6 厘米（图 3-96，3；彩版 3-232）。

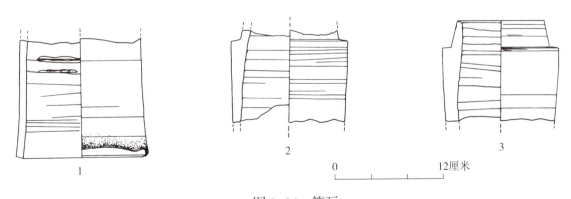

0　　　　　　　12厘米

图 3-96　筒瓦
1.TN07E02②:95　2.TN07E04①:28　3.TN07E02②:114

彩版 3-230　筒瓦 TN07E02 ② : 95　　　　　彩版 3-231　筒瓦 TN07E04 ① : 28

彩版 3-232　筒瓦 TN07E02 ② : 114

2. 板瓦

6 件。分为瓷质和素胎两类。

A 型　2 件。瓷质板瓦。

标本 TN07E04 ① : 78，一侧有整齐的切割痕，体厚而坚实。内壁露胎，外施青白釉，釉层薄而均匀，可见釉下的胎体，近底处积釉呈天青色。残长 9.7、残宽 12、厚 0.9 厘米（图 3-97，1；彩版 3-233）。

标本 TN07E04 ① : 39，腹片，近直，一侧有整齐的切割痕。灰白胎，胎质坚致，胎体厚重。内壁有明显的修胎痕，外壁施青白釉，釉层较薄，有刮痕。残长 9.2、残宽 9.6、厚 1.2 厘米（图 3-97，2；彩版 3-234）。

B 型　4 件。素胎板瓦。

标本 TN06E02 ① : 29，上部较宽，胎壁较薄，呈弧形，下部逐渐变窄内收，胎壁变厚，底部内

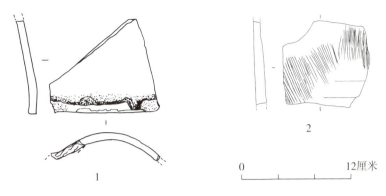

图 3-97 A 型板瓦
1.TN07E04①：78 2.TN07E04①：39

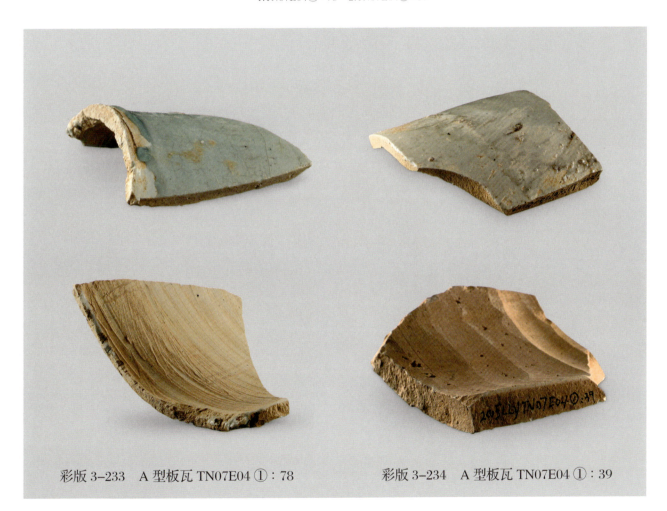

彩版 3-233 A 型板瓦 TN07E04 ①：78　　　　彩版 3-234 A 型板瓦 TN07E04 ①：39

侧近直，两侧可见明显的切割痕。胎色偏黄，胎体厚重，仅口沿及内侧粘有较多点釉。下部似捏制，直接插入窑床，粘有窑砂。最宽处 16、高 24.2 厘米（图 3-98，1；彩版 3-235）。

标本 TN06E02 ②：92，截面呈四分之一圆弧形，应为空心圆柱体一分为四切割而成，两侧有较规整的切割痕，上窄下宽，内壁刻"元"字，内外均可见拉坯形成的弦纹。残长 15.5、宽 14.4 厘米（图 3-98，2；彩版 3-236）。

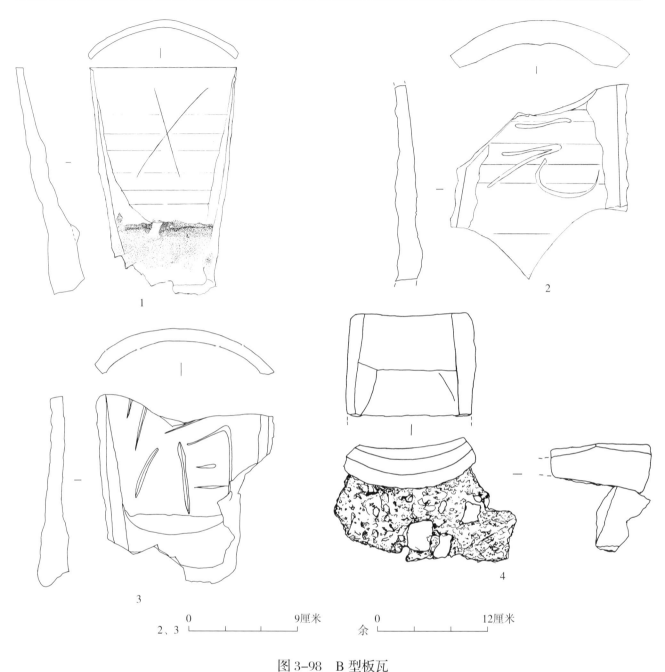

图 3-98 B 型板瓦

1.TN06E02①：29   2.TN06E02②：92   3.TN07E04②：161   4.TN07E03②：16

标本 TN07E04②：161，截面呈四分之一弧形，可能由直筒型切割一分为四而成，两侧有明显的切割痕，内壁残留部分刻"月"（或清）字，粗瓷胎，上薄下厚，胎体厚重。残长 15、宽 14.7 厘米（图 3-98，3；彩版 3-237）。

标本 TN07E03②：16，与一小块窑底砂层粘连，瓦上部残，两侧切割平整，内壁近底处斜削。灰胎，底部插入窑砂之部分呈红褐色，胎质粗，有较多气孔，胎体底部厚重，上部渐薄。器身满布落灰釉，釉色杂，釉层不均匀。从窑砂与瓦粘连情况来看，瓦是竖直插入窑砂之中的，因胎体厚重，作为实用板瓦的可能性较小，可能是用于窑内挡火的。残高 10.8 厘米（图 3-98，4；彩版 3-238）。

彩版 3-235　B 型板瓦 TN06E02 ① : 29　　　　彩版 3-236　B 型板瓦 TN06E02 ② : 92

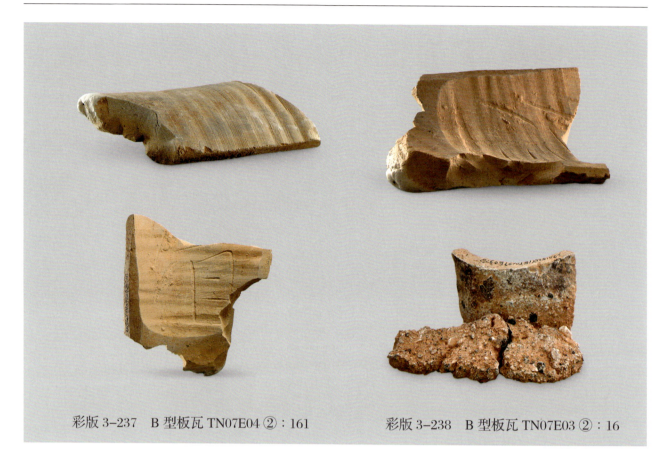

彩版 3-237　B 型板瓦 TN07E04 ② : 161　　　　　　彩版 3-238　B 型板瓦 TN07E03 ② : 16

3. 其他建筑构件

1 件。

标本 TN07E02 ② : 25，近直筒形，腰部略收，下腹微外弧，上下方唇。外壁近底处可见跳刀痕，内壁有较多刮划痕。腹中一周刻 4 个长条形镂孔。灰白胎泛黄，胎体厚重，通体不施釉。口径14.8、腹径 15.8、底径 15、高 23.8 厘米（图 3-99；彩版 3-239）。

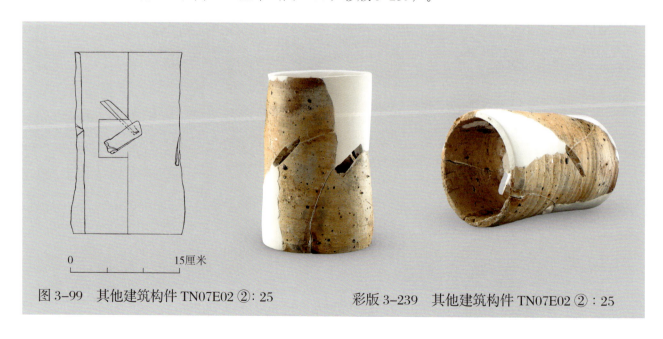

0　　　　　　　　15厘米

图 3-99　其他建筑构件 TN07E02 ② : 25　　　　彩版 3-239　其他建筑构件 TN07E02 ② : 25

二　制瓷工具

6 件。有擂钵、轴顶帽、荡箍、瓷泥窑具等。

1. 擂钵

1 件。

标本 TN07E02 ②：230，敛口，斜方唇，深弧腹，卧足。足内壁有刻槽。灰胎泛黄，胎体厚重。通体不施釉。口径 22.2、底径 11、高 12.9 厘米（图 3-100；彩版 3-240）。

图 3-100　擂钵 TN07E02 ②：230

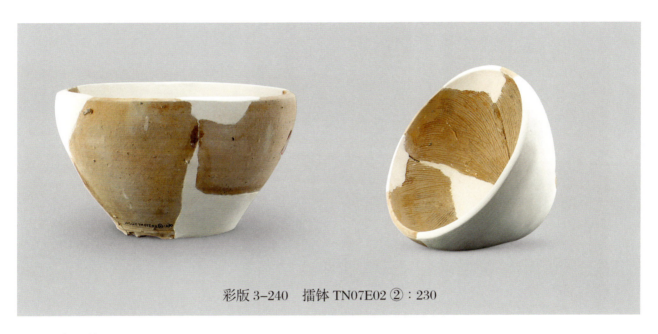

彩版 3-240　擂钵 TN07E02 ②：230

2. 轴顶帽

2 件。

标本 H3 ①：77，剖面外形为长方形，整体呈圆柱体，顶面平，底面内凹，底面中心有圆形凹坑。直径 7.3、高 3 厘米（图 3-101，1；彩版 3-241）。

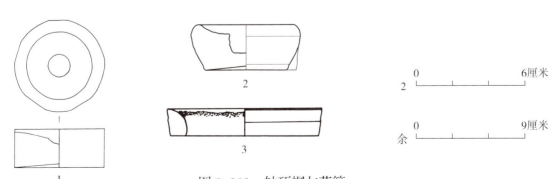

图 3-101　轴顶帽与荡箍

1.轴顶帽H3①：77　2.轴顶帽H3①：6　3.荡箍TN07E03②：205

彩版 3-241　轴顶帽 H3 ① : 77

标本 H3 ① : 6，平顶微内凹，腹壁弧，底面中心有凹坑。白胎略偏黄，面上有较多黑色颗粒，胎体坚致。口径 5.5、最大腹径 5.9、轴径 1.8、底径 5、高 2.4 厘米（图 3-101，2）。

3. 荡箍

1 件。

标本 TN07E03 ② : 205，平沿，外壁近直，内壁弧，内中空。外壁及底无釉，内壁施釉，青白釉，有积釉，有细碎开片。直径 12、高 2.2 厘米（图 3-101，3）。

4. 瓷泥窑具

2 件。

标本 TN06E03 ② : 113，棒形，上细下粗，实心，一侧有不规则凹陷，表面整体凹凸不平。胎色米黄，胎体厚重。表面不施釉，局部粘连点釉。高 7.7 厘米（图 3-102，1；彩版 3-242、3-243）。

标本 TN06E03 ② : 203，棒形，上细下粗，实心，底部有不规则形凹陷，并粘连窑渣，表面凹凸不平。胎色灰黄，坚致厚重。表面不施釉，局部粘连有釉斑。高 7.4 厘米（图 3-102，2；彩版 3-242、3-243）。

0　　　　　　　　　9厘米

图 3-102　瓷泥窑具
1.TN06E03 ② : 113　2.TN06E03 ② : 203

彩版 3-242　瓷泥窑具 TN06E03 ② : 113、TN06E03 ② : 203

彩版 3-243 瓷泥窑具 TN06E03②：203、TN06E03②：113

三 窑具

86 件。有垫钵、垫饼、垫柱、垫圈、漏斗状匣钵、支圈、火照、火照坯底等。

（一）支烧具

共 13 件。

1.垫柱

5 件。

标本 H1②：114，敛口，曲腹内收，平底，顶部内凹并粘连一圆形垫饼残片，中心有穿孔。粗瓷质，含杂质较多，因火候不足而呈砖红色，局部粘有釉滴和窑渣。顶面径 12.2、高 9.5 厘米（图 3-103，1；彩版 3-244）。

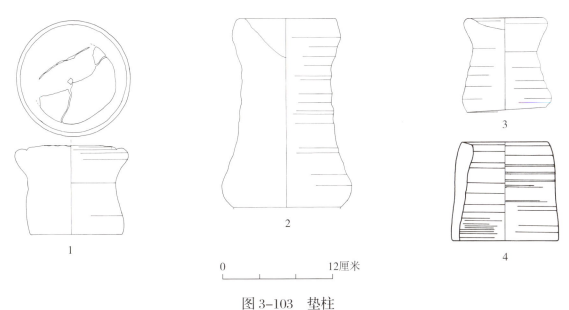

0   12厘米

图 3-103 垫柱

1.H1②：114　2.TN07E02②：16　3.TN06E02②：116　4.TN07E03①：14

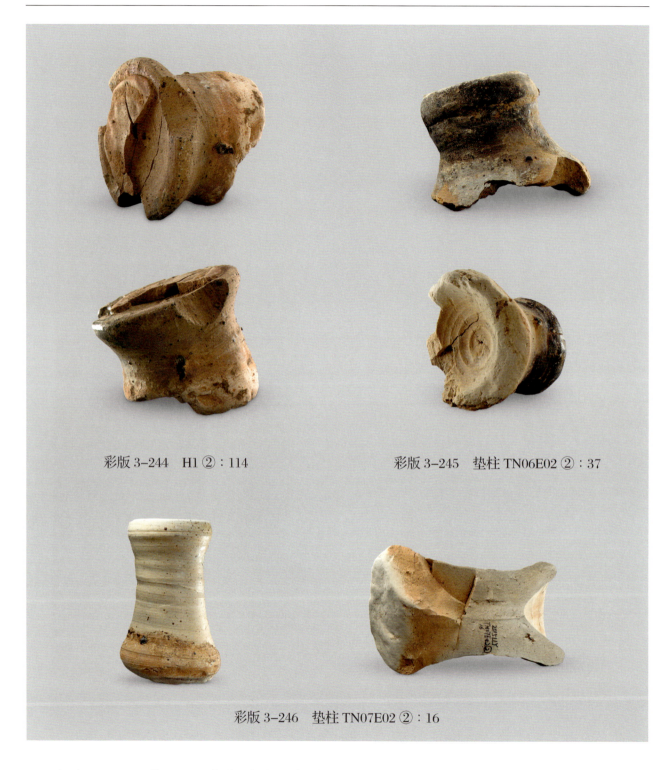

彩版 3-244　H1 ②：114　　　　　　　　彩版 3-245　垫柱 TN06E02 ②：37

彩版 3-246　垫柱 TN07E02 ②：16

　　标本 TN06E02 ②：37，平顶，腹壁呈喇叭状，圜底。青灰胎，胎质细腻，底部生烧而呈黄褐色。顶面及腹壁多有窑汗及褐斑。顶面径 8.7、高 11.4 厘米（彩版 3-245）。

　　标本 TN07E02 ②：16，圆唇，长束腰，下腹部鼓起弧收，底足因插入窑砂中而生烧，顶面为圆锥状，内腹浅而小，足实心而高。瓷胎，胎质细腻，胎色洁白，素面无釉。口径 10.6、腹径 14、底径残宽 11.6、高 20.1 厘米（图 3-103，2；彩版 3-246）。

彩版 3-247　垫柱 TN06E02 ②：116　　　　　彩版 3-248　垫柱 TN07E03 ①：14

　　标本 TN06E02 ②：116，圆唇，顶部凹弧，曲腹内收，平底。粗瓷质，生烧，局部粘连窑渣。口径 9.3、高 9.9 厘米（图 3-103，3；彩版 3-247）。

　　标本 TN07E03 ①：14，空心柱状，上细下粗，腹部近直，中部微束。瓷胎，胎色近白，含较多杂质，胎体厚重。通体不施釉，内壁可见拉坯形成的弦纹。口径 9.4、底径 11.8、高 10.4 厘米（图 3-103，4；彩版 3-248）。

2. 垫钵

　　8 件。根据造型分为三型。

　　A 型　4 件。浅钵形。

　　标本 TN06E03 ②：202，平沿，方唇，斜弧腹，平底微凹。粗瓷质，略生烧，胎呈黄褐色。口径 9.6、底径 8、高 3.2 厘米（图 3-104，1；彩版 3-249）。

　　标本 H1 ②：4，口沿及上腹部被削掉，削口整齐，弧腹，圈足。口径 9.1、底径 5.1、高 2.4 厘米（图 3-104，2）。

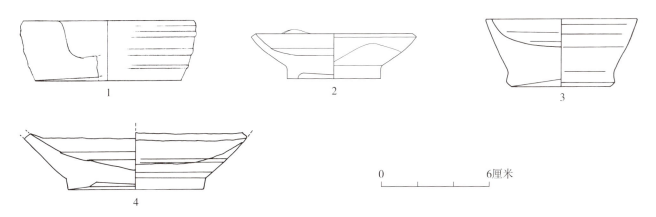

图 3-104　A 型垫钵

1.TN06E03②：202　2.H1②：4　3.TN06E02②：10　4.TN07E02②：22

彩版 3-249　A 型垫钵 TN06E03 ② : 202　　　　　彩版 3-250　A 型垫钵 TN06E02 ② : 10

标本 TN06E02 ② : 10，敞口，方唇，弧腹束收，平底内凹。灰白胎，略含砂，胎体坚致。素胎无釉。口径 8.4、底径 6、高 3.6 厘米（图 3-104，3；彩版 3-250）。

标本 TN07E02 ② : 22，碗残片，似有意切割而成。弧腹，圈足。胎色近白，胎质细腻，胎体厚重。青白釉，内底涩圈，外施釉不及底，釉层均匀光亮，玻璃质感强，有开片。外壁露胎处有跳刀痕，内底粘连少量窑渣。底径 7.4、残高 3 厘米（图 3-104，4）。

B 型　1 件。深钵形。

标本 TN07E02 ② : 23，敛口，方唇，上微鼓腹，中部偏下束腰，下腹束收，平底，肩部有数道弦纹。灰白胎，胎质细腻，胎体火候偏低。器口沿上粘有青白釉，应是垫烧时留下的。口径 17.8、腹径 18.4、底径 8.8、高 12.8 厘米（图 3-105，1；彩版 3-251）。

C 型　3 件。侧面呈 T 形。

标本 TN07E04 ① : 11，厚方唇，弧腹束收，平底微内凹，弧形顶。青灰胎，胎质细腻，胎体厚重，底部因置于窑砂中而成黄褐色粉砂状。素胎无釉。器表有褐色铁斑。顶面有垫烧痕迹。口径 15、底径 9、高 4.5 厘米（图 3-105，2；彩版 3-252）。

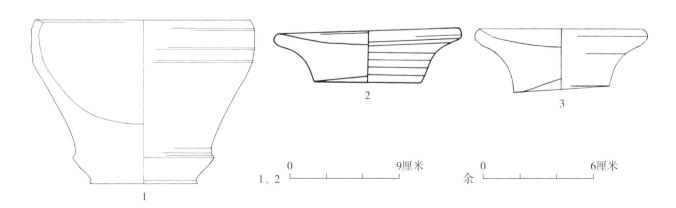

图 3-105　B、C 型垫钵
1.B 型 TN07E02 ② : 23　2.C 型 TN07E04 ① : 11　3.C 型 TN06E02 ② : 35

标本 TN06E02 ① ：172，尖圆唇，弧腹束收，平底略内凹，内底近平。青灰胎，胎体坚致。素胎无釉。内底有垫烧器物底部残片，器表局部有青白釉斑。口径 9、底径 5.3、高 2.6 厘米（彩版 3-253）。

标本 TN06E02 ② ：35，顶面弧，圆唇，弧腹束收，平底略内凹。粗瓷质，略生烧。口径 9.4、底径 5.2、高 3.3 厘米（图 3-105，3；彩版 3-254）。

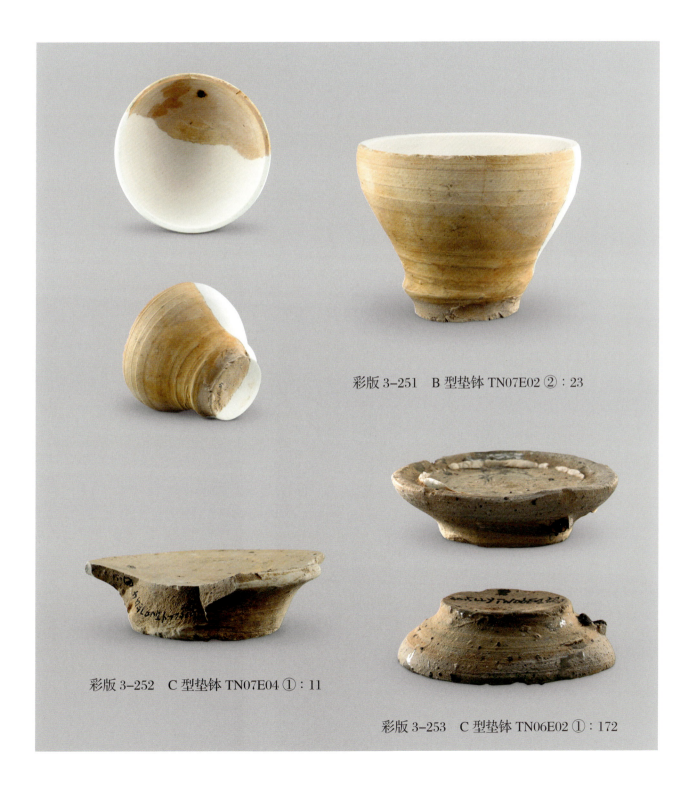

彩版 3-251　B 型垫钵 TN07E02 ② ：23

彩版 3-252　C 型垫钵 TN07E04 ① ：11

彩版 3-253　C 型垫钵 TN06E02 ① ：172

彩版 3-254　C 型垫钵 TN06E02 ② : 35

（二）间隔具

共 26 件。

1. 垫饼

20 件。根据底足及整体造型分为三型。

A 型　8 件。平底。

标本 TN07E02 ② : 5，顶面微凹，弧腹，平底微内凹。灰白胎，胎质细腻，含少量细砂，胎体坚致。素胎无釉。顶面径 10.6、底面径 9.6、高 3.4 厘米（图 3-106，1；彩版 3-255）。

标本 Y15 采 : 2，顶面平，斜直腹，底平。略生烧，白胎偏黄。素胎无釉。顶面刻一"孝"字。顶面直径 7.1、底面直径 6.4、高 3.4 厘米（图 3-106，2；彩版 3-256）。

标本 TN07E02 ② : 20，平顶，弧腹，平底内凹。胎色灰白，胎质细腻，含细砂。口径 8.7、底径 8.4、高 2.1 厘米（图 3-106，3；彩版 3-257）。

标本 TN07E03 ② : 12，平顶略内凹，斜直壁，平底略内凹。略生烧，灰黄胎。素胎无釉。顶面径 6、底面径 5.6、高 1.5 厘米（图 3-106，4；彩版 3-258）。

标本 H3 ① : 193，顶面微凹，斜直壁，平底。灰黄胎，略生烧。唇部粘有半圈青白釉。顶面径 5.3、底径 4.5、高 2.1 厘米（图 3-107，1；彩版 3-259）。

标本 TN07E04 ① : 22，顶面平，弧壁，底近平。青灰胎，胎体厚重。顶面有垫烧痕迹。顶面径 10.1、高 2.8 厘米（图 3-107，2；彩版 3-260）。

标本 TN07E02 ② : 21，平顶微内凹，弧腹，平底。表面有拉坯留下的痕迹。粗瓷质，胎色灰黄，含杂质较多，胎体厚重。素胎无釉，局部粘连窑渣和釉斑。顶面径 8.6、底径 8、高 2.7 厘米（图 3-107，3；彩版 3-261）。

标本 TN06E02 ② : 117，顶面微内凹，外沿斜削一周，腹壁微束，平底微内凹。灰白胎，粗瓷质。顶部有垫烧痕，局部粘釉，外壁有拉坯形成的弦纹。顶面径 6.4、底径 6.6、高 2.7 厘米（图 3-107，4；彩版 3-262）。

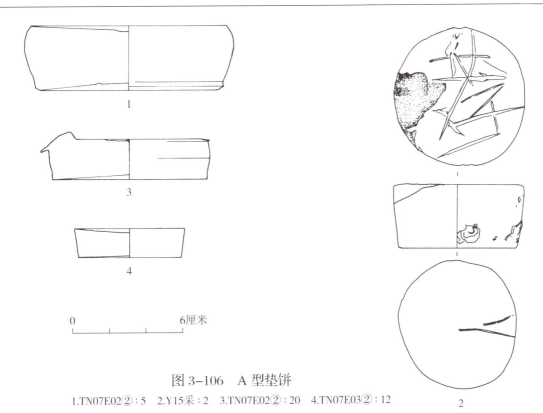

图 3-106 A 型垫饼

1.TN07E02②：5 2.Y15采：2 3.TN07E02②：20 4.TN07E03②：12

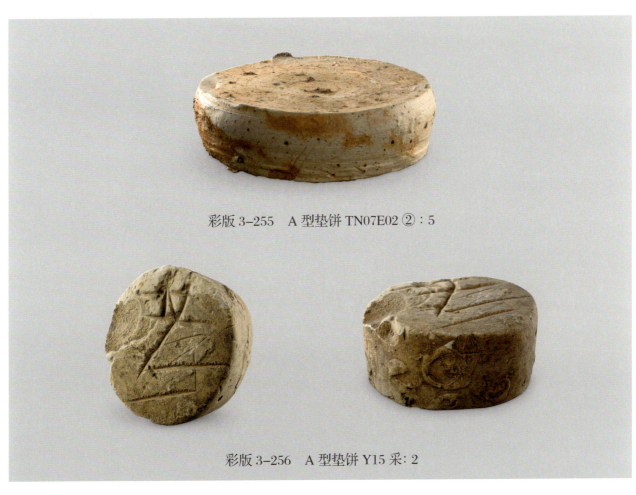

彩版 3-255 A 型垫饼 TN07E02 ②：5

彩版 3-256 A 型垫饼 Y15 采：2

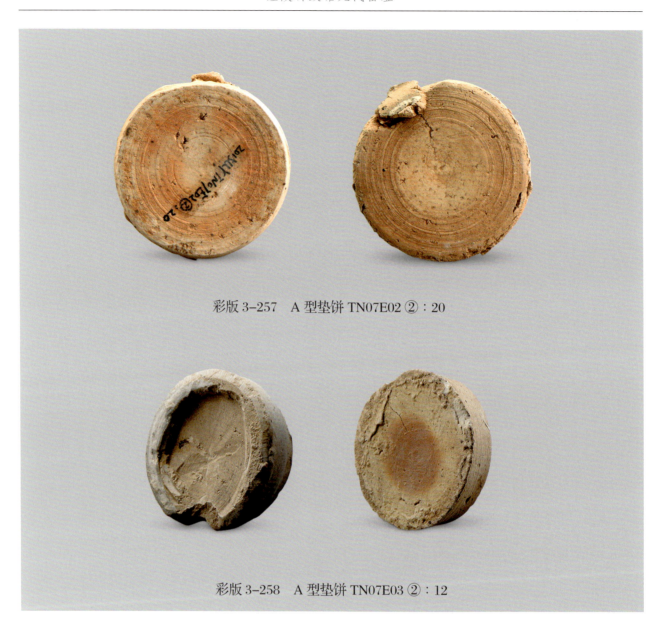

彩版 3-257　A 型垫饼 TN07E02 ② : 20

彩版 3-258　A 型垫饼 TN07E03 ② : 12

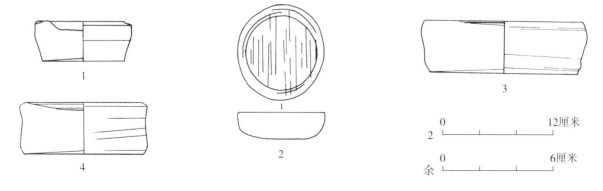

图 3-107　A 型垫饼

1.H3① : 193　2.TN07E04① : 22　3.TN07E02② : 21　4.TN06E02② : 117

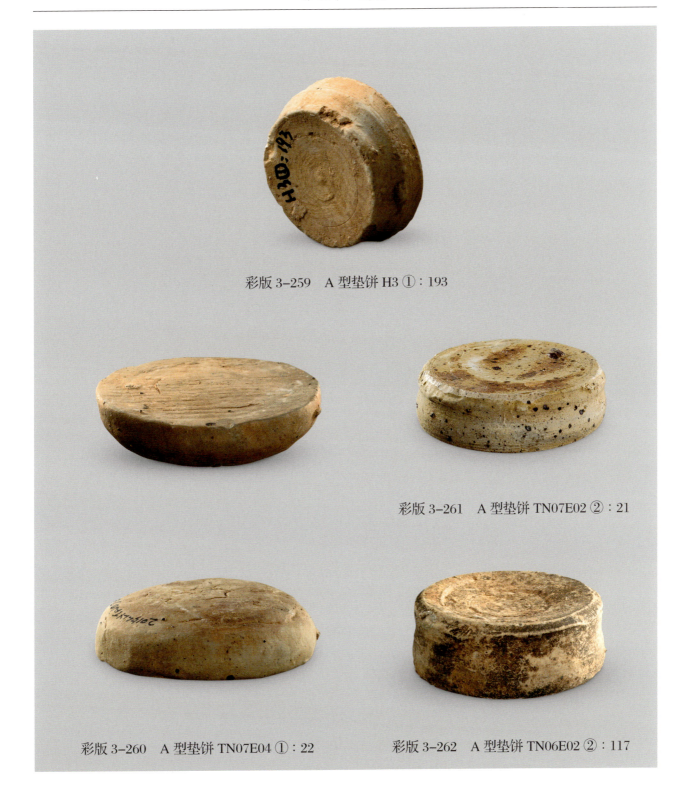

彩版 3-259 A 型垫饼 H3 ① ：193

彩版 3-261 A 型垫饼 TN07E02 ② ：21

彩版 3-260 A 型垫饼 TN07E04 ① ：22

彩版 3-262 A 型垫饼 TN06E02 ② ：117

B 型 7 件。圈足。

标本 TN07E03 ② ：49，由碗底加工而成。平顶略内凹，圈足。灰白胎，胎质细腻。顶面将釉刮去，局部仍有青白釉残留，顶面有器底叠烧痕迹。顶面径 8、底径 7.6、高 1.4 厘米（图 3-108，1；彩版 3-263）。

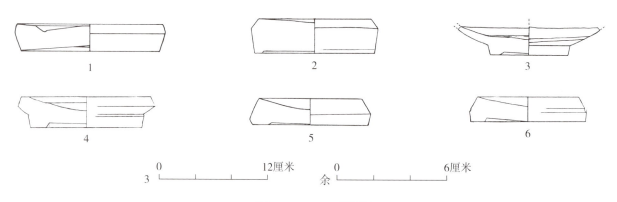

图 3-108　B 型垫饼

1.TN07E03②：49　2.TN06E03②：335　3.TN06E03②：597　4.TN06E03②：108　5.TN06E03①：10　6.TN06E03②：152

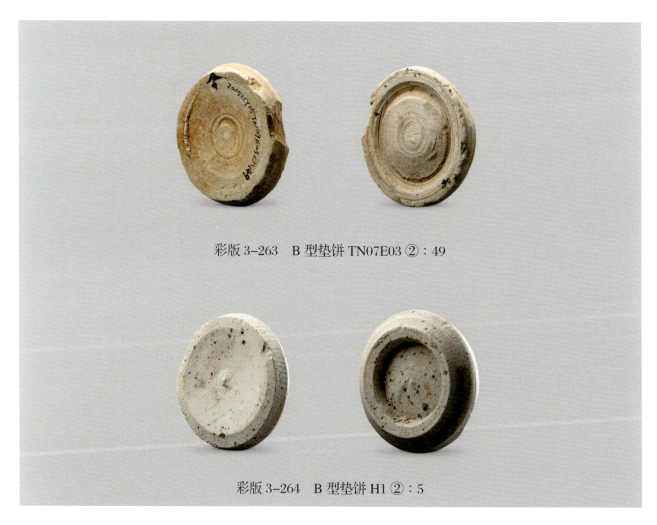

彩版 3-263　B 型垫饼 TN07E03 ②：49

彩版 3-264　B 型垫饼 H1 ②：5

　　标本 H1 ②：5，顶部微内凹，平唇，弧腹，圈足。胎色洁白，含少量细砂，胎体坚致。素胎无釉。口径 7.1、底径 5.8、高 1.9 厘米（彩版 3-264）。

　　标本 TN06E03 ②：335，由圈足器底修整而成，平顶内凹，上缘斜削一周。白胎，胎质坚致，有少量气孔和杂质。素胎无釉，顶面局部有垫烧留下的釉斑。顶面径 6.2、底面径 6.6、高 1.8 厘米（图 3-108，2）。

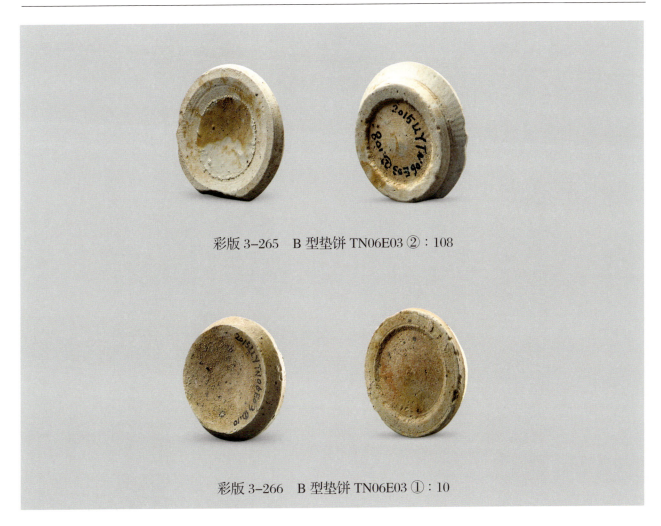

彩版 3-265　B 型垫饼 TN06E03 ②：108

彩版 3-266　B 型垫饼 TN06E03 ①：10

标本 TN06E03 ②：597，由圈足器底修整而成，断口整齐，斜弧腹，圈足。胎色偏黄，胎体厚重。外壁可见两层釉，下面一层青白，上面一层青釉，匀净，有细碎开片，内底涩圈，外施釉至圈足。露胎处可见跳刀痕，内底有粘连叠烧痕。底径 8.4、残高 3 厘米（图 3-108，3）。

标本 TN06E03 ②：108，由器底修整而成，近圈足处斜削一周，顶面凹弧，圈足。胎色近白，胎质细腻，胎体厚重。内底圆形釉圈，青白色，其他部位无釉。底径 6.1、高 1.6 厘米（图 3-108，4；彩版 3-265）。

标本 TN06E03 ①：10，由器底修整而成，顶面凹弧，圈足挖足较浅。灰白胎，局部呈红褐色，胎体坚致。素胎无釉，局部有青白釉斑。顶面径 5.5、底面径 6.6、高 1.4 厘米（图 3-108，5；彩版 3-266）。

标本 TN06E03 ②：152，由器底修整而成。顶部微凹，边缘斜削一周，直壁，圈足。瓷质，胎体厚重。素胎无釉，局部粘连釉斑。口径 5.5、底径 6.3、高 1.3 厘米（图 3-108，6）。

C 型　5 件。不规则形。

标本 TN07E04 ②：198，造型较随意，下部呈圆弧底，似碗盘之类器物的底部压印而成，上部形状不规则，顶部有手指捏印痕。灰白胎，顶面有垫烧痕。最大径 10.1、高 1.6 厘米（图 3-109，1；彩版 3-267）。

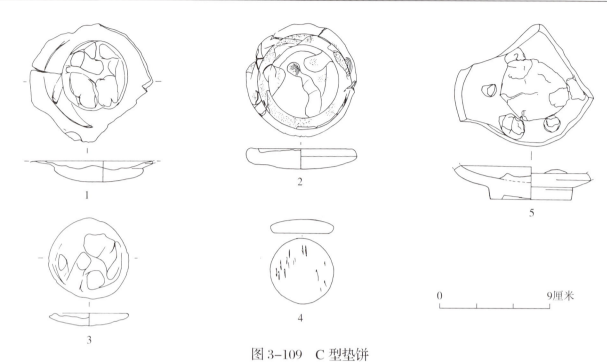

图 3-109　C 型垫饼

1.TN07E04②：198　　2.H3①：194　　3.TN06E02②：150　　4.TN07E02②：226　　5.TN07E04①：5

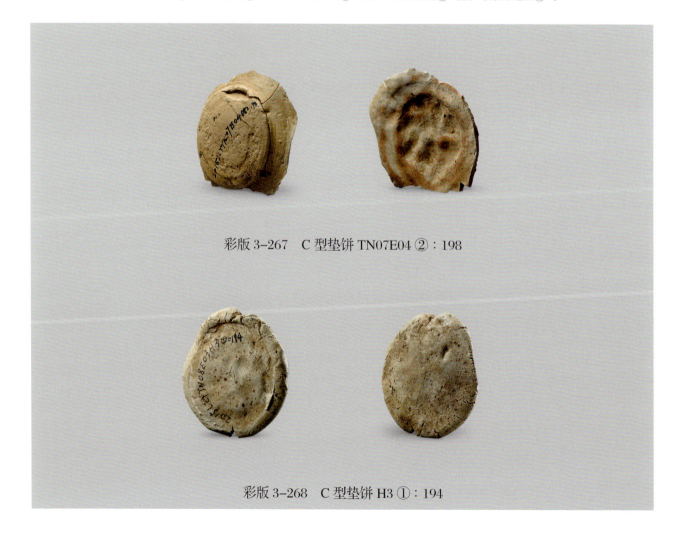

彩版 3-267　C 型垫饼 TN07E04 ②：198

彩版 3-268　C 型垫饼 H3 ①：194

标本 H3①：194，近圆形，手工捏制，造型较为随意，顶面和底面均有手指捏印痕，顶面凹凸不平，有叠烧器物底足的痕迹。灰白胎，胎质坚硬，含有较多杂质，多有裂痕。素胎无釉，但局部有少量釉斑。最大径 9.1、厚 1.7 厘米（图 3-109，2；彩版 3-268）。

标本 TN06E02②：150，圆饼形，捏制而成，顶面凹陷，表面有明显的指痕和指纹。瓷质，胎色偏白。通体无釉。最大径 6.4、厚 1 厘米（图 3-109，3；彩版 3-269）。

标本 TN07E02②：226，圆饼状，捏制而成，边缘圆钝，表面布满指纹痕，局部有指甲印痕。瓷质，胎色偏黄，胎体坚硬。面径 5.2、厚 1.1 厘米（图 3-109，4；彩版 3-270）。

标本 TN07E04①：5，斜弧腹，圈足，足心略外凸。白胎，胎质细腻，胎体坚致，胎体厚重。青白釉，内满釉，外施釉不及底，釉层均匀莹润，无开片。内底粘连瓷质泥点 5 个，中间为一瓷质垫饼，足底粘连釉斑。底径 6.6、残高 2.6 厘米（图 3-109，5；彩版 3-271）。

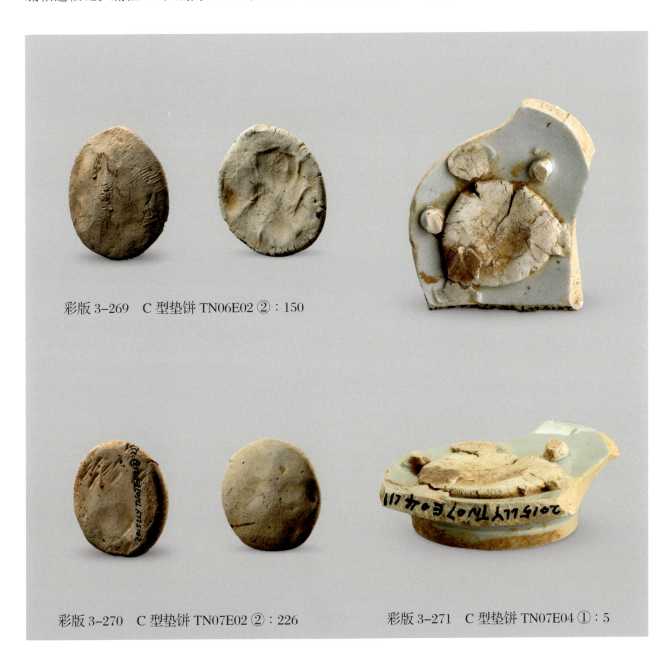

彩版 3-269　C 型垫饼 TN06E02②：150

彩版 3-270　C 型垫饼 TN07E02②：226

彩版 3-271　C 型垫饼 TN07E04①：5

2. 垫圈

6件。根据造型可分两型。

A型　5件。直壁筒形，由空心柱体切割而成，腹壁规整。

标本TN07E02②：158，瓷质，胎色灰白。表面不施釉，外壁稍平整，可见跳刀痕。顶面径6.8、高2.8厘米（图3-110，1；彩版3-272）。

标本TN07E03②：179，顶面平，底面微斜，外腹壁较直，内中空。瓷质，胎色偏黄。通体不施釉。外顶面径5.4、外底面径5.6、内径4、高1.9厘米（图3-110，2；彩版3-273）。

标本TN07E03②：11，顶面平，弧腹，底面内凹，中空。灰胎，胎质粗，胎体厚重。表面不施釉，局部粘连釉斑，顶面粘连一器底，斜腹，饼足，白胎，青白釉。顶面径5.8、底面径6、通高4厘米（图3-110，3；彩版3-274）。

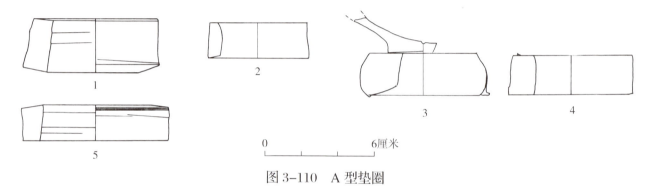

图3-110　A型垫圈

1.TN07E02②：158　2.TN07E03②：179　3.TN07E03②：11　4.TN07E03②：73　5.TN07E02②：289

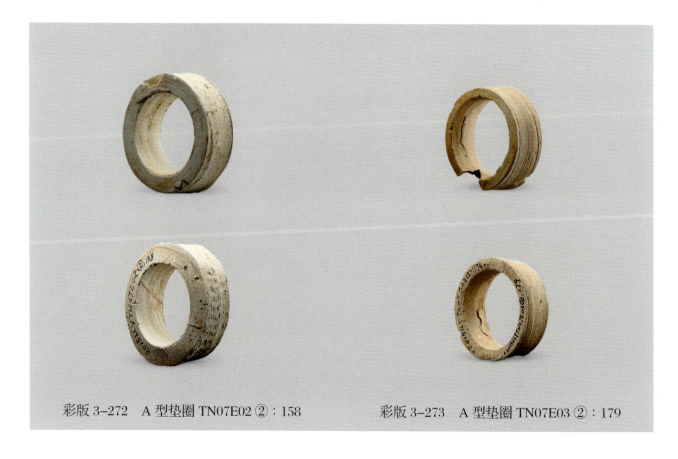

彩版3-272　A型垫圈 TN07E02②：158　　　　彩版3-273　A型垫圈 TN07E03②：179

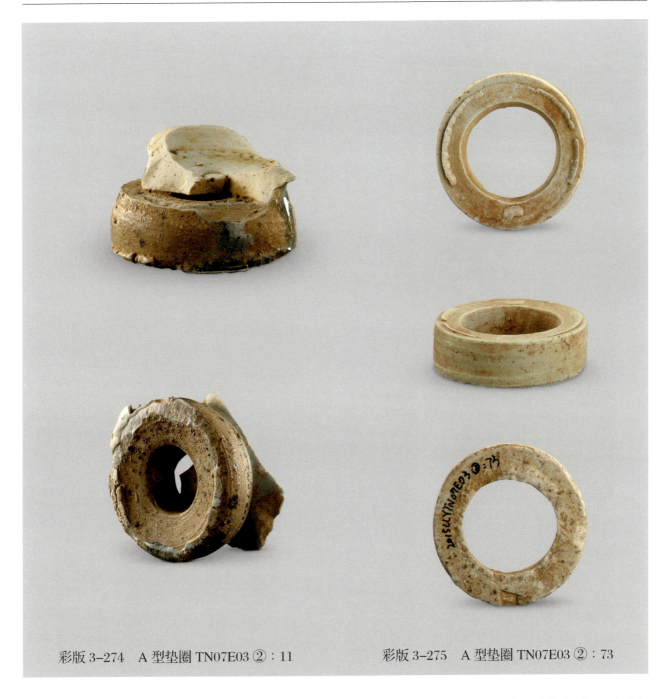

彩版 3-274 A 型垫圈 TN07E03 ② : 11　　　　彩版 3-275 A 型垫圈 TN07E03 ② : 73

标本 TN07E03 ② : 73，直壁筒形，顶面平，腹壁斜直，平底，中空。白胎，胎体坚致。顶面有垫烧痕迹。口径 6.8、高 2.2 厘米（图 3-110，4；彩版 3-275）。

标本 TN07E02 ② : 289，顶面斜平，腹壁直，平底，中空。瓷质，白胎泛黄，胎体坚致。表面不施釉。口径 8、高 1.9 厘米（图 3-110，5）。

B 型　1 件。台形。

标本 TN06E03 ① : 1，台形，上大下小，平顶，斜直腹，底部挖足较深，足端尖锐，中空。瓷质，灰白胎，胎质细腻。素胎无釉。顶面有垫烧痕并粘釉。上径 9.6、底径 7.6、高 2.3 厘米（图 3-111；彩版 3-276）。

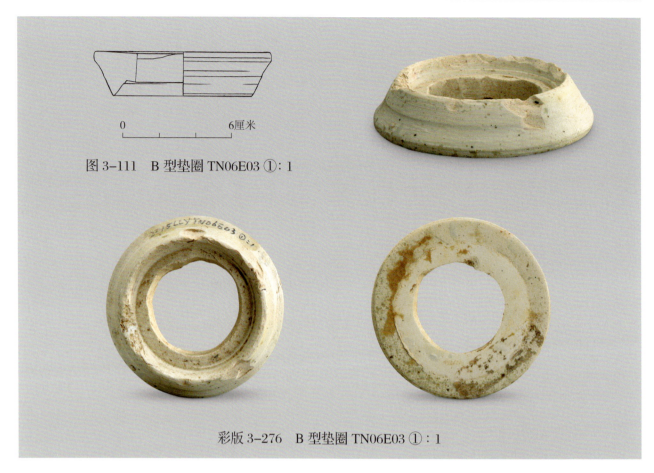

图 3-111　B 型垫圈 TN06E03 ①：1

彩版 3-276　B 型垫圈 TN06E03 ①：1

（三）装烧具

共 15 件。

1.漏斗状匣钵

3 件。数量极少。

标本 TN07E04 ②：82，直口，方唇，深腹，上腹近直，下腹斜折收，小平底。器表及内壁有拉坯形成的痕迹。上腹部胎色呈紫褐色，下腹部呈青灰色，胎体粗疏。器内底置砂，内壁有装烧器物口沿的残片。素胎无釉，但器外壁及内底均有落灰釉。口径 11.5、底径 4.4、高 10.3 厘米（图 3-112，1；彩版 3-277）。

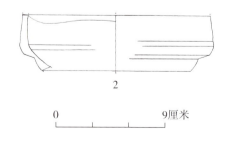

图 3-112　漏斗状匣钵

1.TN07E04②：82　2.TN06E02②：240　3.TN06E02②：25

标本 TN06E02 ②：240，口残，上腹近直，下腹折弧收，底残。紫褐胎，胎体粗疏。素胎无釉。腹径 16、残高 4.4 厘米（图 3-112，2）。

标本 TN06E02 ②：25，直口微敞，方唇，腹壁近直，近底折收，底略残。深灰胎，胎质粗，含较多杂质。通体素胎无釉。外壁可见拉坯形成的弦纹，内底粘连釉斑。口径 8.9、残高 9 厘米（图 3-112，3）。

彩版 3-277　漏斗状匣钵 TN07E04 ②：82

2. 支圈组合

11 件。

标本 Y15 采：3，垫钵与支圈组合，底部垫钵宽平沿，厚方唇，敛口，斜弧腹，凹圜底。垫钵上存一层支圈，支圈呈台阶状，用于放置芒口器物口沿。生烧，胎呈黄褐色，素胎无釉。支圈口径 10.9、垫钵底径 7.2、通高 7 厘米（图 3-113，1；彩版 3-278）。

标本 TN06E02 ②：151，钵形，敛口，厚方唇，弧腹，平底内凹。内壁可见拉坯形成的弦纹，外壁有粘连痕迹。粗瓷质，胎体厚重，生烧，略变形。口径 12.4、底径 7.4、高 4.9 厘米（图 3-113，2；彩版 3-279）。

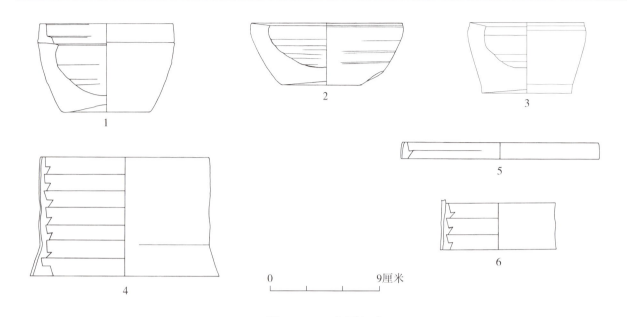

图 3-113　支圈组合

1.Y15采：3　2.TN06E02②：151　3.H3②：3　4.TN07E04②：326　5.TN07E04②：347　6.TN07E04②：103

彩版 3-278　支圈组合 Y15 采：3

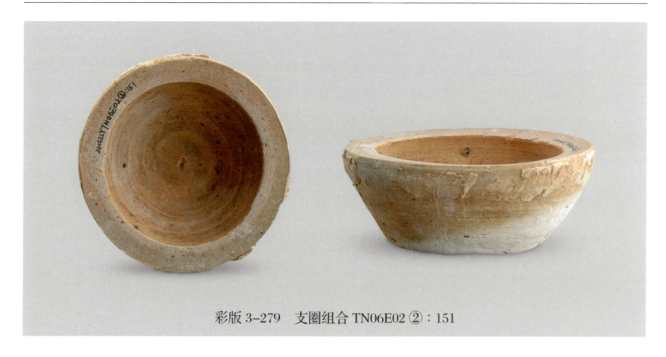

彩版3-279　支圈组合 TN06E02②：151

标本H3②：3，钵形，敛口，厚方唇，外腹壁弧，平底内凹。粗砂胎，胎体厚重。素胎无釉。口径9.3、底径7.3、高5.6厘米（图3-113，3）。

标本TN07E04②：326，7个支圈叠摞，外壁抹瓷泥一层用于粘结固定密封。整体呈筒状，外壁近直，底部外撇，内侧形成7个凹槽，用于承接覆烧器物口沿，平底，每层支圈呈"L"形。灰白胎，胎质细腻，素胎无釉，外壁可见拼接痕，内壁底层和顶层支圈可见瓷泥接缝处，外壁局部有酱釉斑。口径15.5、残高9.4、外壁瓷泥厚约0.2厘米（图3-113，4；彩版3-280）。

标本TN07E04②：323，4层支圈连在一起，大小相近。外抹瓷泥用于固定形成整体，瓷泥表面多有裂纹。呈筒状，外壁近直。灰白胎，胎质细腻，胎体坚硬。素胎无釉，每层支圈均有瓷泥点粘连，支圈断面呈"L"形。直径16.6、残高6、支圈外瓷泥厚约0.2厘米（彩版3-281）。

标本TN07E04②：347，仅存1层，断面呈"L"形，外腹壁抹一层瓷泥。灰白胎，素胎无釉。口径16、高1.3厘米（图3-113，5）。

标本TN07E04②：103，存3层，每层断面呈"L"形，外腹壁抹一层瓷泥。灰白胎，素胎无釉。口径9.5、高4厘米（图3-113，6）。

标本TN07E04②：160，3件叠摞，外侧抹瓷泥1层用于固定，外壁呈弧形，每层断面呈"L"形。瓷质，胎色偏黄。外壁有釉斑。口径17.2、高5.3厘米（图3-114，1）。

标本TN07E04②：251，2个支圈叠摞，上面1件下部向内斜削，下面1件下部向外斜削，2件叠放，外侧抹瓷泥一层用于固定，每层断面呈"L"形，其中下面一件底部较宽厚。瓷质，灰白胎。素胎无釉。口径14.6、高3.2厘米（图3-114，2）。

标本TN07E04②：156，仅存1层外壁斜直，断面呈"L"形。瓷质，灰胎，胎体坚致。素胎无釉。口径16.4、高1.6厘米（图3-114，3）。

标本TN07E04②：324，2层垫圈叠摞，上面1件断面呈"L"形凹槽。瓷质，胎色偏白。素胎无釉。口径17.4、高2.9厘米（图3-114，4）。

彩版 3-280　支圈组合 TN07E04 ② : 326　　　　彩版 3-281　支圈组合 TN07E04 ② : 323

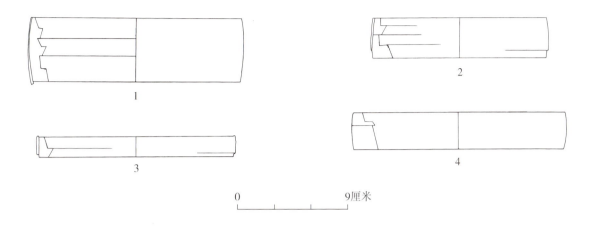

图 3-114　支圈组合
1.TN07E04②:160　2.TN07E04②:251　3.TN07E04②:156　4.TN07E04②:324

3. 匣钵盖

1 件。

标本 TN06E02 ②:93，饼形，捏制而成，顶面平凹，底面弧凸，厚薄不一，边缘不太规整，留有指窝和指纹。灰胎，含杂质较多，胎体坚致，素胎无釉。上底有垫烧留下的釉块。直径 14、厚 1.6厘米（图 3-115；彩版 3-282）。

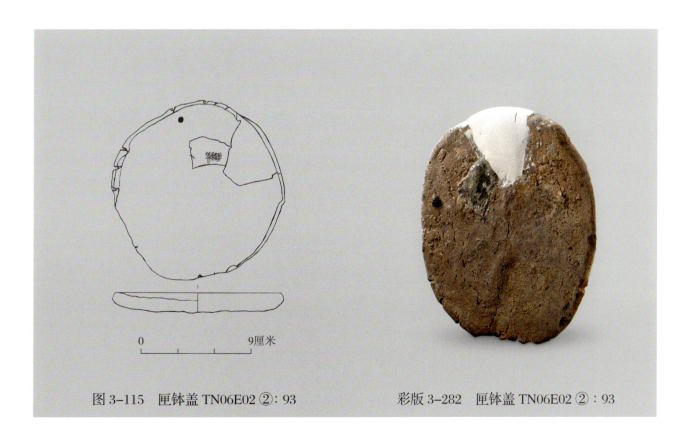

图 3-115　匣钵盖 TN06E02 ②:93　　　彩版 3-282　匣钵盖 TN06E02 ②:93

（四）测温具

共 31 件。

1. 火照

28 件。均为梯形，上宽下窄，中间偏上部挖一圆形钩孔。

标本 TN06E02 ②：298，梯形，上宽下窄，中上部挖一圆形钩孔。钩孔下刻"乙"字。长 5.7、宽 2.1～3.5、厚 0.35～0.45 厘米（彩版 3-283）。

标本 TN07E04 ②：233，梯形，上宽下窄，敞口，圆唇，斜直壁，两侧及底部有由内向外切割痕。口沿下方有圆形钩孔。青白胎，胎质细腻。青白釉，釉色莹润有光泽，有缩釉，表面斑驳不平。内壁圆孔下方刻一倒置的"7"。长 5.4、宽 2.1～3.3、厚 0.3～0.45 厘米（彩版 3-284）。

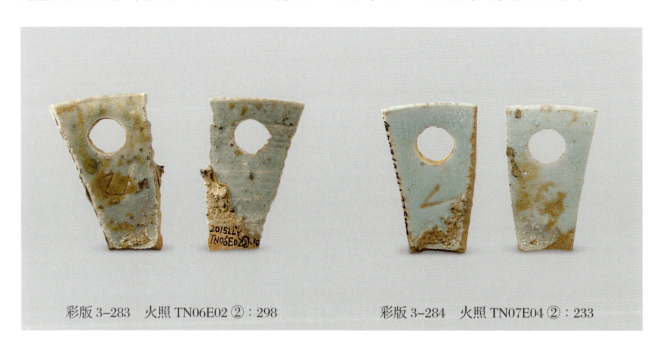

彩版 3-283　火照 TN06E02 ②：298　　　　彩版 3-284　火照 TN07E04 ②：233

标本 TN06E02 ②：28，敞口，圆唇，弧腹。上宽下窄，两侧及底部有由内向外的切割痕。口沿下方有圆形挖孔，其下刻一"乙"字。青白胎，胎质细腻。青白釉，内壁釉色莹润有光泽，外壁多缩釉，表面斑驳不平，有落渣。长 5.7、宽 1.8～3.2、厚 0.3～0.5 厘米（图 3-116，1；彩版 3-285）。

标本 TN06E03 ②：456，敞口，圆唇，弧腹。上宽下窄，两侧及底部有由内向外的切割痕。口沿下方有圆形挖孔，其下刻"1"字。青白胎。青白釉，釉色莹润有光泽，有缩釉，表面斑驳不平，有开片。长 5.6、宽 1.7～2.9、厚 0.35～0.45 厘米（彩版 3-286）。

标本 H3 ①：267，梯形，上宽下窄，折沿，圆唇，两侧及底部由内向外切割，口沿下方有圆形钩孔。青白胎，胎质细腻。青白釉，釉色莹润，有缩釉，斑驳不平。内外表面粘有窑渣。长 5.5、宽 2.2～3.9、厚 0.4～0.45 厘米（彩版 3-287）。

标本 TN06E02 ②：115，敞口，圆唇，梯形，上宽下窄。口沿下有圆形挖孔，其下刻一"7"字。

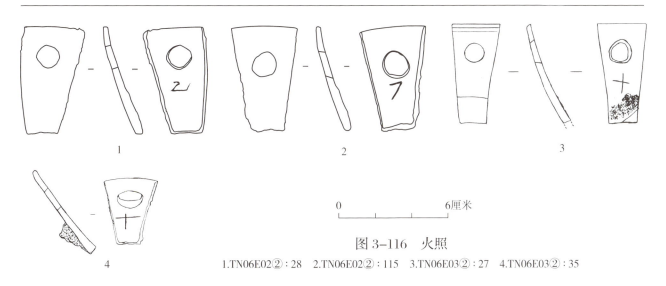

图 3-116 火照

1.TN06E02②：28 2.TN06E02②：115 3.TN06E03②：27 4.TN06E03②：35

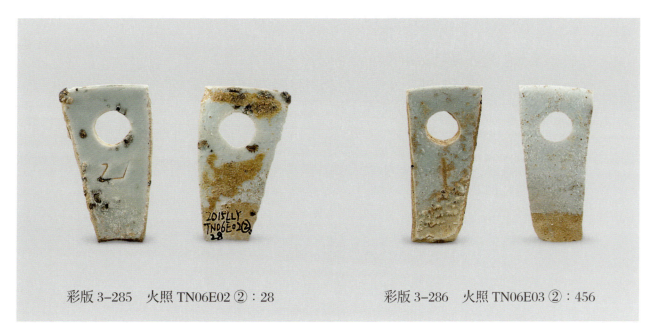

彩版 3-285 火照 TN06E02 ②：28 　　　彩版 3-286 火照 TN06E03 ②：456

青白胎，胎体轻薄，胎质细腻，底部因生烧而呈黄褐色。青白釉，釉层薄而均匀，局部粘有窑渣及褐色铁斑。长 5.6、宽 1.9 ～ 3.6、厚 0.3 厘米（图 3-116，2；彩版 3-288）。

标本 TN06E02 ②：8，敞口，圆唇，弧腹，梯形，上宽下窄。口沿下有圆形挖孔，其下刻一"乙"字。青白胎，胎质细腻，胎体轻薄，底部因生烧呈灰褐色。青白釉，釉层均匀，有缩釉，多粘有窑渣和褐色铁斑。长 5.6、宽 1.8 ～ 3、厚 0.35 厘米（彩版 3-289）。

标本 TN06E03 ②：27，梯形，敞口，方唇，弧腹，两侧及底部由内向外切割，上部由内向外旋削挖孔。胎色灰白。釉色青白，内外施釉不及底，釉层有开片和气孔。内侧圆孔下方刻"十"字，底部粘连窑渣。长 5.6、宽 1.8 ～ 2.6、厚 0.3 ～ 0.45 厘米（图 3-116，3；彩版 3-290）。

标本 TN06E03 ②：35，敞口，圆唇，斜直壁，上宽下窄，两侧及底部由内向外切割而成，上方由内向外旋削挖孔。灰白胎。青白釉，内外施釉均到底，釉中混入大量杂质，内壁圆孔下方刻"十"字，外壁下方粘连窑渣。长 5.4、宽 1.4 ～ 2.8、厚 0.35 厘米（图 3-116，4；彩版 3-291）。

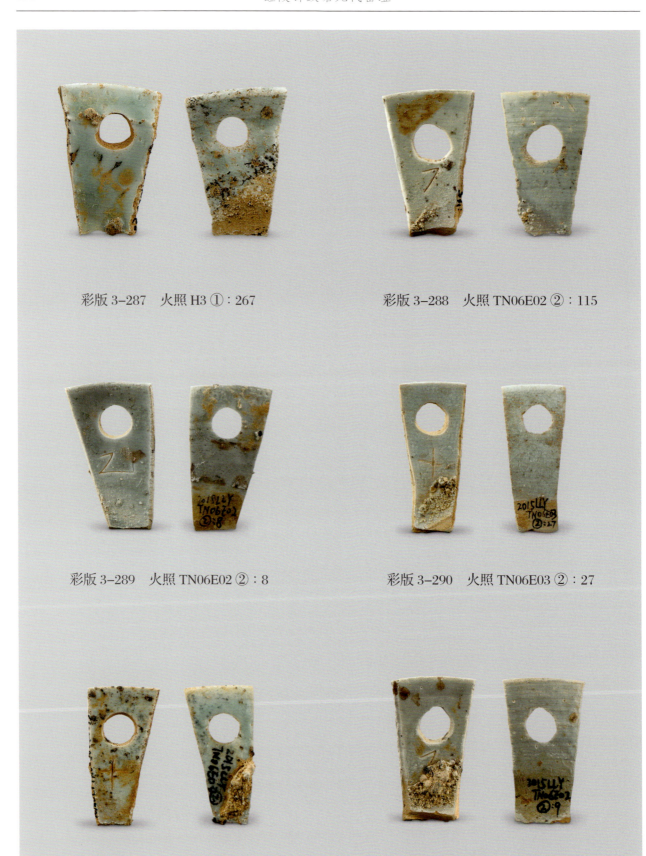

彩版 3-287　火照 H3 ① : 267　　　　　　　　彩版 3-288　火照 TN06E02 ② : 115

彩版 3-289　火照 TN06E02 ② : 8　　　　　　　彩版 3-290　火照 TN06E03 ② : 27

彩版 3-291　火照 TN06E03 ② : 35　　　　　　　彩版 3-292　火照 TN06E02 ② : 9

标本 TN06E02 ②：9，敞口，尖圆唇，深弧腹。上宽下窄，两侧及底部有由内向外的切割痕。口沿下有圆形钩孔，其下刻一"乙"字。青灰胎，胎质细腻，底部因置于窑砂中生烧而呈黄褐色。青白釉，釉层薄。内侧底部粘有较多窑渣。长 5.6、宽 2.4～3.4、厚 0.3～0.55 厘米（彩版 3-292）。

标本 TN06E03 ②：24，敞口，圆唇，弧腹，梯形，上宽下窄，两侧及底部有由内向外的切割痕，口沿下有一圆形钩孔。青白胎，胎质细腻。青白釉，釉色莹润有光泽，底部粘有窑砂。长 6.4、宽 2.7～3.1、厚 0.35～0.65 厘米（彩版 3-293）。

标本 TN06E03 ②：248，敞口，尖圆唇，两侧及底部有由内向外的切割痕，上部有圆孔，由内向外顺时针旋削而成。青白胎，胎质细腻，胎体坚硬。青白釉，釉面有较多气孔。外壁釉下刻莲瓣纹。长 6.5、宽 1.9～3.1、厚 0.35～0.8 厘米（图 3-117，1；彩版 3-294）。

标本 TN06E03 ②：392，敞口，圆唇，深弧腹，梯形，上宽下窄。两侧有由内向外的切割痕，口沿下有一圆形钩孔。青白胎，胎质细腻。青白釉，釉色莹润有光泽，多有缩釉。底部因插入窑砂而粘有较多窑渣。长 7.2、宽 2.2～3.6、厚 0.3～0.6 厘米（彩版 3-295）。

标本 TN06E03 ①：13，敞口，圆唇，斜弧腹，两侧及底部由内向外切割而成，边缘较粗糙，上宽下窄。由内向外旋削挖孔。灰胎坚致。青灰釉，玻璃质感强，内壁下方有刻划符号。内壁及外壁上方有褐斑，底部粘连窑渣。长 4.8、宽 2.8～3.7、厚 0.35～0.6 厘米（图 3-117，2；彩版 3-296）。

标本 TN06E03 ②：336，敞口，圆唇，斜弧腹。两侧及底部有由内向外的切割痕，上部有圆孔，系由内向外顺时针旋削而成。青白胎，胎质细腻。青白釉，内外满釉，外壁近底处粘有窑砂。外壁上腹部刻一道弦纹，下刻莲瓣纹。长 6.5、宽 2～3.8、厚 0.3～0.7 厘米（图 3-117，3；彩版 3-297）。

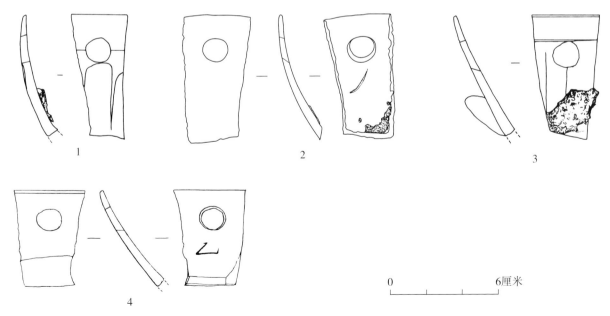

0　　　　　6厘米

图 3-117　火照

1.TN06E03②：248　2.TN06E03①：13　3.TN06E03②：336　4.TN06E03②：33

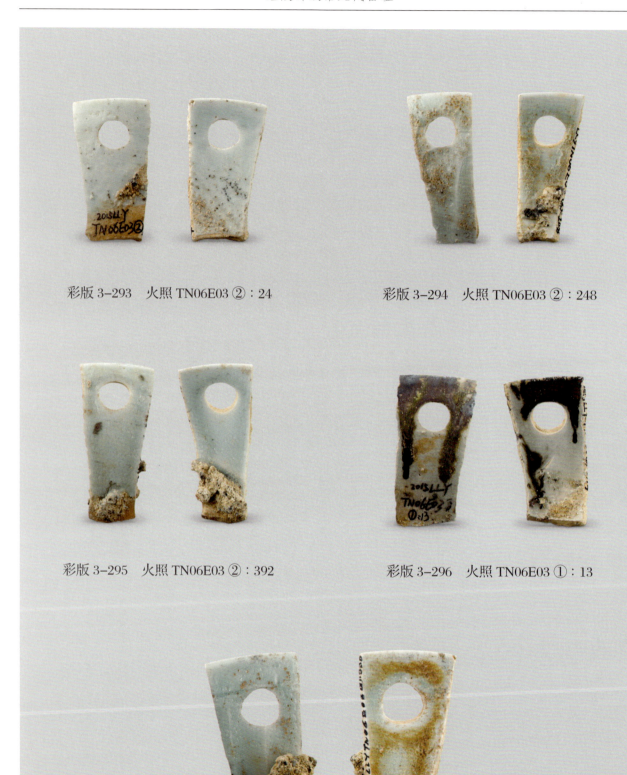

彩版 3-293　火照 TN06E03 ② : 24

彩版 3-294　火照 TN06E03 ② : 248

彩版 3-295　火照 TN06E03 ② : 392

彩版 3-296　火照 TN06E03 ① : 13

彩版 3-297　火照 TN06E03 ② : 336

标本 TN07E04 ①：68，斜折沿，圆唇，弧腹，上宽下窄。两侧及底部有由内向外的切割痕，折沿下有一圆形挖孔。青白胎，胎质细腻。青白釉，内壁釉色莹润有光泽，有开片，外壁多有缩釉，底部因插入窑砂中生烧而呈黄褐色。长 6.7、宽 2.1～3.7、厚 0.45～0.75 厘米（彩版 3-298）。

标本 TN07E04 ②：209，敞口，圆唇，深弧腹，上宽下窄。两侧及底部有由内向外的切割痕，口沿下有圆形挖孔，其下刻一"乙"字。青白胎，胎质细腻。青白釉，釉色莹润有光泽，多有缩釉。底部因插入窑砂中生烧而胎釉呈黄褐色。长 7、宽 1.7～3.4、厚 0.35～0.7 厘米（彩版 3-299）。

标本 TN06E03 ②：33，梯形，敞口，圆唇，斜直腹，两侧及底部由内向外切割，上方由内向外旋削挖孔。因火候不足胎成红色。釉色青灰，有开片，斑驳不平，内外施釉不及底，内侧圆孔下方刻"乙"字，釉上粘连大量窑渣等杂质。长 5、宽 2.4～3.9、厚 0.3～0.6 厘米（图 3-117，4；彩版 3-300）。

标本 H3 ①：251，敞口，尖圆唇，斜弧腹，上宽下窄。两侧及底部有由内向外的切割痕，口沿下有一圆形挖孔，其下刻一"乙"字。青白胎，胎质细腻。青白釉，外壁釉色黯淡无光泽，内壁釉色光亮，多有缩釉，局部有褐色铁斑。长 6.8、宽 1.75～3.5、厚 0.3～0.65 厘米（彩版 3-301）。

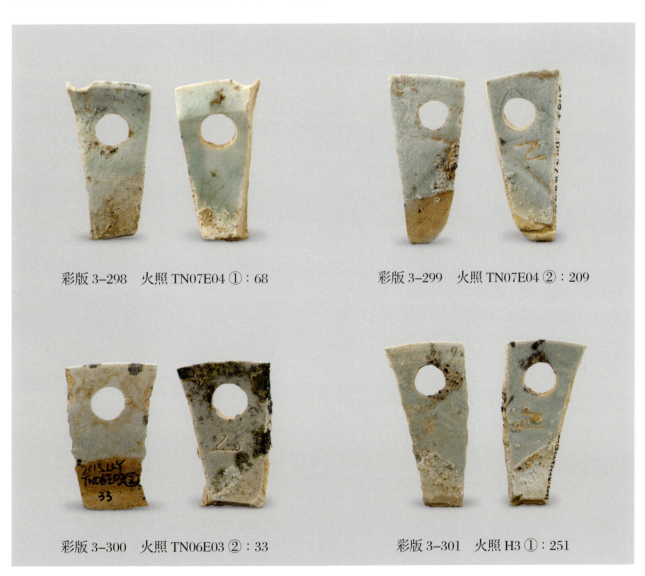

彩版 3-298　火照 TN07E04 ①：68　　　　彩版 3-299　火照 TN07E04 ②：209

彩版 3-300　火照 TN06E03 ②：33　　　　彩版 3-301　火照 H3 ①：251

标本 TN06E03②:36,敞口,圆唇,斜弧腹,两侧及底部由内向外切割而成,边缘粗糙,上宽下窄,上方由内向外旋削挖孔。上部灰釉,下部胎色因火候不足而呈红色。青白釉,内外施釉均不及底,表面有较多气泡,内壁有细碎开片,圆孔下方刻"乙"字,局部粘连窑渣。长 4.6、宽 2~4、厚 0.35~0.4.5 厘米(图 3-118,1;彩版 3-302)。

标本 TN06E03①:233,梯形,敞口,圆唇,斜直腹,上宽下窄。两侧及底部有由内向外的切割痕,口沿下有一圆孔,其下刻一"甲"字。青白胎,胎质细腻。青釉偏灰,釉色莹润有光泽,局部有缩釉,有开片。底部因插入窑砂粘有窑渣。长 6.2、宽 2.2~3.6、厚 0.3~0.55 厘米(彩版 3-303)。

标本 H3①:252,梯形,上宽下窄,中上部挖一圆形孔。施青白釉,侧面和底面均有切割痕迹,下部粘有少量窑砂。长 5.8、宽 1.91~4、厚 0.3~0.7 厘米(彩版 3-304)。

标本 H3①:253,梯形,敞口,尖圆唇,弧腹,上宽下窄。两侧及底部有由内向外的切割痕,口沿下有一圆孔,内壁其下斜刻两道弦纹,外壁其下刻一"6"字。青灰胎,底部因生烧呈黄色。青灰釉,釉层薄而均匀。上部略残。长 6.6、宽 2.2~2.6、厚 0.3~0.75 厘米(彩版 3-305)。

标本 TN07E04①:21,梯形,敞口,圆唇,弧腹,上宽下窄,两侧及底部有由内向外的切割痕。青白胎,胎质细腻。青白釉,釉色莹润有光泽,底部粘有窑渣。长 6.2、宽 1.5~3.4、厚 0.3~0.55 厘米(彩版 3-306)。

标本 Y15 采:4,上部残,两侧及底部有由内向外的切割痕。上部有圆孔,由内向外顺时针旋削而成。青白胎,胎质细腻,胎体坚硬。青白釉,釉层薄而均匀,底部一侧粘有窑渣,系斜向埋入窑砂层中所致。内壁釉上刻"向记"二字。残长 6、残宽 2.1~3.3、厚 0.3~0.55 厘米(图 3-118,2;彩版 3-307)。

标本 H3②:4,呈梯形,上部有圆孔。孔径 1.7、长 6.6、宽 3.3、厚 0.2~0.4 厘米(图 3-118,3;彩版 3-308)。

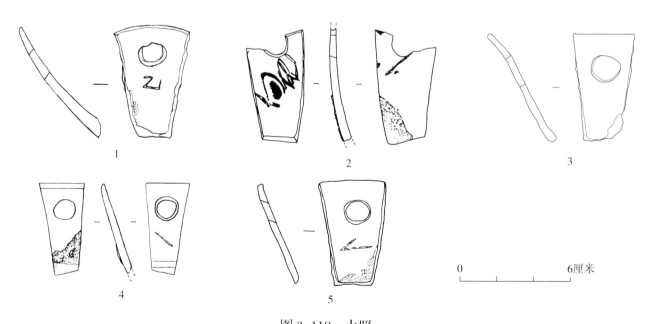

图 3-118　火照

1.TN06E03②:36　2.Y15采:4　3.H3②:4　4.TN06E03①:14　5.TN07E04②:273

彩版 3-302　火照 TN06E03 ② : 36

彩版 3-303　火照 TN06E03 ① : 233

彩版 3-304　火照 H3 ① : 252

彩版 3-305　火照 H3 ① : 253

彩版 3-306　火照 TN07E04 ① : 21

彩版 3-307　火照 Y15 采 : 4

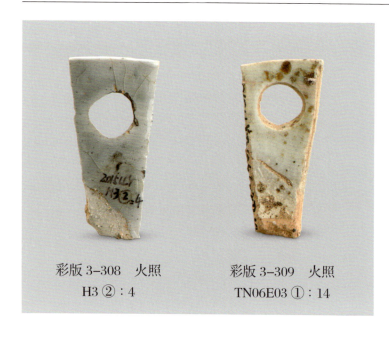

彩版 3-308　火照
H3②：4

彩版 3-309　火照
TN06E03①：14

标本 TN06E03①：14，敞口，尖圆唇，斜直腹。上宽下窄，两侧及底部由内向外切割而成，上部由内向外旋削挖孔，下方内壁刻"一"。灰胎，胎体坚致。青白釉，内外施釉均不及底，釉内含杂质，下方火候不足且外粘窑渣。残高 4.8 厘米（图 3-118，4；彩版 3-309）。

标本 TN07E04②：273，敞口，尖圆唇，斜直腹。上宽下窄，两侧及底部由内向外切割而成，上部由内向外旋削挖孔。灰胎，胎体坚致。青白釉，内外施釉均不及底，釉内含杂质，下方有窑渣。残高 5.6 厘米（图 3-118，5）。

2. 火照坯底

3 件。火照均是从碗或盘上切割下来的，此次发掘中也出土了 3 件切割火照而剩下的火照坯底。

标本 TN07E02②：101，碗底，斜腹，圈足，内腹可见切割火照留下的刻槽痕 14 个。胎色偏白，胎质细腻。内外均未施釉，局部粘连点釉，内外底均粘连窑渣和窑砂，局部有褐色铁斑。底径 6.8、残高 2.4 厘米（图 3-119，1；彩版 3-310）。

标本 TN07E04②：99，敞口碗底部，圈足，内底涩圈，有数道切割火照留下的刻槽。生烧，胎

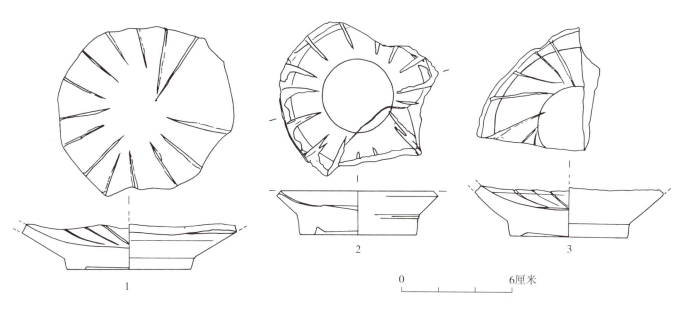

0　　　　　　　　6厘米

图 3-119　火照坯底
1.TN07E02②：101　2.TN07E04②：53　3.TN07E04②：99

体呈黄褐色。青白釉。底径 6.4、残高 2.7 厘米（图 3-119，3；彩版 3-311）。

　　标本 TN07E04 ② : 53，碗底，圈足，内腹可见切割火照留下的刻槽痕 15 个，内底涩圈。青白釉，外腹下部及底足无釉。底径 6.4、残高 2.3 厘米（图 3-119，2；彩版 3-312）。

彩版 3-310　火照坯底 TN07E02 ② : 101

彩版 3-311　火照坯底 TN07E04 ② : 99

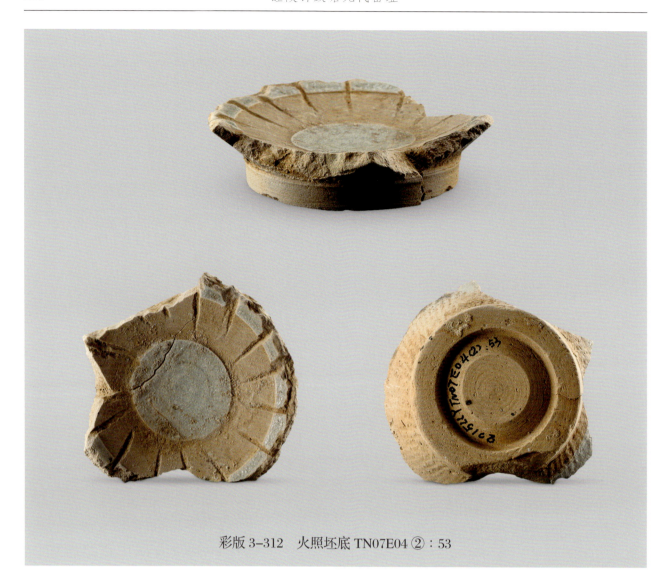

彩版 3-312　火照坯底 TN07E04 ② : 53

第四章　年代及工艺

一　年代

从益阳羊舞岭青白瓷窑的发掘来看，南宋晚期至元代早期是其芒口青白瓷最为兴盛的阶段，元代中晚期羊舞岭窑大量仿烧龙泉窑青瓷，出现折沿碟、折沿盘等仿龙泉窑器物[1]。醴陵窑青白瓷的发展脉络与其相似，从出土瓷器种类来看，Y15仍有一定数量的芒口青白瓷，大多数器物采用涩圈叠烧，且折沿碟、折沿盘、莲瓣纹盏等仿龙泉窑的器形尤为多见，不见羊舞岭窑南宋晚期流行的芒口印花盘、深腹印花碗等器形，Y15的器物、窑具组合及装烧方式均与羊舞岭窑元代中晚期窑址Y51[2]大体相同。2015年发掘的宁乡冲天湾遗址[3]也可以佐证钟鼓塘窑址的年代，这处遗址的窖藏中发现了龙泉窑元代早期折沿盘、湖南南宋晚期至元代早期芒口青白瓷，但不见一件仿龙泉窑产品，发掘者推断窖藏及遗址的年代为南宋晚期至元代早期，钟鼓塘元代窑址的年代要相对晚于宁乡冲天湾遗址及窖藏。

另外，从窑业聚落发展的角度来看，醴陵窑宋元时期的窑址主要集中在醴陵西北的枫林镇，其年代为南宋晚期至元代，既有宋元之际的芒口青白瓷，也有元代的仿龙泉青瓷，延续时间相对较长[4]。而Y15产品以仿龙泉青瓷或青白瓷为主，芒口器少见，沩山另外3处宋元窑址也是如此，因此沩山这4处宋元窑址应是枫林镇青白瓷窑业向东南扩展的结果，4处窑址的始烧年代应略晚于枫林镇。综合以上几个方面，钟鼓塘元代窑址的年代应当在元代中后期。

南宋中后期，景德镇地区因上层瓷石原料枯竭等原因[5]，导致大批窑场纷纷停烧，以往在景德镇从事制瓷的部分窑业工匠外迁另谋出路，湘江流域自此开始青白瓷的生产。2013年通过对羊舞岭窑的发掘，我们发现其产品组合、装烧方式、制瓷工具等与景德镇窑如出一辙，尤其是元代早期地层发现的刻有"饶州"铭文垫钵，充分说明了羊舞岭窑青白瓷的生产源自景德镇窑工的迁移[6]。醴陵窑青白瓷的生产年代与羊舞岭窑相同，其兴烧的历史背景也应与江西窑工迁移有关，因此从技术

[1] 湖南省文物考古研究所、益阳市文物管理处：《湖南益阳羊舞岭瓦渣仑窑址Ⅱ区发掘简报》，《湖南考古辑刊》第11集，科学出版社，2015年。

[2] 杨宁波：《益阳羊舞岭窑的窑业技术来源和发展阶段初探——兼论景德镇窑、龙泉窑的兴衰对羊舞岭窑的影响》，《湖南省文物考古研究所建所三十周年纪念文集》，科学出版社，2016年。

[3] 湖南省文物考古研究所：《湖南宁乡冲天湾遗址H29瓷器窖藏坑发掘简报》，《文博》2016年第6期。湖南省文物考古研究院等：《靳江遗珍——宁乡冲天湾遗址出土瓷器》，文物出版社，2023年。

[4] 湖南省文物考古研究所、株洲市文物局、醴陵市文物局：《湖南醴陵唐家坳宋元窑址》，《中国考古新发现年度记录2010》，文物出版社，2010年。

[5] 刘新园、白焜：《高岭土史考——兼论瓷石、高岭与景德镇十至十九世纪的制瓷业》，《中国陶瓷》1982年增刊。

[6] 杨宁波：《从益阳羊舞岭窑的发掘看景德镇窑业工匠入湘及其影响》，《景德镇南窑考古发现与研究——2014年南窑考古发现与研究》，科学出版社，2015年。

渊源来说，醴陵窑的青白瓷技术源自景德镇窑等江西青白瓷窑场。Y15出土的青瓷产品不同程度模仿龙泉窑青瓷，这与元代龙泉窑的风靡有很大关系。

二　制瓷工艺

（一）胎釉特征

Y15所出瓷器的胎色洁白，胎质细腻，灯盏、盏、高足杯、碟等小型的器物很少有生烧现象，而产品中数量最多的敞口碗等器物的底足部分多有生烧现象，这可能跟器物所处的窑位有很大的关系。民国时期文献记载甑皮岭之梯山坡所产瓷泥"极为纯净，石英颗粒几至绝迹，经冲洗后，当作釉用"（图4-1，1），沩山的瓷泥质量虽不及甑皮岭之梯山坡，但蕴含量丰富，我们对沩山窑址群瓷土资源的调查情况来看，每一处青花窑址附近都有专门的瓷泥矿洞，这可能是Y15出土瓷器胎体洁白细腻的主要原因（图4-1，2、3）。Y15出土的芒口青白瓷数量少，胎色多呈青白色，少见生烧的现象。出土的涩圈青白瓷或青瓷中，部分有生烧现象，生烧的胎色略泛黄。酱釉瓷或双釉瓷的胎色多为青灰色，胎质细腻（图4-1，4）。

值得注意的是，在出土青瓷中有一两件胎色为灰色（图4-2，1、2），釉色青灰色，器形模仿龙泉窑，这不禁让我们联想到龙泉窑的黑胎青瓷。检索文献我们得知，从时代上看，龙泉地区的黑胎青瓷在南宋中晚期就已出现，且元代仍有烧造。从区域上看，黑胎青瓷在浙江的龙泉大窑、溪口、石隆、小梅[1]地区都有烧造[2]。从产品特征上看，黑胎青瓷的基本特征是黑胎、紫口铁足、胎骨厚薄不一、青色釉，深浅不一，以粉青釉为上，有冰裂纹、梅花片、蟹爪纹等开片。而且龙泉黑胎青瓷的器形中有礼器、陈设瓷，其性质与宫廷相关，黑胎青瓷的制瓷技术在浙江地区并没有得到普及，更不用说浙江地区之外的仿龙泉窑场了。因此，我们认为Y15出土的数量极少的灰胎青瓷与浙江龙泉的黑胎青瓷并没有直接的技术联系，而更可能是因为胎釉成分、烧造氛围、烧成温度等偶然因素形成的结果。

釉色方面，Y15的产品釉色分为青白釉、青釉、酱釉及双色釉几种。以青白釉为主。青白釉多为单次施釉，出土的少量芒口覆烧青白瓷釉层薄而均匀，开片稀疏，积釉现象不明显，釉层透明度低。部分仰烧的涩圈青白釉，釉层透明度高，与青釉难以区分，多有积釉，釉层比芒口覆烧青白瓷略厚，积釉处呈深青色，多有线状开片（图4-3，1、2）。青釉产品釉层变厚，部分施两层釉，一般底层釉呈青白色，上层釉呈青色，青瓷积釉处釉层变厚，釉色呈深青色，釉层多有开片，透明度高。施釉方法上，从青白釉到青釉有了一定的变化，醴陵窑的窑工在从烧制青白瓷向仿烧龙泉窑青瓷的过程中，利用多次施釉增加釉层厚度来达到青釉的效果（图4-3，3、4），对两种釉色瓷器的成分分析也表明，釉的配方已发生了变化，青瓷中的Fe、Ti、Mn平均含量明显高于青白瓷，而这几种元素是瓷釉主要的着色剂，其微量变化就会改变釉色，青瓷中K的含量明显低于青白瓷，这也是青瓷多有流釉的原因。双色釉数量不多，一般是器物内壁施青白釉，外壁施酱釉，双色釉交汇处呈现出类似于兔毫状的熔融效果。釉的粘连是器物粘接在一起的主要原因，芒口瓷器因器物与器物并不直

---

[1]　浙江省文物考古研究所：《浙江龙泉小梅瓦窑路南宋窑址发掘简报》，《文物》2022年第7期。

[2]　郑建明：《21世纪以来黑胎青瓷窑址考古新进展》，《文物天地》2021年第3期。

图 4-1　Y15 出土瓷器

1.梯山坡瓷泥　2.青白瓷盏TN07E04①：116　3.青白瓷盏TN06E03②：479　4.叠烧标本TN06E03②：569

图 4-2　Y15 出土青白瓷与灰胎青瓷胎色对比

1.Y15出土青白瓷与灰胎青瓷胎色对比　2.Y15出土灰胎青瓷盏托TN07E02②：105

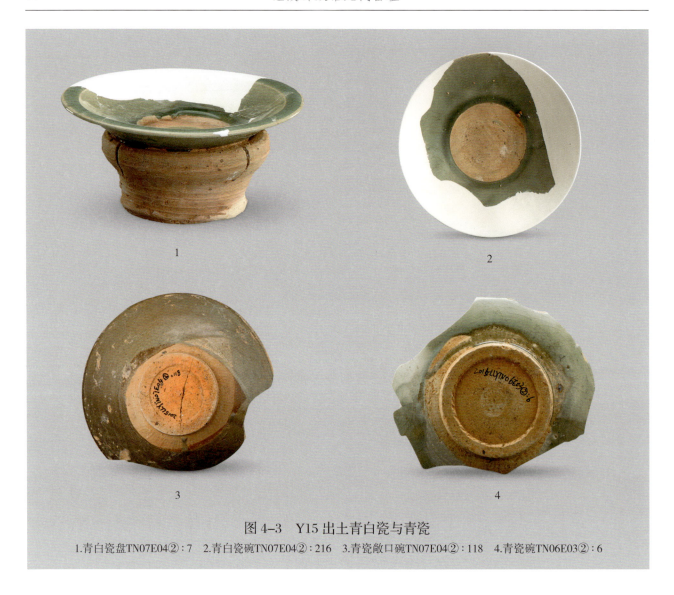

图4-3　Y15出土青白瓷与青瓷
1.青白瓷盘TN07E04②:7　2.青白瓷碗TN07E04②:216　3.青瓷敞口碗TN07E04②:118　4.青瓷碗TN06E03②:6

接接触，器物口沿与接触的支圈均无釉，因此几乎很少见到粘接在一起的芒口瓷器。涩圈器物则有所不同，器物与器物之间直接叠压，虽然通过涩圈的办法防止粘连，由于K含量的降低，青釉的流动性强，青瓷产品多有流釉，这导致粘连器物的增多。

（二）制作工艺

出土瓷器及窑具的制作分为轮制、手制两大类。

1.轮制

碗、盏、碟、盘是产品的大宗，此类圆器均为快轮拉坯成型，露胎部分可见快轮拉坯形成的轮旋纹（图4-4，1～3）。高足杯的足根和足盘为接胎。执壶数量不多，从少数出土的执壶残片看，器体采用接胎，腹壁内侧可见明显的接胎痕迹（图4-4，4、5），执手、流为分开制作后与器身接胎，这也是六朝以来壶类器物的常见做法。垫圈、垫饼、垫柱等大部分窑具为轮制。环形支圈是较为特

图 4-4　轮制瓷器

1.青白瓷碗TN06E03②：48　2.酱釉盏TN07E04②：9　3.酱釉碗TN07E03②：103　4.青白瓷执壶TN07E03②：175　5.青瓷执壶TN07E02②：64

殊的一类窑具，制作较垫圈、垫饼等窑具更为复杂，是拉坯成统一的泥条后围合成尺寸相同的环形，接缝处用瓷泥相连。器物层层装入环形支圈之后，再在支圈的外面涂抹一层耐火瓷泥，让支圈形成一个整体。

2. 手制

窑址中完全手制的器物几乎不见，只有少量垫饼和试泥棒为手制，其表面有十分明显的指窝等制作痕迹，表面凹凸不平（图4-5，1、2）。

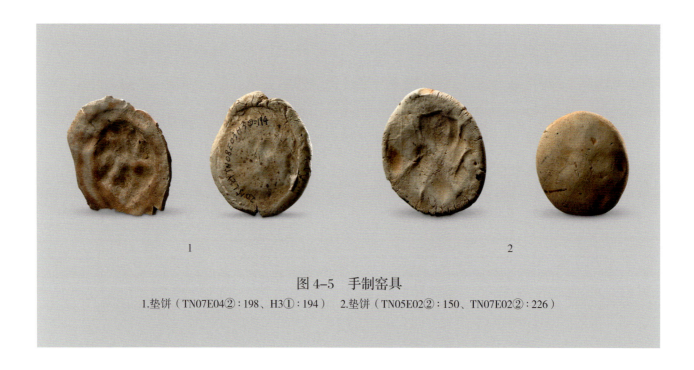

图 4-5　手制窑具
1.垫饼（TN07E04②：198、H3①：194）　2.垫饼（TN05E02②：150、TN07E02②：226）

3. 旋削

旋削主要在修坯阶段。Y15出土的器物多圈足，足底即为旋削挖足，足底心常见旋削形成的乳状突或旋削工具形成的轨迹。圈足足沿外侧旋削一周。此外，在器物外腹壁修坯过程中常见跳刀痕，也是旋削形成的（图4-6，1～3）。多数器物的修坯过程是在施釉之前完成的，因此跳刀痕部分被釉层所遮盖。也有少数器物的修坯是在施釉完成之后进行的，比如满釉的高足杯、内涩圈的碗、盏、碟等器物（图4-6，4、5），其主要目的是为了叠烧时防止器物粘连。

（三）　施釉工艺

施釉工艺主要有蘸釉、刷釉、荡釉及组合施釉等方式，其中蘸釉是最常见的施釉方式，其他几种使用的不多。

1. 蘸釉

蘸釉是最主要的施釉方法。一般是倒置放入釉缸，施半釉，底部露胎。数量极少的芒口青白瓷是将整个器物放入釉缸中，将器物施满釉，然后待釉层略干后将口沿内外釉层刮去（图4-7，1、2）。

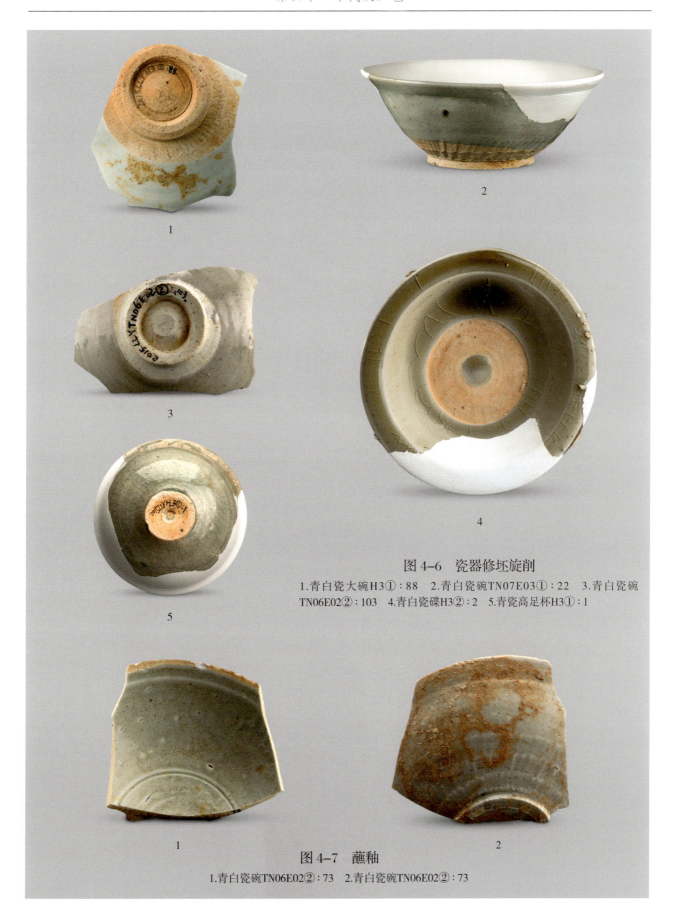

图4-6　瓷器修坯旋削

1.青白瓷大碗H3①：88　2.青白瓷碗TN07E03①：22　3.青白瓷碗
TN06E02②：103　4.青白瓷碟H3②：2　5.青瓷高足杯H3①：1

图4-7　蘸釉

1.青白瓷碗TN06E02②：73　2.青白瓷碗TN06E02②：73

2. 刷釉

数量不多。青白瓷芒口大碗（TN06E03 ②：801；彩版 3-48）和青瓷碗（TN06E03 ②：647，图 4-8，1、2）釉层不均，可能就是采用刷釉施釉的。板瓦和筒瓦分素胎和表面施釉两种，带釉的瓦件均只有顶面施釉，内壁及侧面均露胎（图 4-8，3、4），当是采用刷釉的方式。灯盏外壁露胎，

图 4-8　刷釉

1.青瓷碗TN06E03②：647　2.青瓷碗TN06E03②：647　3.青白瓷筒瓦TN07E02②：95　4.青白瓷筒瓦TN07E02②：95　5.酱釉灯盏TN07E04②：12　6.青白瓷灯盏H1②：6　7.青白瓷灯盏TN07E03②：34　8.酱釉灯盏H3①：2　9.双釉碗TN07E04②：231　10.双釉碗TN07E04②：231

内壁满釉或大部分施釉，口沿处露胎是为了方便对口扣烧不至于粘连。仔细观察灯盏内壁的施釉情况，我们发现其施釉线并不整齐（图4-8，5～8），很可能是通过刷釉的方式施釉。双釉芒口碗（图4-8，9、10）内壁青白釉，外壁酱釉，内外壁均有星点状漏胎，尤其是外壁底部露胎更明显，可能不是单纯的缩釉导致的，釉层不均局部露胎可能是刷釉的表现，推测其采用了刷釉的施釉方式。

3. 组合施釉

比较少见。芒口双釉器物多采用两种施釉方式组合施釉。双釉执壶多内青白釉外酱釉（图4-9，

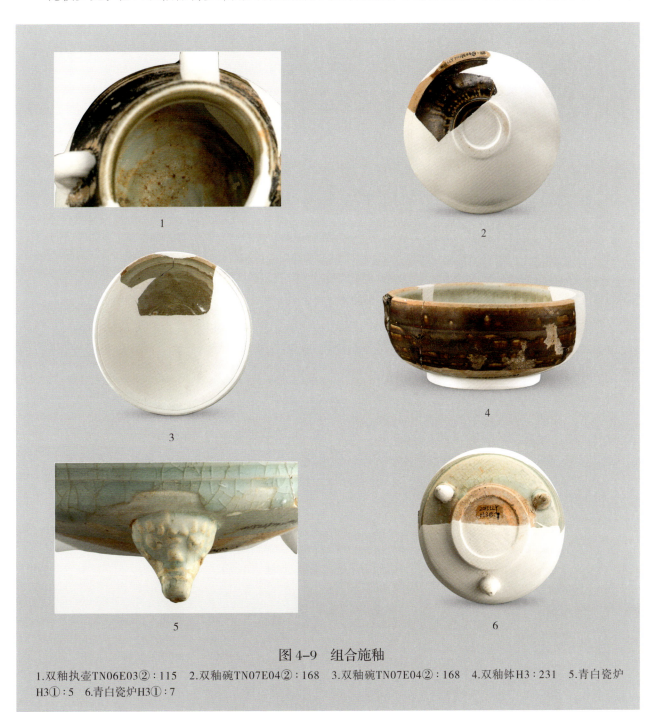

图4-9 组合施釉

1.双釉执壶TN06E03②：115 　2.双釉碗TN07E04②：168 　3.双釉碗TN07E04②：168 　4.双釉钵H3：231 　5.青白瓷炉H3①：5 　6.青白瓷炉H3①：7

1），推测其采用了蘸釉和荡釉两种方式，其施釉过程是先将器物倒置放入釉缸中，采用蘸釉方式将器物外壁上中腹部及内口沿施酱釉，然后将青白釉浆倒入器物内，采用荡釉方式使器物内壁及底施青白釉。双釉芒口碗（图4-9，2、3）内壁青白釉，外壁酱釉，推测其采用了蘸釉和刷釉两种方式，其施釉过程可能是先将器物正向放在釉缸中，使器物外壁中下及底满施酱釉，然后在内壁刷青白釉，内壁釉层不均可能是刷釉的表现。而芒口双釉钵（图4-9，4）则可能是采用了内壁荡釉外壁刷釉的方法。青白瓷三足炉外壁施釉，三足施釉，足底露胎且不见刮釉痕迹，推测其采用了蘸釉与刷釉，器物外壁采用倒置入釉缸施釉，三足采用刷釉方式完成（图4-9，5、6）。

（四） 装饰纹样

钟鼓塘元代窑址出土瓷器多素面，尤其是芒口瓷器基本不见装饰，带有装饰纹样的瓷器数量不多，其装饰技法及纹样内容主要有以下几种。

1. 莲瓣纹刻花

莲瓣纹刻花分为内壁和外壁两种情况，从湖南其他地区的青白瓷发展脉络看，外壁莲瓣纹刻花最早出现。钟鼓塘窑址延续的时间不长，这两种莲瓣纹装饰共存。

外壁莲瓣纹刻花的器形有碗（图4-10，1）、盏（图4-10，2）、钵（图4-10，3）。是在器物拉坯之后施釉之前完成的，具体做法是在器物外腹壁用某种工具从上向下连续剔刻出一定宽度的莲瓣，最后在腹壁与足交界处结束并留下剔刻收刀的痕迹。青瓷莲瓣纹盏（TN06E03②：701）的外壁莲瓣纹有所特殊，是偏刀深挖，突出莲瓣，呈现出浮雕效果（图4-10，4）。

内壁莲瓣纹刻花的器形有折沿盘（图4-11，1）、折沿碟（图4-11，2）。是在器物拉坯之后施釉之前，修坯的阶段完成的，具体做法是按一定方向依次在器物内腹壁用工具刻出连续分布的莲瓣纹，然后用利坯刀等工具在莲瓣纹的下部旋削，仅保留莲瓣的上半部，观察器物内壁可以看出器物内壁中部明显低于上腹壁，且均有利坯痕迹打破莲瓣的现象。内壁莲瓣纹刻花工艺与外壁刻花工艺完全相同，只是多了一个修整的步骤。莲瓣纹折沿盘器形上模仿龙泉窑青瓷，但纹样的制作技法却完全不同。

也有极少器物外腹壁刻莲瓣纹，内壁刻莲荷纹（图4-12）。

2. 草叶纹划花

草叶纹划花均见于碗（图4-13，1）、盘（图4-13，2、3）器物内壁，以刻刀单线或复线刻出简单的草叶纹图案。

3. 其他刻划花

除了常见的莲瓣纹、草叶纹外，还有少数花纹较为特殊。青白瓷炉（Y15采：1）外腹壁刻正面展开的菊花纹（图4-14，1）。青白瓷刻花盘（TN07E04①：9）残存的内底刻花纹样与青白瓷折沿盘（TN07E04②：281）内壁的纹样亦不常见（图4-14，2、3）。

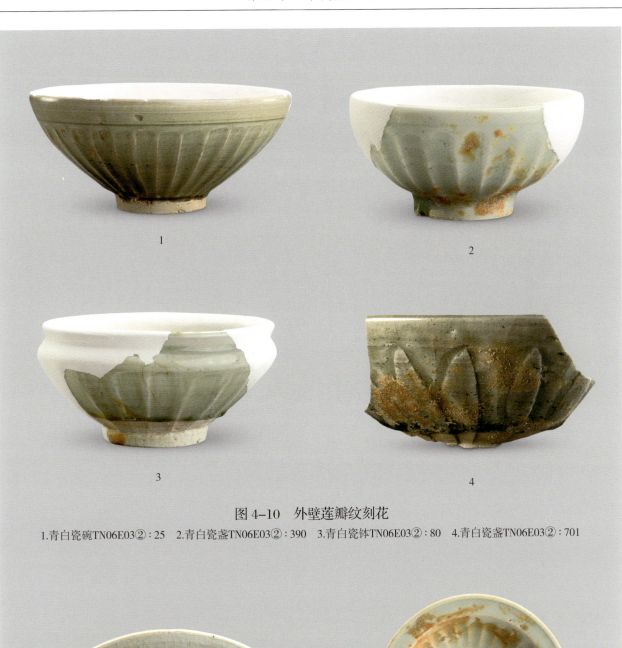

图 4-10　外壁莲瓣纹刻花

1.青白瓷碗TN06E03②：25　2.青白瓷盏TN06E03②：390　3.青白瓷钵TN06E03②：80　4.青白瓷盏TN06E03②：701

图 4-11　内壁莲瓣纹刻花

1.青白瓷盘TN07E03②：86　2.青白瓷碟TN07E04①：90

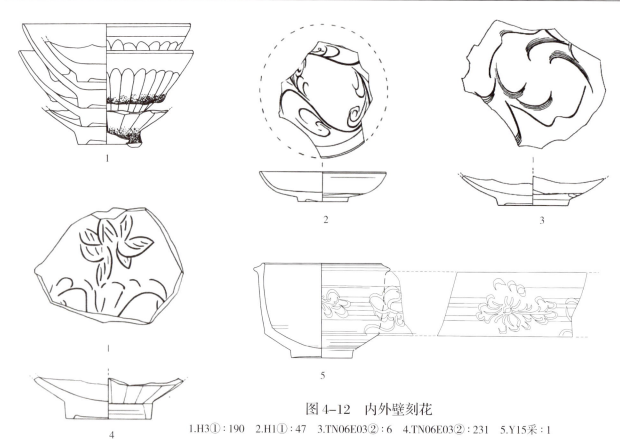

图 4-12　内外壁刻花

1.H3①：190　2.H1①：47　3.TN06E03②：6　4.TN06E03②：231　5.Y15采：1

图 4-13　草叶纹划花

1.青白瓷碗TN07E02②：36　2.青瓷盘TN06E02②：210　3.青瓷盘TN06E03②：6

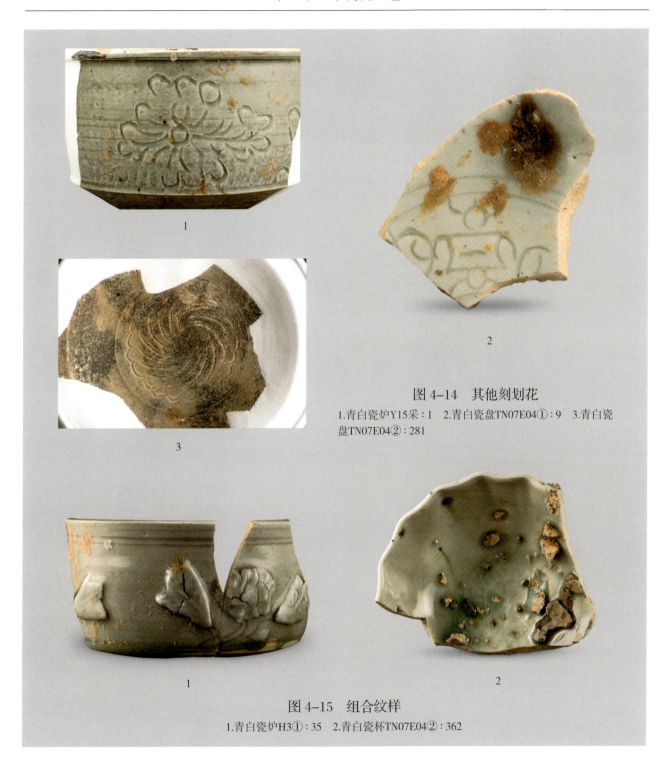

图 4-14　其他刻划花
1.青白瓷炉Y15采：1　2.青白瓷盘TN07E04①：9　3.青白瓷盘TN07E04②：281

图 4-15　组合纹样
1.青白瓷炉H3①：35　2.青白瓷杯TN07E04②：362

4. 组合纹样

青白瓷樽式炉（H3 ①：35），外腹壁装饰折枝花，底部的花茎为刻划，上部的花朵为瓷泥贴塑，瓷泥上简单刻出叶脉（图 4-15，1）。青白瓷菊瓣纹花口杯（TN07E04 ②：362）口沿做出花口，内底有菊瓣纹印花（图 4-15，2），印花装饰在 Y15 窑址中仅发现此一件，而内底印花在醴陵唐家坳窑址南宋晚期至元代早期十分流行。

（五）窑炉技术

Y15 保存情况不理想，仅存窑炉后部，不过可以看出窑炉形制属于斜坡龙窑。是熊海堂先生窑炉分类中的平焰龙窑，在中国主要分布在南方。这是夏商时期原始瓷起源阶段就已经出现的窑炉形制，窑炉利用山地坡地建窑，从夏商到汉晋时期，窑炉的长度一直集中在 10 余米，窑炉的温度主要依靠窑前方宽大的火膛供应，并通过倾斜坡度导致的抽力向后方传递，窑内温度前面高，越往后窑内温度越低。大体在东晋时期开始出现分段投柴，两边开窑门之后窑炉的长度才逐渐增加，窑内温度相对均衡，产量得到很大的提升。宋元时期的龙窑长度甚至可以达到一百多米，产量巨大，窑炉两侧废弃堆积如山。

Y15 属于青白瓷窑系，其窑炉长度大体可以参考湖南其他地区已发掘的青白瓷龙窑长度。2013年至 2014 年发掘的益阳羊舞岭窑瓦渣仑窑址 Y29 为宋元之际的窑炉，斜长 48 米[1]（图 4-16，1）。2010 年发掘的醴陵唐家坳马冲 Y1 为宋元之际烧制青白瓷的窑炉，Y1 元代产品与钟鼓塘 Y15 产品大体相同，长斜坡龙窑，窑头部分残缺，残存斜长 34 米（图 4-16，2）[2]。参考以上两处青白瓷窑炉，Y15 原来的长度大致在 30～50 米。因破坏严重，Y15 未发现窑门，不过在南侧发现了护窑墙，而羊舞岭窑、唐家坳窑址的龙窑中，护窑墙一般是与窑门搭配在一起的。因此，Y15 应当也是窑壁开窑门的长斜坡龙窑。

除了分段投柴，以达到窑炉温度相对均衡之外。与湖南其他同时期青白瓷窑址一样，Y15 还使用了火照来直接控制窑炉温度，及时了解坯件在烧成中的变化。南宋蒋祈《陶记》所记"火事将毕，器不可度，探坯窑眼，以验生熟则有火照"。陶瓷考古发现可以将火照使用的历史向前追溯到六朝时期，洪州窑是最早使用火照的窑场之一，唐宋时期火照的使用已经相当广泛，有测坚锥、试片等不同类型。Y15 使用的火照，均呈上宽下窄的梯形，从碗、碟、盘等器物上切割而成，两侧及底部内侧均有由内向外的切割痕。发掘中发现了几件制作火照的坯底，多为碗底，内腹可见切割火照留下的刻槽痕十四五个。火照上端由内向外旋削形成用于勾取火照的圆孔，部分火照圆孔下有"甲""乙""向记"等文字，应当是用于区分不同窑位的符号，"向记"则可能是向氏定购此火照所在窑位产品的标记符号。

（六）装烧工艺

垫隔具较为简单，垫钵、垫圈、垫饼的大小根据垫烧的器物尺寸而略有差异。通过观察器物装烧痕迹、窑具等，Y15 的装烧方式，归纳起来有以下几种。

1. 支圈覆烧法

这种装烧方法最早出现于北方地区的定窑，北宋早期，定窑多使用漏斗状匣钵装烧，北宋中期定窑的装烧技法发生大变革，发明了支圈覆烧法，且迅速在磁州窑、井陉窑等北方窑场传播开来。南方的支圈覆烧法最早出现于景德镇窑，可能是直接受了定窑的技术影响，宋末向湖南、福建等省份传播开来。Y15 采用的支圈覆烧法就与景德镇等江西地区的装烧方法完全一致，而与北方定窑的

---

[1] 湖南省文物考古研究所等：《益阳羊舞岭瓦渣仑窑Ⅱ区发掘简报》，《湖南考古辑刊》第11集，科学出版社，2015年。

[2] 湖南省文物考古研究院等：《醴陵窑唐家坳窑址出土瓷器精粹》，文物出版社，2022年。

1

2

图 4-16 羊舞岭窑与醴陵马冲窑

1.羊舞岭窑Y29平面   2.醴陵唐家坳窑址马冲区Y1

图4-17　支圈覆烧窑具与漏斗状匣钵窑具
1.支圈覆烧窑具　2.漏斗状匣钵　3.漏斗状匣钵

有所差异。

　　Y15的组合支圈是拉坯成统一的泥条后围合成尺寸相同的环形，接缝处用瓷泥相连。器物层层装入环形支圈之后，再在支圈的外面涂抹一层耐火瓷泥，用于填补两层支圈之间的缝隙，同时也可以让支圈形成一个整体，这样的做法与景德镇窑相同，在最终出窑的时候必须将支圈敲碎才能取出其中的器物，而且支圈与瓷器胎体采用相同的瓷泥从而保持相一致的收缩率，取出器物以后支圈就只能作废，属于一次性的窑具，这也是为何景德镇等南方青白瓷窑场漫山遍野都是支圈。

　　这种装烧方法使用时，首先在窑床上放置一垫钵，然后在其上摞上组合支圈和倒扣的器物十余层，最顶部放置匣钵盖（图4-17，1）。芒口器胎体轻薄，口沿刮釉，置于垫钵与环形支圈组合而成的覆烧窑具内叠烧。这一组合窑具不仅有量产的功效，同时也相当于一个匣钵，可以起到遮挡窑灰的作用，使产品的釉色均匀且少杂质。不过Y15发现的组合支圈很少，说明这一装烧方法使用的比例很小。

2.漏斗状匣钵装烧法

　　漏斗状匣钵只有几件，且口径不大，在匣钵的内壁可以看到几件青白瓷的口沿平行粘结痕，据此可以推断漏斗状匣钵是少量口径较小的盏、杯的装烧具，器物之间涩圈叠烧（图4-17，2、3）。

3. 涩圈叠烧法

涩圈叠烧的产品，一般放置在垫饼或垫柱上，产量最大的碗（图4-18，1）、盏、盘均主要采用涩圈叠烧。内底满釉的高足杯、盏、杯多是放在器物柱的最顶端，器物柱外不再罩任何装烧具，故杯、盏等最顶端的器物内壁常有大块落渣（图4-18，2）。叠烧标本（TN06E02②：103），高足

1

2

3

4

5

6

图4-18　涩圈叠烧法

1.碗叠烧标本TN06E02②：297　2.青白瓷高足杯TN06E03②：24　3.高足杯与碗叠烧标本TN06E02②：103　4.杯与盏叠烧标本H3①：32　5.盏叠烧标本TN06E03②：569　6.碗与盏叠烧标本TN06E03②：162

杯是置于一涩圈敞口碗内，高足杯内底满釉，且有落渣（图4-18，3）。青白瓷叠烧标本（H3①：32）上面1件为杯，下面1件为盏（图4-18，4）。叠烧标本（TN07E02②：4）为2件形制相同的盏叠烧。不同釉色的器物也可以叠烧，叠烧标本（TN06E03②：569）为青白瓷盏和酱釉盏叠烧，青白瓷盏内底有几块大的落渣，为器物柱的最顶端（图4-18，5）。叠烧标本（TN06E03②：162）残存部分可见4件叠烧，上面3件为中心桃形露胎的酱釉盏，最底下为1件青白瓷碗（图4-18，6）。

4. 对口扣烧法

是部分灯盏的装烧方法。青白瓷灯盏（H1②：6）口沿一侧有另1件同釉色的灯盏口沿对扣粘连。外底还有星点青白釉，说明对口扣烧的器物上面还有另外的器物，可能是另一组对扣的青白瓷灯盏（图4-19，1、2）。酱釉灯盏（TN06E02②：80）口沿也有同釉色灯盏口沿粘连，表明也是采用对口扣烧的方法（图4-19，3）。

图4-19　对口扣烧法

1.青白瓷灯盏H1②：6　2.青白瓷灯盏H1②：6　3.酱釉灯盏TN06E02②：80

第五章　相关研究与主要收获

一　与湖南省内青白瓷窑址的对比研究

（一）与醴陵其他区域青白瓷窑的对比研究

醴陵窑宋元时期的青白瓷窑址分布较为分散，其中心位于枫林镇，除了沩山发现的 4 处青白瓷窑址外，文物工作者在历年的考古调查中于枫林镇相继发现了瓦子坪窑址、枫树坪窑址、王树下窑址、谭家老屋窑址、唐家坳窑址。其中唐家坳窑址 2010 年开展过配合基本建设的抢救性考古发掘，其窑业面貌相对清晰，可以作为枫林镇宋元窑址的代表。

唐家坳窑址发掘的李家坳区、李家弄区、石桥区、马冲区均发现了宋元时期的遗存 [1]。

从窑炉形态上看，钟鼓塘元代窑址与唐家坳宋元窑址均为典型的长斜坡龙窑，唐家坳马冲 1 号窑保存斜长约 34 米，钟鼓塘元代窑址破坏严重，仅存窑床后部的 7.5 米，其原始长度应当也接近三四十米。

从窑炉的延续时间上看，石桥区宋元窑址 Y1 ～ Y6 上下叠压，窑炉略有移位，废弃堆积中既有南宋末年的芒口青白瓷，也有元代的仿龙泉青瓷，说明其烧造的时间较长，而钟鼓塘元代窑址的废弃堆积较薄，窑壁并未发现重修或者移位的现象，废弃堆积中仅见元代中晚期的青白瓷或青瓷，芒口青白瓷数量极少，说明其烧造的时间不长。

从胎体特征上看，唐家坳宋末元初的青白瓷胎质细腻，钟鼓塘元代窑址的青白瓷胎质也很细腻，这与醴陵北乡富含高质量的瓷泥矿是相符的。从釉色上看，唐家坳青白瓷釉层略乳浊，元代青瓷釉色较深，而钟鼓塘元代窑址的青白瓷釉层透明度略高，部分青白瓷和青瓷的分界不是很清晰。

从产品组合上看，唐家坳窑址和钟鼓塘窑址出土的青白瓷均以碗、盏、盘、碟、高足杯等器形最为常见，不过唐家坳还有贯耳瓶、佛像瓷塑、牧童骑牛砚滴等在钟鼓塘窑址中不见的器形。唐家坳元代的青白瓷瓶种类有贯耳瓶、带座瓶、玉壶春瓶、梅瓶，钟鼓塘窑址的青白瓷或青瓷瓶仅有直口瓶、细颈瓶等几种。唐家坳窑址元代的砚滴类型丰富，有牧童砚滴、莲花童子砚滴、瓜棱腹砚滴、鸟型砚滴、提梁砚滴等，而钟鼓塘窑址几乎不见砚滴。唐家坳的鸟食罐、方形带足花盆等器形也几乎不见于钟鼓塘窑址。

从装饰纹样上看，因为唐家坳窑址始烧年代要略早于钟鼓塘窑址，其纹样要丰富得多。宋末元初流行的菊瓣纹、回纹组合印花纹样在钟鼓塘窑址中基本不见。两处窑场均有外壁刻莲瓣纹的碗、盏等器物，不过唐家坳窑址明显要多很多，且器形以芒口青白瓷为主，而钟鼓塘窑址的外壁刻莲瓣纹基本不见于芒口青白瓷，而是见于涩圈青白瓷或涩圈青瓷上。

---

[1]　湖南省文物考古研究院等：《枫林瓷印——醴陵窑唐家坳窑址出土瓷器精粹》，文物出版社，2022年。

从装烧方法上看，唐家坳窑址废弃堆积中支圈残片堆积如山，而钟鼓塘窑址的支圈数量不多，唐家坳窑址的青白瓷以芒口覆烧为主，而钟鼓塘窑址的青白瓷以涩圈叠烧为主。唐家坳和钟鼓塘元代青瓷或酱釉瓷均以涩圈叠烧为主要装烧方法。唐家坳和钟鼓塘窑址的灯盏均采用对口扣烧的装烧方法。

（二）与浏阳盐泉青白瓷窑的对比研究

浏阳盐泉窑是位于浏阳市淳口镇山田村的一处青白瓷窑址，考古调查显示窑址数量只有三四座左右，规模不大。2016 年为配合蒙华铁路的建设，进行了考古发掘，发现宋元时期的作坊遗迹及瓷片堆积[1]。

从产品组合上看，钟鼓塘元代窑址芒口青白瓷和涩圈青白瓷共存，芒口青白瓷很少，而浏阳盐泉窑芒口青白瓷约占 80% 以上，涩圈青白瓷不多。钟鼓塘窑址芒口青白瓷器形主要是碗，而盐泉窑芒口青白瓷器形有碗、盏、盘、碟、钵等（图 5-1，1 ～ 3）。钟鼓塘窑址涩圈青白瓷或青瓷器形有碗、盏、盘、碟等，盐泉窑涩圈瓷基本为青白瓷，器形主要是碗。

从装饰纹样上看，钟鼓塘窑址的纹饰主要有莲瓣纹、菊瓣纹、草叶纹，盐泉窑器物以素面为主，极少数外壁有莲瓣纹或内壁草叶纹划花。

（三）与益阳羊舞岭青白瓷窑的对比研究

羊舞岭窑址位于益阳市赫山区龙光桥镇、仓水铺镇的山丘和坡地上，分布面积约 13.2 平方千米。是湖南规模较大的一处青白瓷窑场[2]。2013 ～ 2014 年，为配合 319 国道益阳南线的建设，湖南省文物考古研究所组织队伍对早禾村的瓦渣仑窑址进行了抢救性考古发掘[3]。

从窑炉形态上看，瓦渣仑窑址 Ⅱ 区发掘的 Y29 较为完整，窑斜长 48 米，为长斜坡龙窑，一侧存 8 个窑门，火膛呈半月形。钟鼓塘元代窑址窑炉仅存后部，亦为斜坡龙窑，原始长度推测当在三四十米。

从产品组合上看，元代早期的瓦渣仑窑址仍主要以烧造青白瓷为主，典型器物有圈足碟、芒口深腹碗、饼足涩圈盏、芒口浅腹印花盘等。进入与钟鼓塘窑址大体同时的元代中后期，器形主要有深腹圈足碗、高足杯、浅腹圈足盘、折沿圈足碟等，与此前相比器形硕大。同一时期 2 个窑址的产品均以涩圈器为主，仿龙泉青瓷的折沿盘、折沿碟等器形较为常见（图 5-2，1、2）。因为涩圈叠烧的需要，器物的整体造型一改南宋晚期至元代早期的轻薄，变得厚重，尤其是器足足墙宽厚。

从胎釉特征上看，元代中晚期的瓦渣仑窑址器物胎质变粗，淘洗不精。瓦渣仑窑址和钟鼓塘窑址产品的制瓷原料均来源于本地瓷土，瓦渣仑窑址的元代中晚期产品与南宋晚期至元代早期的胎体化学组成没有大的变化，胎体中铁元素比值多集中在 3% 左右，低于 3% 的数量很少，甚至有个别样品的铁含量达到了 4%，产品中含有较高的 Fe_2O_3 和 TiO_2，使得多数瓷器的胎体呈浅灰色，这是由瓦渣仑窑址所在地瓷土原料的特性决定的[4]，而钟鼓塘窑址产品不论是青白瓷还是青瓷，胎体中的铁含量都在 2% 上下，超过 3% 的并不多，这也是为何钟鼓塘窑址产品的胎体多呈青白色。

[1]　湖南省文物考古研究院等：《湖南浏阳盐泉窑2016年考古发掘简报》，《湖南考古辑刊》第17集，科学出版社，2024年。

[2]　湖南省文物考古研究所、益阳市文物管理处：《湖南益阳羊舞岭窑址群调查报告》，岳麓书社，2009年。

[3]　湖南省文物考古研究所：《益阳羊舞岭瓦渣仑窑Ⅱ区发掘简报》，《湖南考古辑刊》第11集，科学出版社，2015年。

[4]　邱玥等：《湖南益阳羊舞岭窑制瓷原料和产品的科学分析》，《中国古陶瓷》第二十五辑，科学出版社，2020年。

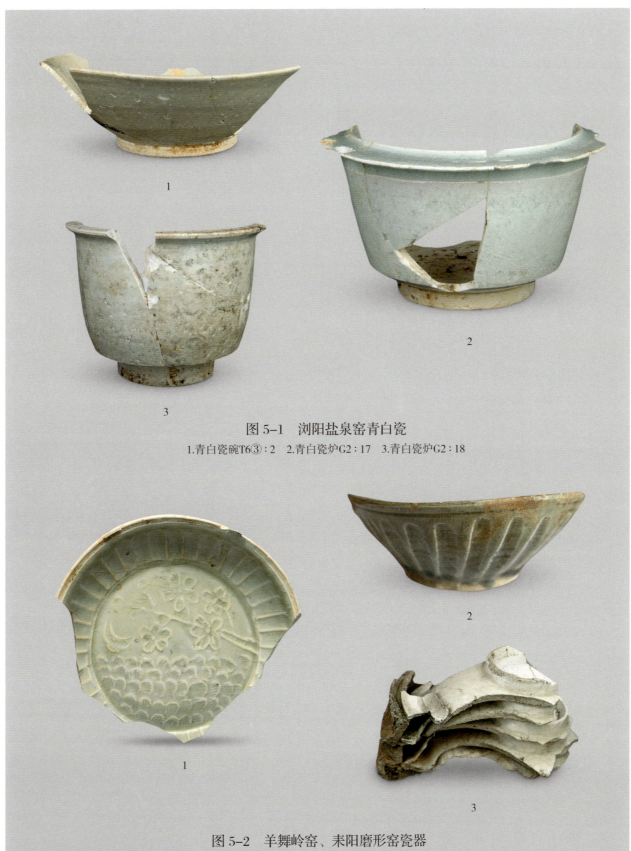

图 5-1　浏阳盐泉窑青白瓷

1.青白瓷碗T6③∶2　　2.青白瓷炉G2∶17　　3.青白瓷炉G2∶18

图 5-2　羊舞岭窑、耒阳磨形窑瓷器

1.羊舞岭窑南宋晚期月梅纹芒口盘　　2.羊舞岭窑元代中晚期仿龙泉窑莲瓣纹划花　　3.耒阳磨形窑虾塘窑址采集芒口青白瓷碗

（四）与耒阳磨形青白瓷窑的对比研究

磨形窑位于耒阳市磨形乡的猫形山、瓦子坳、虾塘、瓦子窝、老背山、栾家岭、窑门前、南塘、凤形山一带，沿着黄沙河分布，这条河流西距湘江支流舂陵水约 5 千米，这里山脉海拔高程在150～200 米，即便是今天仍交通不便，但这里有着优质的瓷土矿源，才形成了分布范围达 20 余平方千米的窑场 [1]。从空间分布上来看，这些窑址主要集中在两个区域，一个是虾塘村瓦子坳，另一个区域是三泉村窑门前，两个区域均发现了南宋晚期和元代的窑址。

产品特征上，宋元时期磨形窑的胎体较白，釉色青白，与醴陵窑的青白瓷质量相当，这应与当地富含优质瓷土有很大的关系。装饰纹样上，磨形窑南宋晚期流行印花，采集标本中见有回纹、莲瓣纹、花卉纹等，有少量的划花，部分纹样与湖田窑相似。与醴陵窑元代流行刻划花所不同的是，元代的磨形窑多以素面为主，纹饰很少（图 5-2、3）。

窑炉结构上，从我们对窑门前元代窑址 Y2 的勘探可以看出，宋元时期的磨形窑采用长斜坡龙窑，其中 Y2 宽 2.05 米，窑壁用砖砌筑，窑炉形制与宋元时期的醴陵窑相同。

装烧方法上，磨形窑南宋晚期使用支圈覆烧法，窑具组合与醴陵窑大体相同，均为垫钵、支圈及少量的倒置蘑菇状垫柱。从技术渊源来说，磨形窑与醴陵窑等湖南青白瓷窑址一样都是江西景德镇青白瓷技术，这一技术所使用的支圈覆烧，实际上起到了匣钵的作用。入元以后开始使用涩圈叠烧法，器物大量采用圆形垫饼与直筒组合而成的筒状匣钵装烧，筒状匣钵高度及口径尺寸不一，根据装烧的器物而定。采集的垫饼两面均有垫烧痕，表明筒状匣钵可以层层叠摞，多次使用，与一次性的支圈相比，大大降低了窑具对瓷土的消耗，这一组合式筒状匣钵不见于醴陵窑，是磨形窑工匠在制瓷过程中的技术创新。涩圈叠烧与筒状匣钵的搭配使用，充分利用了窑内空间，通过简易可行的方式，既保证了产品质量，也提高了产量。

二 钟鼓塘元代窑址出土瓷器的成分分析

从外观上看，醴陵窑的青白瓷和青瓷在器形种类、纹饰等方面几乎重合，这给我们分类造成了困难，为了弄清两类器物之间的区别和联系，进而了解元代醴陵窑釉料配方及其变化情况，选取了35 份青白瓷和青瓷样品进行成分检测和分析。采用 X 射线荧光光谱仪（XRF）测定了样品的化学元素组成，仪器型号为牛津 X-MET7500 手持式 X 射线荧光光谱仪，测试模式 Mining_LE_FP，测试时间 60s，每个样品测量 3 至 4 个位置，结果取平均值。所取 35 份样品的 XRF 测量结果如表 1 所示，其中青瓷样品 20 件，青白瓷样品 15 件（图 5-3）。

实验主要测定了瓷釉中 Al、Si、Ca、P、K、Ti、Mn、Fe 八种元素的含量，其中 CaO、K_2O 是瓷釉中的主要助熔剂，P_2O_5 主要来源于釉料中掺入的草木灰。瓷釉中 Ca 含量大多在 8wt% 以上，表明醴陵窑瓷釉是以 CaO 为主要助熔剂的钙釉。

---

[1]　衡阳市博物馆：《湖南耒阳磨形、太平窑群调查纪实》，《考古》1989年第8期。

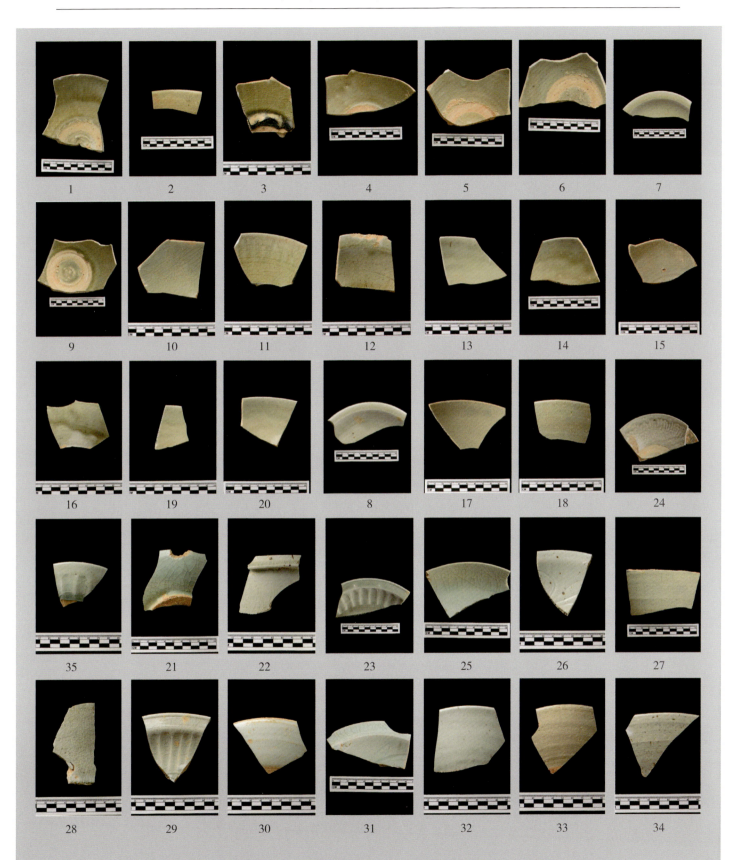

图 5-3 醴陵窑青瓷及青白瓷样品照片

表 1 瓷釉化学成分（单位：质量百分数 wt%）

样品编号	出土编号	釉色	Al	Si	P	K	Ca	Ti	Mn	Fe
1	TN06E03 ②：429	青瓷	7.37	28.34	0.26	2.32	9.53	0.11	0.18	3.02
2	TN07E04 ②	青瓷	6.79	30.39	0.19	2.61	6.97	0.14	0.20	2.95
3	TN07E04 ②	青瓷	6.69	27.42	0.41	2.06	10.73	0.17	0.51	3.84
4	TN07E04 ②	青瓷	7.60	28.29	0.34	2.31	9.67	0.15	0.30	2.39
5	TN07E04 ②	青瓷	6.86	29.18	0.33	2.52	8.44	0.17	0.34	3.17
6	TN06E03 ②	青瓷	7.04	28.22	0.32	2.11	10.61	0.11	0.24	2.69
7	TN06E03 ①	青瓷	6.41	29.60	0.21	2.49	10.43	0.12	0.13	1.42
8	TN06E03 ②	青瓷	6.55	30.14	0.22	2.70	9.04	0.10	0.12	1.64
9	TN06E03 ②	青瓷	6.59	26.41	0.50	1.94	12.79	0.21	0.37	3.72
10	TN07E04 ②	青瓷	6.90	29.05	0.25	2.15	9.88	0.09	0.18	2.45
11	TN07E04 ②	青瓷	6.66	26.85	0.46	2.17	11.37	0.16	0.54	4.03
12	TN07E04 ②	青瓷	6.11	28.44	0.35	2.35	11.01	0.14	0.36	2.83
13	TN07E04 ②	青瓷	6.45	29.20	0.28	2.48	9.08	0.13	0.29	3.21
14	TN07E04 ②	青瓷	7.00	29.29	0.24	2.23	8.53	0.13	0.28	3.04
15	TN07E04 ②	青瓷	7.02	28.57	0.27	2.16	10.71	0.12	0.21	2.02
16	TN07E04 ②	青瓷	6.88	29.53	0.21	2.37	8.37	0.14	0.27	2.86
17	TN07E04 ②	青瓷	7.03	29.47	0.35	2.55	9.23	0.08	0.17	1.70
18	TN07E04 ②	青瓷	7.57	29.54	0.17	2.09	8.15	0.07	0.17	2.55
19	TN07E04 ②	青瓷	6.66	29.37	0.23	2.31	8.43	0.14	0.39	3.30
20	TN07E04 ②	青瓷	7.17	29.60	0.20	2.41	7.78	0.15	0.31	2.85
21	TN06E03 ①：210	青白瓷	6.88	30.14	0.14	3.04	8.51	0.09	0.10	1.40
22	TN07E02 ②：274	青白瓷	8.07	28.12	0.15	3.81	9.22	0.06	0.09	1.55
23	TN06E03 ①	青白瓷	7.12	28.82	0.24	2.90	9.79	0.10	0.13	1.95
24	TN06E02 ②：173	青白瓷	7.21	28.26	0.17	2.38	10.31	0.09	0.18	2.67
25	TN06E02	青白瓷	6.62	30.77	0.18	3.04	8.14	0.06	0.29	0.98
26	TN06E03 ①：89	青白瓷	7.15	31.18	0.11	2.80	6.48	0.05	0.12	1.75

样品编号	出土编号	釉色	Al	Si	P	K	Ca	Ti	Mn	Fe
27	H1②：68	青白瓷	6.90	28.58	0.17	2.56	11.17	0.05	0.09	1.51
28	TN02②：136	青白瓷	7.60	27.70	0.22	3.53	10.95	0.05	0.09	1.21
29	TN07E02②：221	青白瓷	7.57	28.64	0.18	2.18	10.31	0.08	0.14	1.67
30	E04①：117	青白瓷	7.41	29.37	0.16	3.36	8.38	0.05	0.13	1.81
31	TN06E03①：250	青白瓷	7.66	27.95	0.18	2.50	10.94	0.06	0.13	1.77
32	TN07E04②	青白瓷	7.73	29.91	0.14	2.56	7.75	0.06	0.15	1.83
33	TN07E04②	青白瓷	6.66	31.81	0.15	2.71	6.70	0.05	0.16	1.21
34	TN07E04②	青白瓷	8.20	29.24	0.13	2.72	7.33	0.07	0.15	2.51
35	TN07E04②	青白瓷	7.31	28.74	0.24	2.51	9.60	0.07	0.22	2.27

为了解醴陵窑青白瓷和青瓷的化学组成是否发生过明显变化，采用SPSS统计软件对本实验测试的35个样品的化学组成进行了主成分分析，提取两个主因子Factor 1和Factor 2，分析结果如图（图5-4）所示。从图中可见醴陵窑青瓷和青白瓷的数据点基本分布在两个不同的区域，表明这两种瓷釉的化学组成有明显区别。不过，青瓷的8、17、18号样品和青白瓷的24、35号样品分布在了交叉区域，从釉色来看，这几个样品确实介于青瓷和青白瓷之间。

为进一步揭示青瓷与青白瓷的化学组成特征及其变化过程，根据表1所测XRF结果分别计算了青瓷与青白瓷样品中各元素含量的平均值和标准偏差，所得结果如表2所示。从表2数据可知，青瓷与青白瓷中Al、Si、K、Ca等多数元素的平均含量变化不大，但青瓷中Fe、Mn、Ti三种元素的均值明显高于青白瓷，青瓷中Fe、Mn、Ti元素的平均含量分别为2.78wt%，0.28wt%，0.13wt%，青白瓷中Fe、Mn、Ti元素的平均含量分别为1.74wt%，0.14wt%，0.07wt%，青瓷中Fe、Mn、Ti元素的平均含量明显高于青白瓷。

表2　青瓷和青白瓷主要元素含量的平均值及标准偏差值

	Al	Si	P	K	Ca	Ti	Mn	Fe
青瓷平均值	6.87	28.85	0.29	2.32	9.54	0.13	0.28	2.78
青瓷标准偏差	0.38	1.04	0.09	0.20	1.41	0.03	0.12	0.71
青白瓷平均值	7.34	29.28	0.17	2.84	9.04	0.07	0.14	1.74
青白瓷标准偏差	0.47	1.24	0.04	0.45	1.56	0.02	0.05	0.47

箱式图（图5-5、6）更加直观的揭示出了两类样品不同元素的分布区间和差异。Fe_2O_3、MnO和TiO_2是瓷釉中的着色剂，青瓷和青白瓷的釉色变化主要取决于釉料中着色剂含量的高低，尤其是

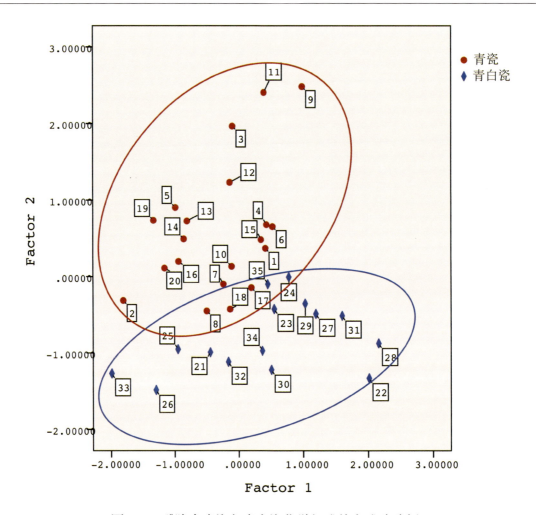

图 5-4　醴陵窑青瓷与青白瓷化学组成的主成分分析

Fe 元素的微量变化对于釉色的改变起着很关键的作用，在同样的还原气氛下，不同 Fe 含量可以得到不同的胎色和釉色。醴陵窑中青瓷的釉色明显偏青，青白瓷的釉色偏黄白。青瓷样品的 Fe 含量在 1.42 ～ 4.03wt%，青白瓷样品的 Fe 含量在 0.98 ～ 2.67wt%，两类样品的箱式图区别更为明显，青瓷 Fe 元素含量明显高于青白瓷样品，显然是有意添加从而形成青釉（图 5-7）。

　　青瓷样品的 Ti、P、Mn 分别处于 0.07 ～ 0.21wt%、0.05 ～ 0.10wt%、0.12 ～ 0.54wt% 之间，青白瓷样品的 Ti、P、Mn 分别在 0.09 ～ 0.29wt%、0.17 ～ 0.50wt%、0.11 ～ 0.24wt% 之间波动。从箱式图能清晰地看出青瓷和青白瓷样品中 Ti、Mn、P 元素含量的明显差异（图 5-8 ～ 10），这应当是窑工有意识改变釉料配方，调整釉料中着色氧化物的含量，进而带来瓷器釉色的变化。

　　氧化钾能够增加黏度，使釉层在高温中具有良好的安定性，Y15 出土的青白瓷釉层均匀，少有流釉，而青瓷釉层流动性大，多有积釉，也往往导致叠烧的器物因釉层流动粘连，青瓷样品的 K 含量在 1.94 ～ 2.7wt%，青白瓷样品的 K 含量在 2.18 ～ 3.81wt%，从箱式图中（图 5-11）可以看出青瓷中 K 含量明显低于青白瓷，青瓷流釉现象的形成 K 含量的降低可能是一个重要原因。

　　结合成分分析结果，我们可以更为准确地理解钟鼓塘元代窑址的技术体系。从窑业技术层面来

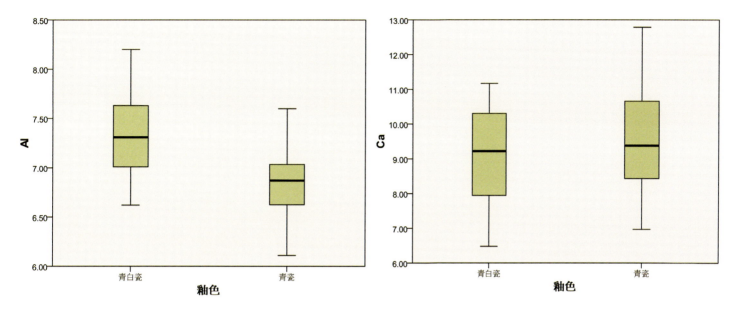

图 5-5　Y15 青瓷与青白瓷铝含量箱式图　　　　图 5-6　Y15 青瓷与青白瓷钙含量箱式图

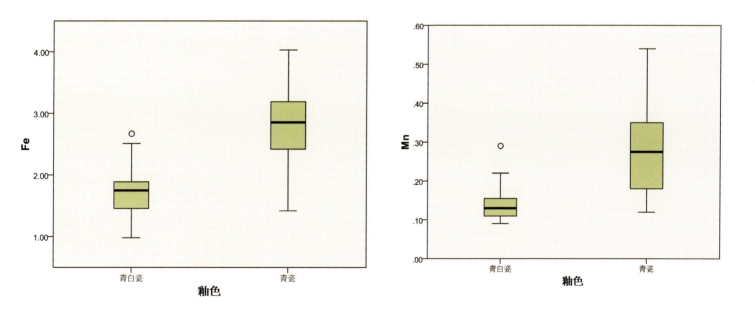

图 5-7　Y15 青瓷与青白瓷铁含量箱式图　　　　图 5-8　Y15 青瓷与青白瓷锰含量箱式图

看，钟鼓塘元代窑址仍延续了来自于江西景德镇的青白瓷窑业技术，比如使用斜坡龙窑，从支圈覆烧向涩圈叠烧过渡等等。从产品形制、釉色层面来看，钟鼓塘元代窑址产品造型模仿龙泉窑，釉色从青白瓷向青瓷转变，釉层从单次施釉到两次施釉。成分分析的数据也显示出青瓷的釉料配方与青白瓷有很大不同，这说明钟鼓塘元代窑址在仿烧龙泉窑青瓷的过程中经过了多次试验和尝试，但使

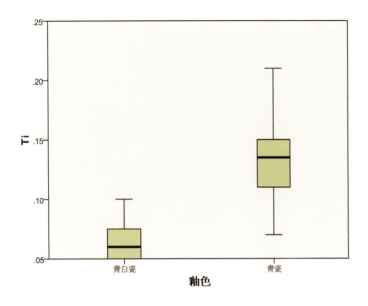

图 5-9 Y15 青瓷与青白瓷钛含量箱式图

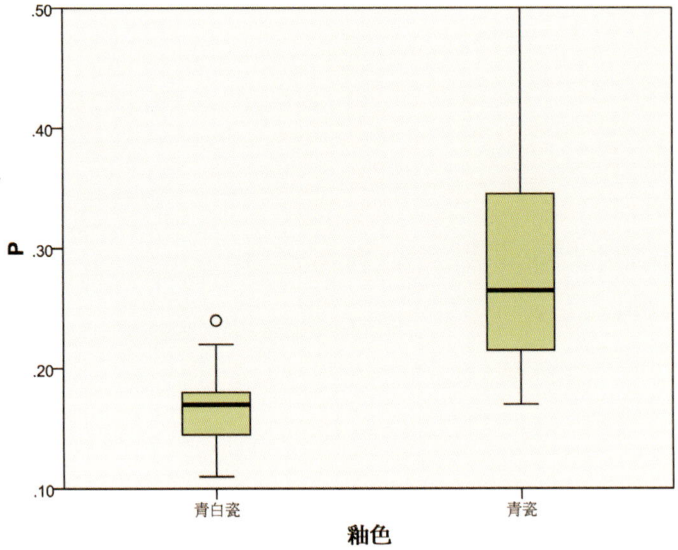

图 5-10 Y15 青瓷与青白瓷磷含量箱式图

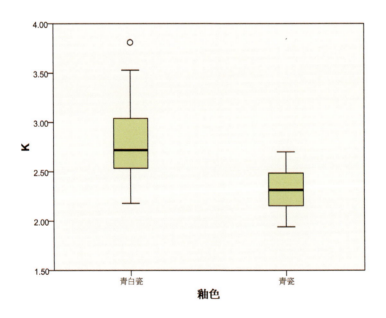

图 5-11 Y15 青瓷与青白瓷钾含量箱式图

用的窑炉、窑具技术仍然是景德镇青白瓷系统, 钟鼓塘元代窑址对龙泉窑的模仿是单向的浅层次的。
这座窑址的发掘揭示出醴陵窑从青白瓷向仿龙泉青瓷转变的过程和细节, 为研究龙泉窑对湖南窑业
技术影响的深度和广度提供了材料。

三　主要收获

（一）弄清了沩山宋元窑址的年代

沩山的宋元窑址发现数量不多，且窑址的废弃堆积也不像枫林镇的唐家坳窑址一样漫山遍野。之所以会有如此大的差异，是因为两处窑址的年代略有差异。枫林镇的宋元窑址始烧年代都在南宋晚期，使用的装烧方法是支圈覆烧法，这种方法需要大量的支圈，而且支圈是一次性的，出窑之后支圈就会和烧废的产品一起被作为废弃物堆在一旁。通过对钟鼓塘元代窑址的发掘，进一步证明了沩山宋元窑址的年代都集中在元代中期前后，这时支圈覆烧法已被涩圈叠烧法所代替，涩圈叠烧法只需要在一摞器物柱的底部垫上垫钵，器物与器物之间只需要涩圈加上石英砂间隔，所需要的窑具数量远远小于南宋晚期。

（二）为了解醴陵窑从青白瓷向仿龙泉青瓷过渡提供了依据

湖南的青白瓷窑址在宋元之际都经历了一个从青白瓷向仿龙泉青瓷的过渡过程，这与当时景德镇窑、龙泉窑的兴衰过程有很大关系。具体到醴陵窑来说，这个转变并不是突然实现的，而是逐渐过渡的。沩山钟鼓塘元代窑址中发现了一定数量的支圈，只是与唐家坳窑址南宋晚期的支圈数量相比已经大大降低，与之相对应，钟鼓塘窑址的产品中芒口瓷器数量不是很多，更多的是带涩圈的青白瓷或青瓷。另一个值得注意的地方，钟鼓塘窑址的仿龙泉产品并非都是青瓷，而是有很多器形仿龙泉，釉色为青白釉的产品，也有很多是器形与釉色都尽量模仿龙泉窑。从青白瓷到青瓷，釉的配方需要进行调整，这一调整是需要窑工通过一段时间的试验实现的，钟鼓塘仿龙泉青白瓷和仿龙泉青瓷的共存现象正是当时窑工试验的有力证明。

（三）为进一步研究醴陵窑窑业中心的变迁提供了线索

醴陵窑分布面积达到了129平方千米，时代从宋代一直延续至今，仅在明代有短暂的空白期。研究表明，历史上的名窑，如洪州窑、景德镇窑、越窑等，烧造时间长达上百年至千年，发展过程中多存在着窑场中心区域不断移动的现象，这既有交通运输、地理环境、瓷土资源等方面的因素，也常与瓷器的销售等方面因素有关。这点在醴陵窑表现得也非常突出，宋元时期的醴陵窑主要分布在醴陵西北的枫林镇一带，且呈现出向东南扩展的迹象，这从该区域发现宋元窑址的时代及产品风貌可以印证。枫林镇发现大量以支圈覆烧法烧制的芒口青白瓷和以涩圈叠烧法烧制的仿龙泉青瓷。通过对Y15的发掘和沩山另外3处宋元窑址的实地调查，我们发现沩山这4处宋元窑址基本是涩圈叠烧，芒口青白瓷的数量极少，这与枫林镇大量的支圈和芒口青白瓷形成鲜明的对比，表明沩山的宋元窑业是从枫林镇逐渐扩展而来的，即宋元时期醴陵窑的中心在枫林镇，这一时期沩山是边缘区域。清代的醴陵窑则呈现出另一个区域转移的方向，从民国《醴陵县志》及数年来的考古调查来看，明末清初，醴陵沩山窑开始烧制青花土瓷，此后不断扩展到醴陵的东、西、北三乡，枫林镇的唐家坳窑址也发现了清代烧制青花瓷的窑址，从文献记载和窑址标本的情况看，清代醴陵瓷业的中心区域在沩山，枫林镇是其扩散区域，这正好和宋元时期的格局相反。清光绪三十一年（1905年），官商合办的湖南瓷业公司的成立将醴陵窑的产品提升到了新的高度，在此后的数次赛会上连夺金奖，这更加使得醴陵窑名气大增。醴陵窑的空间格局也发生了不小的变化，烧制细瓷的窑址绝大多数位于城区，且逐渐影响到沩山。可以看出，从宋元、晚清民国、中华人民共和国建立以后这几个不同的发展阶段，醴陵窑的空间格局不断变化，窑厂中心不断迁移，这背后反映出经济、政治等多方面的因素，是研究湖南古代窑业聚落发展和演变的鲜活标本，沩山钟鼓塘元代窑址 Y15 的发掘，为我们进一步细化醴陵窑窑业格局变迁提供了新的线索。

（四）基本弄清了沩山宋元窑址窑业技术的来源

从小的区域来看，沩山宋元窑址是枫林镇宋元青白瓷逐渐扩散的结果。从更大的范围来看，湘赣地区在宋元之际出现了一大批时代接近、产品面貌一致的窑址，醴陵的宋元青白瓷窑址与江西萍乡南坑窑可以视为一个窑业生产区域[1]，这一区域的青白瓷技术一定程度上接受了景德镇的窑业技术，但并没有全面接受，而是有选择性。也就是说对于沩山钟鼓塘元代窑址等醴陵宋元青白瓷窑业来说，景德镇窑业技术的传入是间接的，萍乡南坑窑可能起到了桥梁的作用。沩山钟鼓塘元代窑址的产品出现了大量仿龙泉的器形和纹样，这和江西萍乡南坑窑等与醴陵接壤的江西窑址产品面貌演变相一致，应该也是间接受到了当时风靡天下龙泉窑的影响。

---

[1] 秦大树、李凯：《江西萍乡南坑窑与赣湘青白瓷技术的传播》，《吉光片羽——湖南考古出土陶瓷学术研讨会论文集》，文物出版社，2023年。

附表 1　H1 ①陶瓷片统计表

釉色		青白釉				青釉	酱釉	青花	素胎	合计	百分比
纹样 器形		素面	刻划纹	印花	莲瓣纹	素面	素面		素面		
碗	侈口碗	27	2			1				30	3.8%
	敞口碗	592	21	3		12	22	3	7	660	82.5%
盏	圈足盏				7					7	0.9%
盘	浅沿盘	6	1			1				8	1.0%
	折沿盘	29	12		3					44	5.5%
碟	折沿碟	2								2	0.3%
杯	饼足杯	7				1		1		9	1.1%
	高足杯	5							1	6	0.8%
盆		1								1	0.1%
洗		1								1	0.1%
盂		1								1	0.1%
炉		2								2	0.3%
板瓦									10	10	1.3%
窑具	火照	1								1	0.1%
	火照坯体								2	2	0.3%
	垫饼								1	1	0.1%
	垫钵								5	5	0.6%
	支圈								10	10	1.3%
合计		674	36	3	10	15	22	4	36	800	
百分比		84.3%	4.5%	0.4%	1.3%	1.9%	2.8%	0.5%	4.5%		100%

附表 2　H1 ②陶瓷片统计表

釉色 ＼ 纹样 ＼ 器形		青白釉				青釉	酱釉	青花	素胎	合计	百分比
		素面	刻划纹	莲瓣纹	贴塑	素面	素面		素面		
碗	侈口碗	13								13	2.5%
	敞口碗	349	2			4	11	1	3	370	70.9%
	敛口碗	1								1	0.2%
	芒口碗	1								1	0.2%
盏	饼足盏	1					4			5	1.0%
	圈足盏			2						2	0.4%
盘	敞口盘	11	5				2			18	3.4%
	折沿盘	26	16							42	8.0%
碟	折沿碟	1								1	0.2%
杯	饼足杯	5						1		6	1.1%
	高足杯	15				1				16	3.1%
器盖		1								1	0.2%
钵	芒口钵	1								1	0.2%
	钵	2								2	0.4%
炉					2					2	0.4%
瓦									3	3	0.6%
窑具	火照	8								8	1.5%
	垫钵								15	15	2.9%
	垫柱								7	7	1.3%
	支圈								8	8	1.5%
合计		435	23	2	2	5	17	2	36	522	
百分比		83.3%	4.4%	0.4%	0.4%	1.0%	3.3%	0.4%	6.9%		100%

附表3　H3①陶瓷片统计表

器形		青白釉					青釉		酱釉	青花	素胎	合计	百分比
纹样		素面	刻划花	莲瓣纹	贴塑	花口	素面	刻划	素面		素面		
碗	侈口碗	21								4	1	26	2.7%
	敞口碗	591	1	16			10	1	17	13		649	67.0%
	敛口碗	1	1									2	0.2%
	芒口碗	7										7	0.7%
盏	饼足盏	8	2	2		1	1		11			25	2.6%
	圈足盏			10								10	1.0%
盘	敞口盘	23	1									24	2.5%
	折沿盘	62	10	5								77	8.0%
碟	折沿碟	7										7	0.7%
杯	饼足杯	13										13	1.3%
	高足杯	16					2					18	1.9%
钵		3	1					1				5	0.5%
器盖		1								1		2	0.2%
罐		3								1		4	0.4%
花盆		1					1					2	0.2%
炉		1	2		2							5	0.5%
瓦	板瓦										5	5	0.5%
	筒瓦										6	6	0.6%
缸		3										3	0.3%
窑具	火照	10										10	1.0%
	垫钵										5	5	0.5%
	垫柱										5	5	0.5%
	垫饼										2	2	0.2%
	支圈										55	55	5.7%
制瓷工具	荡箍										1	1	0.1%
合计		771	18	33	2	1	14	2	28	19	80	968	
百分比		79.6%	1.9%	3.4%	0.2%	0.1%	1.4%	0.2%	2.9%	2.0%	8.3%		100%

附表4 H3 ②陶瓷片统计表

器形		青白釉 素面	青白釉 刻划纹	青白釉 莲瓣纹	青釉 素面	青釉 刻划	青釉 莲瓣	酱釉 素面	青花	素胎 素面	合计	百分比
碗	侈口碗	2							1		3	1.4%
	敞口碗	114	6			1		1	5	3	130	60.2%
	芒口碗	1			1						2	0.9%
盏	饼足盏			3				2			5	2.3%
	圈足盏	2	5	2				4			13	6.0%
盘	敞口盘	2	1		1						4	1.9%
	折沿盘	9	1	4	1						15	6.9%
碟		1									1	0.5%
杯	饼足杯	2			1						3	1.4%
	高足杯	8		1							9	4.2%
钵		2									2	0.9%
炉		1									1	0.5%
缸		1			1						2	0.9%
执壶		1									1	0.5%
瓦										1	1	0.5%
窑具	火照	2	1								3	1.4%
	垫钵									6	6	2.8%
	垫柱									1	1	0.5%
	支圈									14	14	6.5%
合计		148	14	10	5	1	0	7	6	25	216	
百分比		68.5%	6.5%	4.6%	2.3%	0.5%	0.0%	3.2%	2.8%	11.6%		100%

附表 5　TN06E02 ①陶瓷片统计表

釉色		青白瓷		青瓷		酱釉	素胎	合计	百分比
器形	纹样	素面	刻划	素面	刻划	素面	素胎		
碗	侈口碗	14	2					16	3.1%
	敞口碗	279	21	19	2	1		322	62.8%
	敛口碗	2						2	0.4%
	斗笠碗	3						3	0.6%
	芒口碗	1						1	0.2%
盏	圈足盏	1	8	3		11		23	4.5%
	饼足盏	3		11		10		24	4.7%
盘	折沿盘	18	1	1	2			22	4.3%
	敞口盘	3	2			2		7	1.4%
碟	折沿碟	12						12	2.3%
杯	饼足杯	19	1			2		22	4.3%
	高足杯	6		1		2		9	1.8%
执壶			1					1	0.2%
罐		1						1	0.2%
花盆		1						1	0.2%
瓦							16	16	3.1%
灯盏						1		1	0.2%
窑具	火照	2				1	2	5	1.0%
	垫钵						11	11	2.1%
	支圈						13	13	2.5%
	支柱						1	1	0.2%
合计		365	36	35	4	30	43	513	
百分比		71.15%	7.03%	6.82%	0.8%	5.85%	8.38%		100%

附表6 TN06E02 ②陶瓷片统计表

釉色		青白瓷			
器形	纹样	素面	刻划	弦纹	印花
碗	侈口碗	13	5		
	敞口碗	374	13	1	1
	敛口碗	1			
	芒口碗	1			
	高足斗笠碗	2			
盏	盏	4	6		
盘	浅腹盘	1	1		
	折沿盘	20	4		
碟	折沿碟	19			
	敞口碟				
罐	罐	1			
杯	杯	11			
高足杯	高足杯	2			
钵	钵	2			
炉	炉	1			
执壶	执壶		1		
盂	盂	2			
瓦	瓦				
窑具	火照	12	1		
	垫柱				
	垫钵				
	垫圈				
	垫饼				
	支圈				
	匣钵				
	匣钵盖				
合计		466	31	1	1
百分比		57.2%	3.8%	0.1%	0.1%

酱釉	青瓷	青花	素胎	合计	百分比
素面	素面	画花	素胎		
	37			55	6.8%
8	15			412	50.6%
				1	0.1%
				1	0.1%
				2	0.2%
69	1		1	81	10%
				2	0.2%
	1		1	26	3.2%
				19	2.3%
1				1	0.1%
				1	0.1%
	2	1		14	1.7%
				2	0.2%
				2	0.2%
				1	0.1%
2				3	0.4%
				2	0.2%
1			24	25	3.1%
				13	1.6%
			4	4	0.5%
			23	23	2.8%
			34	34	4.2%
			1	1	0.1%
			86	86	10.6%
			1	1	0.1%
			2	2	0.2%
81	56	1	177	814	
10.0%	6.9%	0.1%	21.7%		100%

附表 7   TN06E03 ①陶瓷片统计表

器形	纹样	青白釉			青釉	
		素面	刻划纹	莲瓣纹	素面	莲瓣
碗	侈口碗	30	11	3		
	敞口碗	556	3	12	13	4
	束口碗			5		
	敛口碗	1	1			
	芒口碗	4				
盏	饼足盏	9	1	6	1	1
	圈足盏	5	1	4		1
钵	钵	3		1		
	擂钵					
盘	浅腹盘涩	23				
	折沿盘	123	4	23	3	
	折沿碟	15		1		
杯	饼足杯	4				
	高足杯	14				
炉	圈足炉	1				
	折沿炉	2				
	器盖	4				
罐		1				
执壶		1				
盂						
灯盏		1				
瓦	板瓦	1				
	瓦					
窑具	火照	17				
窑具	垫钵	8				
	垫饼					
	支圈					
制瓷工具	荡箍					
合计		823	21	55	17	6
百分比		72.8%	1.9%	4.9%	1.5%	0.5%

酱釉 素面	灰釉 素面	青花	素胎 素面	缸胎	合计	百分比
		7			51	4.5%
5	6	14			613	54.2%
					5	0.4%
					2	0.2%
					4	0.4%
100	1	2			121	10.7%
					11	10%
					4	0.4%
			1		1	0.1%
					23	2%
					153	13.5%
					16	1.4%
					4	0.4%
					14	1.2%
					1	0.1%
					2	0.2%
		1			5	0.4%
		2		1	4	0.1%
					1	0.1%
1					1	0.1%
					1	0.1%
			9		10	0.1%
			1		1	0.1%
					17	1.5%
			40		48	4.2%
			3		3	0.3%
			13		13	1.2%
			1		1	0.1%
106	7	26	68	1	1130	
9.4%	0.6%	2.3%	6.0%	0.1%		100%

附表8　TN06E03 ②陶瓷片统计表

器形	纹样	青白瓷 素面	青白瓷 莲瓣纹	青白瓷 刻划纹	青瓷 素面	青瓷 莲瓣纹	青瓷 刻划纹	酱釉瓷 素面	青花瓷 画花	素胎 素面	合计	百分比
碗	侈口碗	94	1	1	4	1					101	4.0%
	敞口碗	1073	135		89	118	2		2		1419	55.6%
	敛口碗	12			2						14	0.5%
	芒口碗	4			1						5	0.2%
盏	饼足盏	32	39	4	21	11	2	192			301	11.8%
	圈足盏	14	31	2	1	1					49	1.9%
	束颈盏	2	10								12	0.5%
盘	敞口盘	50	2		3	1					56	2.2%
	折沿盘	86	8		9	1					104	4.1%
碟	折沿碟	56	1		5						62	2.4%
杯	饼足杯	110	1		5				1		117	4.6%
	高足杯	23			3						26	1.0%
罐		3						3			6	0.2%
盒									1		1	0.04%
执壶		1						4			5	0.2%
钵		1	6			1					8	0.3%
炉		3				2					5	0.2%
器盖					1						1	0.04%
灯盏					1			3			4	0.2%
瓦	筒瓦									25	25	1.0%
	板瓦									11	11	0.4%
窑具	支圈									22	22	0.9%
	垫钵									138	138	5.4%
	垫柱									1	1	0.04%
	垫饼									2	2	0.1%
	火照	55									55	2.2%
制瓷工具	试泥棒									2	2	0.1%
	荡箍									2	2	0.1%
合计		1619	234	7	145	136	4	202	4	203	2554	
百分比		63.39%	9.16%	0.27%	5.68%	5.32%	0.16%	7.91%	0.16%	7.95%		100%

附表9　TN07E02 ①陶瓷片统计表

| 釉色 | | 青白釉 | | | 青釉 | | | 酱釉 | 青花 | 素胎 | 合计 | 百分比 |
器形	纹样	素面	刻划纹	莲瓣纹	素面	刻划纹	莲瓣纹	素面		素面		
碗	侈口碗	44	25	1	1				2		73	5.4%
	敞口碗	863	10	28	19	10	1	18	5	8	962	70.6%
	敛口碗	15									15	1.1%
	斗笠碗	2						1			3	0.2%
	芒口碗	1									1	0.1%
盏	饼足盏	3		4				7			14	1.0%
	圈足盏	5		13				6		1	25	1.8%
	芒口盏	3									3	0.2%
盘	浅腹盘	7	1		3						11	0.8%
	折沿盘	51	16	16							83	6.1%
碟	折沿碟	7									7	0.5%
杯	饼足杯	6							1		7	0.5%
	圈足杯								1		1	0.1%
	高足杯	38			2						40	2.9%
执壶		4									4	0.3%
擂钵	芒口钵	1			1						2	0.1%
	擂钵									3	3	0.2%
	钵	1	2	2							5	0.4%
罐		1									1	0.1%
器盖		1									1	0.1%
器座		1									1	0.1%
盆		1									1	0.1%
炉		5									5	0.4%
瓦	板瓦	5								1	6	0.4%
	筒瓦	2			1					2	5	0.4%

釉色 / 纹样 / 器形			青白釉			青釉			酱釉	青花	素胎	合计	百分比
			素面	刻划纹	莲瓣纹	素面	刻划纹	莲瓣纹	素面		素面		
窑具	火照		8	1								9	0.7%
	火照坯件		1									1	0.1%
窑具	垫钵										33	33	2.4%
	垫柱										2	2	0.1%
	垫饼					1					12	13	1.0%
	支圈										23	23	1.7%
制瓷工具	荡箍										3	3	0.2%
合计			1076	55	64	28	10	1	32	9	88	1363	
百分比			78.9%	4.0%	4.7%	2.1%	0.7%	0.1%	2.3%	0.7%	6.5%		100%

附表 10　TN07E03 ①陶瓷片统计表

釉色		青白瓷			青瓷	酱釉瓷	素胎	合计	百分比
纹样 / 器形		素面	刻划	莲瓣纹	素面	素面	素面		
碗	侈口碗	9	1		1			11	4.9%
	敞口碗	91	1				16	108	48.2%
	芒口碗	5			1			6	2.7%
盏	饼足盏	6		1		6		13	5.8%
	圈足盏					1		1	0.4%
盘	折沿盘	12		5	1			18	8.0%
	敞口盘	2						2	0.9%
杯	饼足杯	5						5	2.2%
	高足杯	6						6	2.7%
钵		1						1	0.4%
执壶		1				1		2	0.9%
瓶		1						1	0.4%
瓦		1						1	0.4%
窑具	火照坯底						1	1	0.4%
	火照	1						1	0.4%
	匣钵						1	1	0.4%
	垫钵						32	32	14.3%
	支圈						14	14	6.3%
合计		141	2	6	3	8	64	224	
百分比		62.9%	0.9%	2.7%	1.3%	3.6%	28.6%		100%

附表 11　TN07E03 ②陶瓷片统计表

釉色		青白瓷				青瓷		酱釉瓷	素胎	青花	合计	百分比
	纹样 器形	素面	莲瓣纹	刻划纹	贴塑	素面	莲瓣纹	素面	素面			
碗	侈口碗	27							1		28	4.0%
	敞口碗	338	7			4	8	8	33		398	57.5%
	直口碗		2								2	0.3%
	敛口碗	19									19	2.7%
	芒口碗	2	1								3	0.4%
盏	饼足盏	4	1			1	2	3			11	1.6%
	圈足盏	1	7			2	4	2			16	2.3%
	芒口平底盏	2									2	0.3%
盘	折沿盘	38	12	1		2					53	7.7%
	浅沿盘	9									9	1.3%
碟	敞口碟	9									9	1.3%
	折沿碟	5				1					6	0.9%
杯	杯	2									2	0.3%
	高足杯	9									9	1.3%
执壶		2			2			1			5	0.7%
炉		1									1	0.1%
盂		1									1	0.1%
钵		2	3								5	0.7%
瓶		1									1	0.1%
罐						1				1	2	0.3%
瓦	板瓦								4		4	0.6%
	瓦								12		12	1.7%

釉色 / 器形 \ 纹样		青白瓷				青瓷		酱釉瓷	素胎	青花	合计	百分比
		素面	莲瓣纹	刻划纹	贴塑	素面	莲瓣纹	素面	素面			
窑具	火照	1									1	0.1%
	垫钵								63		63	9.1%
	垫饼								3		3	0.4%
	垫柱								3		3	0.4%
	荡箍	1							4		5	0.7%
	支圈								19		19	2.7%
合计		474	33	1	2	11	14	14	142	1	692	
百分比		68.5%	4.8%	0.1%	0.3%	1.6%	2.0%	2.0%	20.5%	0.1%		100%

附表 12　TN07E03 ③陶瓷片统计表

| 釉色 | | 青白瓷 | | | 酱釉瓷 | 素胎 | 合计 | 百分比 |
器形	纹样	素面	莲瓣纹	划花	素面	素面		
碗	侈口碗	1		1			2	4.2%
	敞口碗	31			1		32	66.7%
盏	圈足盏		1				1	2.1%
盘	折沿盘	2	1				3	6.3%
	浅腹盘	3					3	6.3%
碟	折沿碟		1				1	2.1%
杯	高足杯	2					2	4.2%
窑具	垫钵					1	1	2.1%
	垫饼					1	1	2.1%
	垫圈					1	1	2.1%
	支圈					1	1	2.1%
合计		39	3	1	1	4	48	
百分比		81%	6%	2%	2%	8%		100%

附表 13　TN07E04 ①陶瓷片统计表

釉色 / 纹样 / 器形		青白釉			青釉			酱釉	青花	素胎	缸胎	合计	百分比
		素面	刻划纹	莲瓣纹	素面	刻划	莲瓣	素面		素面	素面		
碗	侈口碗	12										12	1.7%
	敞口碗	351	4	26	23	4	1	11	4	4		428	61.4%
	直口碗			2								2	0.3%
	芒口碗	3			4			1				8	1.1%
	芒口钵	1	1	1								3	0.4%
盏	饼足盏	1			1			25				27	3.9%
	圈足盏	7		11	2	2		11				33	4.7%
盘	敞口盘	16			1							17	2.4%
	折沿盘	22	4	8	2							36	5.2%
碟	折沿碟	4	1		1							6	0.9%
杯	饼足杯	4										4	0.6%
	高足杯	20										20	2.9%
罐		1						3	1			5	0.7%
双唇坛											1	1	0.1%
器盖		1										1	0.1%
盆								1				1	0.1%
炉		1										1	0.1%
缸											3	3	0.4%
灯盏		1										1	0.1%
瓦	板瓦	6								4		10	1.4%
	筒瓦	1								6		7	1.0%
窑具	火照	7										7	1.0%
	垫钵									48		48	6.9%
	垫柱									1		1	0.1%
	垫饼									2		2	0.3%
	支圈									13		13	1.9%
合计		459	10	48	34	6	1	52	5	78	4	697	
百分比		65.9%	1.4%	6.9%	4.9%	0.9%	0.1%	7.5%	0.7%	11.2%	0.6%		100%

附表 14　TN07E04 ②陶瓷片统计表

器形	纹样	青白釉				青釉			酱釉	青花	素胎	合计	百分比
釉色		素面	刻划纹	莲瓣纹	莲花纹	素面	刻划	莲瓣	素面		素面		
碗	侈口碗	31	1			2						34	2.3%
	敞口碗	602		57		155	9	34		1	3	861	58.1%
	芒口碗	2	1			8						11	0.7%
盏	饼足盏	12		3		9			71		1	96	6.5%
	圈足盏	10	1	25		6	2	1	36			81	5.5%
盘	敞口盘	1				2						3	0.2%
	折沿盘	70				82	5				5	162	10.9%
碟	折沿碟	36				7						43	2.9%
杯	饼足杯	16		1		1						18	1.2%
	高足杯	13			1	1						15	1.0%
钵		2	1									3	0.2%
器盖		2										2	0.1%
罐		3							1			4	0.3%
盆		2		1		1						4	0.3%
炉		3										3	0.2%
执壶									1			1	0.1%
灯盏		1							8			9	0.6%
瓦	板瓦										13	13	0.9%
	筒瓦										6	6	0.4%
窑具	火照	33				1					4	38	2.6%
	火照坯底	1										1	0.1%
	匣钵										2	2	0.1%
	垫钵										16	16	1.1%
	垫柱										1	1	0.1%
	垫饼										3	3	0.2%
	支圈										53	53	3.6%

釉色	青白釉				青釉			酱釉	青花	素胎	合计	百分比
纹样 器形	素面	刻划纹	莲瓣纹	莲花纹	素面	刻划	莲瓣	素面		素面		
合计	840	4	87	1	275	16	35	117	1	107	1483	
百分比	56.6%	0.3%	5.9%	0.1%	18.5%	1.1%	2.4%	7.9%	0.1%	7.2%		100%

附表 15　TN08E03 ①陶瓷片统计表

釉色		青白釉		素胎	合计	百分比
器形	纹样	素面	莲瓣纹	素面		
碗	敞口碗	4			4	40%
盘	折沿盘	1	1		2	20%
瓦				1	1	10%
窑具	垫钵			3	3	30%
合计		5	1	4	10	
百分比		50%	10%	40%		100%

附表16　TN08E03 ②陶瓷片统计表

釉色		青白釉				青釉	酱釉	青花	素胎	合计	百分比
器形	纹样	素面	刻划纹	莲瓣纹	贴塑	素面	素面	画花	素面		
碗	侈口碗	2								2	2%
	敞口碗	60				3	3	1		67	67%
盏		1	1	1						3	3%
盘	敞口盘	3								3	3%
	折沿盘	5	4							9	9%
杯		2							1	3	3%
器盖		1								1	1%
炉					1					1	1%
瓦									1	1	1%
窑具	垫钵								8	8	8%
	支圈								2	2	2%
合计		74	5	1	1	3	3	1	12	100	
百分比		74.0%	5.0%	1.0%	1.0%	3.0%	3.0%	1.0%	12.0%		100%

附表 17　TN08E04 ①陶瓷片统计表

器形		青白釉 素面	青白釉 刻划纹	青白釉 莲瓣纹	青白釉 贴塑	青釉 素面	酱釉 素面	酱釉 印花	青花	素胎 素面	合计	百分比
碗	侈口碗	3	1						1		5	3.3%
	敞口碗	74	2			1	3		2		82	53.9%
盏		1						1			2	1.3%
盘	浅腹盘	2									2	1.3%
	折沿盘	15	8	1							24	15.8%
高足杯		7									7	4.6%
盂		1									1	0.7%
炉		2			2						4	2.6%
罐							1		1		2	1.3%
窑具	火照	1									1	0.7%
	垫钵	1								6	7	4.6%
	支圈									14	14	9.2%
制瓷工具	荡箍									1	1	0.7%
合计		107	11	1	2	1	4	1	4	21	152	
百分比		70.4%	7.2%	0.7%	1.3%	0.7%	2.6%	0.7%	2.6%	13.8%		100%

附表 18　TN08E04 ②陶瓷片统计表

釉色 / 纹样 / 器形		青白釉				酱釉	青花	素胎	合计	百分比
		素面	刻划纹	莲瓣纹	贴塑	素面		素面		
碗	侈口碗	5	6						11	1.9%
	敞口碗	176	8			4	2	2	192	33.8%
	敛口碗	3							3	0.5%
	芒口碗	8							8	1.4%
盏	圈足盏	3	1						4	0.7%
	莲瓣盏		1						1	0.2%
	平底盏	1							1	0.2%
盘	浅沿盘	6						1	7	1.2%
	折沿盘	11	5	4					20	3.5%
杯		4							4	0.7%
高足杯		9							9	1.6%
钵		1						1	2	0.4%
罐		2							2	0.4%
炉		1		1					2	0.4%
灯盏		1							1	0.2%
瓦								5	5	0.9%
窑具	火照	3							3	0.5%
	垫钵							47	47	8.3%
	垫柱							1	1	0.2%
	支圈	234						11	245	43.1%
合计		468	21	4	1	4	2	68	568	
百分比		82.4%	3.7%	0.7%	0.2%	0.7%	0.4%	12%		100%

附表 19 TN09E03 ①陶瓷片统计表

器形	纹样 釉色	青白釉 素面	青釉 素面	酱釉 素面	素胎 素面	合计	百分比
碗	侈口碗	1			1	2	7.4%
	敞口碗	3				3	11.1%
盏				1		1	3.7%
盘	折沿盘	1	1			2	7.4%
杯	饼足杯	3				3	11.1%
	高足杯	2				2	7.4%
罐					2	2	7.4%
执壶				1		1	3.7%
烛台					1	1	3.7%
窑具	火照	1				1	3.7%
	垫钵				9	9	33.3%
合计		11	1	2	13	27	
百分比		40.7%	3.7%	7.4%	48.1%		100%

后　记

　　本书是 2015 年醴陵钟鼓塘元代窑址发掘的初步成果。发掘结束后，我忙于单位安排的其他抢救性考古发掘项目，整理工作被搁置下来，直到 2018 年下半年，才有了相对充足的时间来整理这一批资料。为了尽早公布材料，我们先是撰写了发掘简报及时发表，同时，2019 年出版了反映这次发掘成果的图录《洞天瓷韵——醴陵钟鼓塘元代窑址出土瓷器精粹》。此后，因为我到中国人民大学读定向博士研究生，整理工作时断时续，直到 2023 年下半年才把书稿定稿并交给出版社。

　　此次发掘由杨宁波主持，参与发掘的人员有益阳市南县文物管理所谈国鸣、醴陵窑管理所黄云英、醴陵市博物馆刘峰等。参与后期整理的人员有复旦大学文物与博物馆系博士研究生郝雪琳，湖南省文物考古研究院杨宁波、徐佳林、杨盯、罗斯奇、孙咏欣、朱元妹、杜林慧、汪华英、易跃进、臧国良等。器物线图由罗斯奇、孙咏欣、徐佳林绘制。器物修复由朱元妹、杜林慧、汪华英完成。器物拍照由杨盯及文物出版社宋朝、张冰承担。

　　经过十多年的考古调查和发掘工作，我们发现，醴陵窑在不同时期的分布中心不同，宋元时期的中心在醴陵市西北的枫林镇，那里单个窑址往往在一个地方反复建窑，窑炉上下叠压，堆积很厚，延续时间很长，而沩山属于宋元时期醴陵窑的边缘区域，沩山钟鼓塘元代窑址的堆积不多，延续时间不长，不过正因为如此，产品的共时性比较强，沩山直到清代烧制青花土瓷时才成为醴陵瓷业的中心。在编写体例上，我们原计划将不同年度的发掘合在一起编写报告，文物出版社编审秦或建议我们按发掘年度来编写，这样既可以充分把每个窑址的材料完整地公布出来，同时也降低了报告的编写难度。

　　本书第一章由杨宁波、黄云英执笔，第二、三、四、六章由杨宁波执笔，第五章第一节由杨宁波执笔，第五章第二节由邱玥执笔。附表由中国人民大学硕士研究生冉曾仪、刘婧涵、武欣瑶、瞿倩倩，湖南大学岳麓书院硕士研究生肖心怡、李妍汇总整理完成。全书由杨宁波统稿审定。

　　感谢文物出版社和责编秦或对本书出版给予的大量支持。

　　在本书即将出版之际，特向上述相关人员表达真诚的谢意！

杨宁波

2024 年 2 月

湖南陶瓷考古书系

湖南陶瓷考古书系之一：《焰红石渚——长沙铜官窑遗址 2016 年出土瓷器》

（文物出版社，2018 年 6 月）

湖南陶瓷考古书系之二：《洞天瓷韵——醴陵窑钟鼓塘元代窑址出土瓷器精粹》

（文物出版社，2019 年 8 月）

湖南陶瓷考古书系之三：《枫林瓷印——醴陵窑唐家坳窑址出土瓷器精粹》

（文物出版社，2022 年 12 月）

湖南陶瓷考古书系之四：《吉光片羽——湖南考古出土陶瓷学术研讨会论文集》

（文物出版社，2023 年 8 月）

湖南陶瓷考古书系之五：《靳江遗珍——宁乡冲天湾遗址出土瓷器》

（文物出版社，2023 年 8 月）

湖南陶瓷考古书系之六：《湘阴马王墈窑址》

（待出版）

湖南陶瓷考古书系之七：《醴陵钟鼓塘元代窑址》

（文物出版社，2024 年 6 月）